湖南省社会科学院（湖南省人民政府发展研究中心）
哲学社会科学创新工程丛书（2022）

主　编：钟　君
副主编：贺培育　刘云波　汤建军
　　　　王佳林　侯喜保　蔡建河

湖南县域经济高质量发展报告

（2022）

李晖　李詹　杨顺顺　等著

中国社会科学出版社

图书在版编目（CIP）数据

湖南县域经济高质量发展报告.2022／李晖等著.—北京：中国社会科学出版社，2023.7

（湖南省社会科学院（湖南省人民政府发展研究中心）哲学社会科学创新工程丛书.2022）

ISBN 978-7-5227-2070-8

Ⅰ.①湖… Ⅱ.①李… Ⅲ.①区域经济发展—研究—湖南—2022 Ⅳ.①F127.64

中国国家版本馆 CIP 数据核字（2023）第 106959 号

出 版 人	赵剑英	
责任编辑	党旺旺	
责任校对	刘　娟	
责任印制	王　超	

出　　版	中国社会科学出版社	
社　　址	北京鼓楼西大街甲 158 号	
邮　　编	100720	
网　　址	http://www.csspw.cn	
发 行 部	010-84083685	
门 市 部	010-84029450	
经　　销	新华书店及其他书店	

印刷装订	三河市华骏印务包装有限公司
版　　次	2023 年 7 月第 1 版
印　　次	2023 年 7 月第 1 次印刷

开　　本	710×1000　1/16
印　　张	13.25
插　　页	2
字　　数	204 千字
定　　价	69.00 元

凡购买中国社会科学出版社图书，如有质量问题请与本社营销中心联系调换
电话：010-84083683
版权所有　侵权必究

主　编：钟　君
副主编：贺培育　刘云波　汤建军　王佳林
　　　　侯喜保　蔡建河
委　员：王文强　邓子纲　李　晖　李　斌
　　　　卓　今　罗黎平　童中贤　潘小刚

目 录

第一章 湖南县域经济高质量发展评价 …………………………… (1)
   第一节 湖南县域经济高质量发展的评价体系构建 …………… (1)
   第二节 湖南县域经济高质量发展的先进县分析 ……………… (6)
   第三节 湖南县域经济高质量发展的快进县分析 ……………… (12)

第二章 湖南县域经济发展的现状特征及对比分析 ……………… (19)
   第一节 湖南县域经济发展特征分析 …………………………… (19)
   第二节 湖南县域经济与中部及沿海省份对比分析 …………… (27)
   第三节 县域经济发展经验借鉴 ………………………………… (30)

第三章 湖南县域主导产业发展研究 ……………………………… (35)
   第一节 湖南县域主导产业分布现状 …………………………… (35)
   第二节 湖南县域主导产业发展面临的主要问题 ……………… (40)
   第三节 做强做优主导产业　推动县域经济高质量发展的
          对策建议 ………………………………………………… (46)

第四章 湖南县域发展用地保障研究 ……………………………… (56)
   第一节 县域保障发展用地供给的主要手段 …………………… (56)
   第二节 湖南省县域发展用地存在的问题 ……………………… (58)
   第三节 促进湖南省县域可持续发展用地的路径 ……………… (60)

第五章 湖南县域经济财政金融支撑研究 ………………………… (65)
   第一节 财政金融支持县域经济的能力不断提升 ……………… (65)

第二节　县域财政金融发展中面临的困难和问题 …………… (67)
　　第三节　打通财政金融发展瓶颈，助推县域经济高质量发展 …… (72)

第六章　湖南县域基础设施保障研究 ………………………… (75)
　　第一节　县域基础设施建设是为高质量发展"筑基" ………… (75)
　　第二节　县域基础设施发展面临的困境 ……………………… (77)
　　第三节　补齐县域基础设施短板的七点建议 ………………… (80)

第七章　湖南县域经济人才科技支撑研究 …………………… (86)
　　第一节　湖南县域发展人才工作面临的主要问题 …………… (86)
　　第二节　推进湖南县域人才工作的对策建议 ………………… (88)

第八章　湖南县域营商环境优化研究 ………………………… (93)
　　第一节　湖南县域优化营商环境的成效 ……………………… (93)
　　第二节　湖南县域优化营商环境存在的问题和不足 ………… (96)
　　第三节　湖南县域优化营商环境的对策建议 ………………… (98)

第九章　湖南村级集体经济发展研究 ………………………… (101)
　　第一节　湖南村级集体经济发展的主要路径 ………………… (101)
　　第二节　湖南村级集体经济发展的现实逻辑 ………………… (103)
　　第三节　湖南村级集体经济发展的主要问题 ………………… (106)
　　第四节　湖南推进村级集体经济创新发展的对策建议 ……… (108)

第十章　县域经济特色产业强县典型案例 …………………… (114)
　　第一节　津市市县域经济高质量发展情况 …………………… (114)
　　第二节　临湘市县域经济高质量发展情况 …………………… (120)
　　第三节　醴陵市县域经济高质量发展情况 …………………… (126)
　　第四节　湘乡市县域经济高质量发展情况 …………………… (131)
　　第五节　汉寿县县域经济高质量发展情况 …………………… (137)
　　第六节　安化县县域经济高质量发展情况 …………………… (140)
　　第七节　新宁县县域经济高质量发展情况 …………………… (146)

第十一章 县域经济生态经济示范县典型案例 …………… (153)
 第一节 芷江县县域经济高质量发展情况 …………… (153)
 第二节 绥宁县县域经济高质量发展情况 …………… (162)
 第三节 江永县县域经济高质量发展情况 …………… (168)
 第四节 永兴县县域经济高质量发展情况 …………… (176)

第十二章 县域经济外向开放活力县典型案例 …………… (183)
 第一节 邵东市县域经济高质量发展情况 …………… (183)
 第二节 江华县县域经济高质量发展情况 …………… (189)
 第三节 中方县县域经济高质量发展情况 …………… (193)

参考文献 ……………………………………………………… (200)

后　记 ………………………………………………………… (203)

第 一 章

湖南县域经济高质量发展评价

县域经济是国民经济的基本单位，是推动乡村振兴、实现城乡融合发展的关键支撑。当前，湖南一半以上的地区生产总值来自县域，七成以上的常住人口生活在县域，对于湖南推动经济高质量发展而言，县域至关重要。准确摸清湖南各县（市）经济高质量发展现状，是科学制定相关政策、有力推动县域经济高质量发展的重要参考。对此，湖南必须坚持对各县（市）经济高质量发展进行评价，跟踪把握全省县域经济高质量发展的趋势和变化。

第一节　湖南县域经济高质量发展的评价体系构建

一套科学合理、现实可行的评价体系是衡量县域经济高质量发展水平的基础。课题组在《湖南县域经济高质量发展报告（2021）》评价体系的基础上，优化了指标体系，更加全面地涵盖县域经济高质量发展内涵，改进了评价方法，更加客观地反映各地县域经济高质量发展水平。

一　指标体系优化

以"大稳定、小调整"、兼顾必要性和可行性为原则，对《湖南县域经济高质量发展报告（2021）》的评价指标体系进行了优化，主要表现在以下三个方面。

（一）保持指标框架不变，沿用11项具体指标

《湖南县域经济高质量发展报告（2021）》紧紧围绕县域经济高质量

的理论内涵，遵循评价体系的层次性和逻辑性要求，构建了由规模指数、效益指数和结构指数组成的指标框架，并且基于指标的代表性、数据的可获得性等原则，选取了12项具体指标。今年，湖南县域经济高质量发展的指标体系继续采用规模指数、效益指数和结构指数组成的指标框架，并且继续选取地区生产总值、地区生产总值增速、人均地区生产总值、固定资产投资增速、社会消费品零售总额、高新技术产业增加值占地区生产总值比重、城乡居民人均可支配收入、地方一般公共预算收入占地区生产总值比重、第三产业增加值占地区生产总值比重、常住人口城镇化率、城乡居民收入比（以城为1）等11项具体指标。

（二）对标"三高四新"战略定位和使命任务，新增4项具体指标

为落实"三高四新"战略定位和使命任务，湖南县域经济高质量发展指标体系聚焦国家重要先进制造业、具有核心竞争力的科技创新、内陆地区改革开放高地的打造，围绕高质量发展内涵，新增了4项具体指标。对标打造国家重要先进制造业高地，选取了规模以上工业企业营业收入利润率，用以衡量工业效益，纳入效益指标之中，计算公式为规模以上工业企业营业收入利润率＝规模以上工业企业利润总额/规模以上工业企业营业收入，数据来源于历年《湖南统计年鉴》。对标打造具有核心竞争力的科技创新高地，选取了财政科技支出占财政支出比重，用以衡量县域创新投入水平，纳入结构指标之中，计算公式为财政科技支出占财政支出比重＝财政科学技术支出/一般公共预算支出×100%，财政科学技术支出和一般公共预算支出数据通过网络搜索查询各县（市）历年一般公共预算收支决算表或者决算草案进行获取。对标打造内陆地区改革开放高地，选取了外贸依存度和实际利用内外资。外贸依存度是衡量对外贸易水平的关键指标，从"三驾马车"视角反映经济结构，纳入结构指标，计算公式为外贸依存度＝进出口总额/地区生产总值×100%。实际利用内外资是衡量资金吸引力的关键指标，纳入效益指标，计算公式为实际利用内外资＝实际利用外资（美元）×该年人民币兑美元平均汇率＋实际利用内资（人民币）。

（三）受数据统计发生变化的影响，删除了1项具体指标

农业劳动生产率是衡量农业生产效率的重要指标，计算公式为农业劳动生产率＝第一产业增加值/农业从业人数。第一产业增加值数据参见

历年《湖南统计年鉴》，农业从业人数数据参见历年《湖南农村统计年鉴》。但是《湖南农村统计年鉴2021》未对各县（市）农业从业人数进行统计，故删除该项指标（见表1-1）。

表1-1　　湖南县域经济高质量发展评价指标体系（2022年版）

一级指数	具体指标	单位	权重	
规模指数	1. 地区生产总值	亿元	0.06	0.35
	2. 地区生产总值增速	%	0.06	
	3. 人均地区生产总值	元	0.07	
	4. 固定资产投资增速	%	0.06	
	5. 社会消费品零售总额	亿元	0.10	
效益指数	6. 高新技术产业增加值占GDP比重	%	0.07	0.35
	7. 城乡居民人均可支配收入	元	0.08	
	8. 地方一般公共预算收入占GDP比重	%	0.08	
	9. 规模以上工业企业营业收入利润率	%	0.06	
	10. 实际利用内外资	万元人民币	0.06	
结构指数	11. 第三产业增加值占GDP比重	%	0.06	0.30
	12. 常住人口城镇化率	%	0.08	
	13. 城乡居民收入比（以城为1）	—	0.05	
	14. 财政科技支出占财政支出比重	%	0.05	
	15. 外贸依存度	%	0.06	

二　评价方法改进

与《湖南县域经济高质量发展报告（2021）》相比，本书对湖南县域经济高质量发展评价主要发生了两个变化：一是新增了具体指标；二是仅针对2020年版进行评价，不同于2021年版对2015—2019年五年的情况进行评价。对此，《湖南县域经济高质量发展报告（2022）》不宜直接使用2021年版的评价方法，需要予以改进。

（一）重新设置指标权重

由于2022年版湖南县域经济高质量发展评价指标体系较2021年版发生了一定变化，因此2021年版的权重设置不再适用，于是在层次分析法的基础上，采用专家打分法对指标权重进行了重新分配。与2021年版相比，地区生产总值、地区生产总值增速、人均地区生产总值、社会消费品零售总额的权重小幅提升，其主要原因在于受疫情影响，中央和地方均出台稳经济一揽子政策，将"量的合理增长"与"质的稳步提升"并立，并且消费复苏疲软是当前宏观经济的主要问题，专家在打分过程中不同程度地调高了相关指标的权重。

（二）横向指数（先进县评价）的测算

在2022年版湖南县域经济高质量发展评价的新增指标中，外贸依存度在横截面上的差异较大。2020年各县（市）外贸依存度的最大值与最小值之比可达1000以上，如果采取2021年版湖南县域经济高质量发展评价的指标得分计算方法，就会导致外贸依存度的得分差距过大，对结构指数和综合指数的结果造成较大影响。对此，运用归一化方式对各个指标进行无量纲处理，将每个指标的得分都控制在0—100的区间内。所有的具体指标都是效益型指标，无量纲处理公式如下：

$$Y_{i,m} = \frac{X_{i,m} - \min\limits_{m}(X_i)}{\max\limits_{m}(X_i) - \min\limits_{m}(X_i)} \times 100$$

$Y_{i,m}$为2020年第i个具体指标第m个县（市）的归一化数值，$X_{i,m}$为2020年第i个具体指标第m个县（市）的统计数值，$\max\limits_{m}(X_i)$为2020年所有县（市）第i个具体指标的最大值，$\min\limits_{m}(X_i)$为2020年所有县（市）第i个具体指标的最小值。

再对指标的归一化数值进行加权求和，得到规模指数、效益指数、结构指数的加权结果，并运用灰色关联法对规模指数、效益指数、结构指数的加权结果进行处理，使一级指数的波动更为平滑。

$$SCW_m = (\sum W_i \cdot Y_{i,m})/0.35, \quad SC_m = \frac{200/3}{[(100 - SCW_m) + 200/3]} \times 100$$

$$EFW_m = (\sum W_i \cdot Y_{i,m})/0.35, \quad EF_m = \frac{200/3}{[(100 - EFW_m) + 200/3]} \times 100$$

$$STW_m = (\sum W_i \cdot Y_{i,m})/0.30, \quad ST_m = \frac{200/3}{[(100 - STW_m) + 200/3]} \times 100$$

SCW_m 为 2020 年第 m 个县（市）规模指数的加权结果，SC_m 为 2020 年第 m 个县（市）的横向规模指数；EFW_m 为 2020 年第 m 个县（市）效益指数的加权结果，EF_m 为 2020 年第 m 个县（市）的横向效益指数；STW_m 为 2020 年第 m 个县（市）结构指数的加权结果，ST_m 为 2020 年第 m 个县（市）的横向结构指数。W_i 为第 i 个具体指标的权重。

最后，对 3 个一级指数进行合成，得到县域经济高质量发展评价的横向综合指数，计算公式为：

$$R_m = 0.35 \times SC_m + 0.35 \times EF_m + 0.30 \times ST_m$$

R_m 为 2020 年第 m 个县（市）县域经济高质量发展评价的横向综合指数。

（三）纵向指数（快进县评价）的测算

在 2022 年版湖南县域经济高质量发展评价的新增指标中，规模以上工业企业营业收入利润率在时间序列上的波动较大。2015 年个别县（市）规模以上工业企业营业收入利润率为负值，如果采取 2021 年版湖南县域经济高质量发展评价的指标得分计算方法，就会导致规模以上工业企业营业收入利润率的指标得分无法计算，最终难以得到效益指数和综合指数的结果。对此，首先对各个具体指标 2020 年较 2015 年的变化进行衡量，计算公式如下：

数值型指标：$X'_{i,m} = \dfrac{X_{i,m} - X_{i,m}^{2015}}{X_{i,m}^{2015}} \times 100$

百分比型指标：$X'_{i,m} = X_{i,m} - X_{i,m}^{2015}$

$X'_{i,m}$ 为第 m 个县（市）第 i 个具体指标 2020 年较 2015 年的变化值，$X_{i,m}$ 为 2020 年第 i 个具体指标第 m 个县（市）的统计数值，$X_{i,m}^{2015}$ 为 2015 年第 i 个具体指标第 m 个县（市）的统计数值。

然后，运用归一化方式对各个指标的变化值进行无量纲处理，将每个指标变化值的得分都控制在 0—100 的区间内。所有的具体指标都是效益型指标，无量纲处理公式如下：

$$Y'_{i,m} = \dfrac{X'_{i,m} - \min_{m}(X'_i)}{\max_{m}(X'_i) - \min_{m}(X'_i)} \times 100$$

$Y'_{i,m}$ 为第 m 个县（市）第 i 个具体指标变化值的归一化数值，$X'_{i,m}$ 为

第 m 个县（市）第 i 个具体指标的变化值，$\max_{m}(X'_i)$ 为所有县（市）第 i 个具体指标变化值的最大值，$\min_{m}(X'_i)$ 为所有县（市）第 i 个具体指标变化值的最小值。

从加权求和开始，由 $Y'_{i,m}$ 替代横向指数测算公式中的 $Y_{i,m}$，得到 2020 年第 m 个县（市）县域经济高质量发展评价的纵向规模指数、纵向效益指数、纵向结构指数和纵向综合指数。

第二节　湖南县域经济高质量发展的先进县分析

根据湖南县域经济高质量发展横向指数的测算结果，遴选全省县域经济高质量发展的先进县（20强），从规模指数、效益指数、结构指数和综合指数层面，摸清当前全省各县（市）经济高质量发展水平及其特点。

一　湖南县域经济高质量发展横向指数的测算结果

按照前节评价指标体系，计算了全省86个县（市）2020年县域经济高质量发展横向指数，并将县域经济高质量发展横向综合指数排名前20的县（市）作为先进县，结果见表1-2至表1-5。

表1-2　长株潭地区县域经济高质量发展横向指数评价结果

县（市）	综合指数	规模指数	效益指数	结构指数
长沙县	81.63	86.03	80.22	78.15
浏阳市	66.54	71.62	70.02	56.54
宁乡市	58.87	59.92	60.49	55.76
攸县	55.68	51.33	55.05	61.49
茶陵县	49.40	52.31	48.10	47.52
炎陵县	48.40	46.86	48.00	50.66
醴陵市	57.48	55.63	60.94	55.60
湘潭县	51.82	52.51	55.01	47.30
湘乡市	52.31	54.21	52.78	49.56
韶山市	60.82	53.37	66.53	62.85

续表

县（市）	综合指数	规模指数	效益指数	结构指数
双峰县	49.54	49.97	49.68	48.86
新化县	48.79	49.71	50.48	45.75
冷水江市	56.86	50.81	58.69	61.78
涟源市	49.49	50.70	50.71	46.66

注：本表按《湖南统计年鉴2021》顺序对县（市）进行排序，下同。

表1－3　洞庭湖生态经济区县域经济高质量发展横向指数评价结果

县（市）	综合指数	规模指数	效益指数	结构指数
岳阳县	51.81	52.82	52.76	49.53
华容县	51.63	52.13	51.62	51.06
湘阴县	53.04	51.56	57.26	49.86
平江县	50.39	50.66	52.11	48.08
汨罗市	55.19	56.74	59.66	48.18
临湘市	51.58	51.15	52.12	51.46
安乡县	48.75	50.49	46.39	49.46
汉寿县	52.11	54.36	51.85	49.78
澧县	53.94	55.84	51.05	55.08
临澧县	50.52	50.83	51.08	49.52
桃源县	50.11	53.03	49.36	47.59
石门县	50.90	52.54	51.25	48.57
津市市	53.10	53.13	53.64	52.45
南县	49.70	52.42	45.89	50.98
桃江县	49.98	49.06	52.57	48.03
安化县	47.93	47.92	49.36	46.28
沅江市	50.47	49.46	53.66	47.94

表1－4　湘南地区县域经济高质量发展横向指数评价结果

县（市）	综合指数	规模指数	效益指数	结构指数
衡阳县	49.99	50.15	50.93	48.71
衡南县	51.68	50.80	53.84	50.19

续表

县（市）	综合指数	规模指数	效益指数	结构指数
衡山县	50.46	48.75	53.85	48.50
衡东县	49.99	49.72	51.06	49.05
祁东县	49.51	51.47	47.46	49.62
耒阳市	52.03	51.45	52.29	52.41
常宁市	51.44	51.54	49.67	53.39
桂阳县	54.52	52.02	57.97	53.40
宜章县	49.91	48.59	52.18	48.80
永兴县	52.45	49.47	54.81	53.18
嘉禾县	52.28	47.88	58.15	50.56
临武县	50.74	48.92	53.31	49.86
汝城县	49.97	47.21	51.94	50.88
桂东县	48.99	45.46	50.87	50.92
安仁县	48.23	47.80	47.96	49.03
资兴市	54.82	52.38	59.53	52.18
祁阳市	51.21	50.25	54.37	48.65
东安县	48.22	48.24	49.66	46.50
双牌县	48.01	47.29	50.08	46.43
道县	51.01	49.21	50.88	53.26
江永县	46.94	46.77	47.79	46.14
宁远县	51.76	48.82	53.02	53.73
蓝山县	51.21	48.23	54.72	50.60
新田县	48.23	46.77	47.69	50.55
江华县	50.86	48.59	52.99	51.01

表1-5 大湘西地区县域经济高质量发展横向指数评价结果

县（市）	综合指数	规模指数	效益指数	结构指数
新邵县	48.26	49.04	47.48	48.28
邵阳县	49.62	49.13	52.17	47.20
隆回县	48.98	50.53	47.61	48.78
洞口县	47.16	45.42	48.61	47.51
绥宁县	46.45	46.70	46.12	46.56

续表

县（市）	综合指数	规模指数	效益指数	结构指数
新宁县	46.71	45.59	45.98	48.86
城步县	45.18	43.84	44.57	47.44
武冈市	48.61	49.19	48.37	48.20
邵东市	58.69	56.69	60.56	58.85
慈利县	47.02	44.03	47.19	50.31
桑植县	48.05	47.07	46.23	51.31
中方县	51.21	48.60	57.19	47.27
沅陵县	48.61	49.03	50.66	45.73
辰溪县	48.57	46.62	49.84	49.35
溆浦县	47.26	49.21	46.17	46.25
会同县	47.55	46.74	45.31	51.10
麻阳县	47.17	47.57	46.55	47.44
新晃县	47.69	47.09	46.66	49.58
芷江县	48.07	48.52	47.63	48.07
靖州县	47.69	47.99	45.34	50.07
通道县	48.39	47.34	49.14	48.74
洪江市	48.10	47.59	48.95	47.72
吉首市	51.24	44.91	53.82	55.62
泸溪县	45.95	45.59	45.47	46.91
凤凰县	46.94	42.58	48.47	50.25
花垣县	49.65	50.96	50.78	46.81
保靖县	45.91	46.32	44.04	47.61
古丈县	45.92	43.21	47.14	47.67
永顺县	44.98	42.16	44.16	49.24
龙山县	46.34	44.01	45.89	49.57

二 湖南县域经济高质量发展横向指数分析

结合《湖南县域经济高质量发展报告（2021）》对2015—2019年横向指数的测算，对2020年湖南省各县（市）经济高质量发展水平进行比较分析。

（一）横向综合指数分析

先进县前 9 强呈现强者恒强，10—20 位的竞争较为激烈。2015—2020 年长沙县一直位居湖南县域经济高质量发展先进县第 1，湖南县域经济高质量发展前 9 强的先进县名单保持一致，只是排名有所变化。2019 年湖南县域经济高质量发展先进县 10 强全部进入 2020 年前 10，但是排名发生了一定变化，韶山市、邵东市、冷水江市、攸县和汨罗市的排名提升，宁乡市、醴陵市和资兴市的排名下降。2015—2020 年，湖南县域经济高质量发展第 10 名先后在湘阴县、桂阳县、永兴县、吉首市、汨罗市和资兴市中产生，每年先进县 11—20 位的县（市）名单都与上年有所不同。

2020 年先进县 20 强呈现两个新变化。一是长浏宁一直占据前三的格局被打破。2015—2019 年先进县前 3 名一直由长沙县、浏阳市和宁乡市组成，但是 2020 年韶山市进入前 3，宁乡市下降到第 4。二是 2020 年湖南县域经济高质量发展 11—20 位的先进县名单变化较大。澧县、津市市、嘉禾县、汉寿县进入了湖南省县域经济高质量发展先进县前 20 强，而吉首市、华容县、临湘市、岳阳县掉出了前 20 强。

长株潭地区县域经济高质量发展水平最高，洞庭湖生态经济区与湘南地区县域经济高质量发展水平的组内差异最小。长株潭地区、洞庭湖生态经济区、湘南地区、大湘西地区各县（市）横向综合指数的平均值分别为 56.26、51.25、50.58、48.07。长株潭地区县域经济高质量发展水平的区域内差异最大，变异系数达到 0.16，洞庭湖生态经济区与湘南地区县域经济高质量发展水平的变异系数均为 0.04，小于长株潭地区和大湘西地区。

（二）横向规模指数分析

湖南县域经济横向规模指数前 3 名 6 年保持不变，2020 年 20 强席位中有 5 席较上年发生变化。2015—2020 年湖南县域经济高质量发展横向规模指数一直是长沙县、浏阳市、宁乡市排名前 3，长沙县、浏阳市、宁乡市、汨罗市、邵东市、醴陵市、湘乡市、桃源县、石门县、湘潭县、资兴市、桂阳县 12 个县（市）稳居 20 强，其中 6 个县（市）位于长株潭地区，3 个县（市）位于洞庭湖生态经济区，2 个县（市）位于湘南地区，1 个县（市）位于大湘西地区。与上年相比，2016—2020 年分别有 2

个、3个、3个、2个和5个县（市）掉出20强。2020年汉寿县、韶山市、津市市、南县、茶陵县进入横向规模指数前20强，而攸县、永兴县、耒阳市、临湘市和湘阴县掉出前20强。

规模是湘南地区和大湘西地区县域经济高质量发展的主要短板，长株潭地区县域经济规模的组内差距较大。长株潭地区、洞庭湖生态经济区、湘南地区、大湘西地区各县（市）横向规模指数的平均值分别为56.07、52.01、49.11、47.11。洞庭湖生态经济区各县（市）横向规模指数平均值高于自身的效益指数和结构指数，而湘南地区、大湘西地区各县（市）横向规模指数平均值低于各自的效益指数和结构指数，规模指数偏低直接拖累了其综合指数。长株潭地区各县（市）县域经济横向规模指数的变异系数达到0.19，不仅高于其他三个板块，而且高于自身的效益指数和结构指数。其中炎陵县的横向规模指数仅为46.86，而长沙县高达86.03。

（三）横向效益指数分析

湖南县域经济横向效益指数前3名2019—2020年保持不变，2020年20强席位中有5席较上年发生变化。2019年和2020年湖南县域经济高质量发展横向效益指数均为长沙县、浏阳市、宁乡市排名前3。2015—2020年，长沙县、浏阳市、韶山市、醴陵市、邵东市、宁乡市、资兴市、冷水江市、桂阳县、攸县、湘潭县、永兴县12个县（市）稳居湖南县域经济横向效益指数排名前20强，其中8个县（市）位于长株潭地区，3个县（市）位于湘南地区，1个县（市）位于大湘西地区。与上年相比，2016—2020年分别有3个、3个、3个、2个和5个掉出20强。2020年湘阴县、中方县、祁阳市、衡山县、衡南县进入横向效益指数前20强，而湘乡市、双牌县、华容县、临湘市、道县掉出前20强。

效益是长株潭地区和湘南地区县域经济高质量发展中的相对长板，大湘西地区县域经济效益的组内差异较大。长株潭地区、洞庭湖生态经济区、湘南地区、大湘西地区各县（市）横向效益指数的平均值分别为57.62、51.86、52.28、48.27。长株潭地区和湘南地区各县（市）横向效益指数平均值高于各自的规模指数和结构指数。大湘西地区各县（市）横向效益指数的变异系数为0.08，不仅高于洞庭湖生态经济区和湘南地区两个板块，而且高于自身规模指数和效益指数的变异系数。

（四）横向结构指数分析

湖南县域经济横向结构指数前20强变化相对小于规模指数和效益指数，2020年全省20强席位中有3席较上年发生变化。2015—2020年，长沙县、韶山市、冷水江市、攸县、邵东市、浏阳市、宁乡市、吉首市、醴陵市、桂阳县、道县、耒阳市、资兴市13个县（市）稳居湖南县域经济横向结构指数前20强，其中7个县（市）位于长株潭地区，4个县（市）位于湘南地区，2个县（市）位于大湘西地区。与上年相比，2016—2020年分别有2个、1个、1个、1个和3个县（市）掉出20强，总体上少于规模指数和效益指数前20强的变化。2015—2019年湖南县域经济横向结构指数一直是冷水江市排名第1，但是2020年易主为长沙县。2020年宁远县、常宁市、桑植县进入横向结构指数前20强，而汨罗市、华容县、南县掉出前20强。

结构是洞庭湖生态经济区县域经济高质量发展中的相对短板，也是县域间发展差异最小的一级指标。长株潭地区、洞庭湖生态经济区、湘南地区、大湘西地区各县（市）横向结构指数的平均值分别为54.89、49.64、50.30、48.94。洞庭湖生态经济区各县（市）横向结构指数平均值不仅低于长株潭地区和湘南地区，而且低于自身的规模指数和效益指数，结构指数偏低直接拖累了其综合指数。长株潭地区、洞庭湖生态经济区、湘南地区、大湘西地区各县（市）横向结构指数的变异系数分别为0.16、0.04、0.04、0.05，都低于其他两个一级指数。

第三节　湖南县域经济高质量发展的快进县分析

根据湖南县域经济高质量发展纵向指数的测算结果，遴选全省县域经济高质量发展的快进县（10强），从规模指数、效益指数、结构指数和综合指数层面，摸清近年来全省各县（市）经济高质量发展水平的提升状况。

一 湖南县域经济高质量发展纵向指数的测算结果

按照前节评价指标体系，计算了全省86个县（市）2020年县域经济高质量发展的纵向指数，并将县域经济高质量发展纵向综合指数排名前10的县（市）作为快进县，结果见表1-6至表1-9。

表1-6　长株潭地区县域经济高质量发展纵向指数评价结果

县（市）	综合指数	规模指数	效益指数	结构指数
长沙县	60.47	50.76	56.76	76.12
浏阳市	57.65	49.79	62.07	61.64
宁乡市	49.58	46.93	48.07	54.44
攸县	53.91	48.77	53.65	60.20
茶陵县	54.40	54.58	55.65	52.73
炎陵县	54.72	54.32	50.45	60.15
醴陵市	55.00	50.76	56.97	57.65
湘潭县	54.21	52.46	57.00	52.98
湘乡市	54.15	53.32	53.33	56.08
韶山市	56.78	50.13	61.93	58.52
双峰县	57.76	53.14	59.93	60.62
新化县	56.38	53.31	62.71	52.57
冷水江市	50.83	44.07	56.58	52.02
涟源市	56.44	52.60	62.09	54.33

表1-7　洞庭湖生态经济区县域经济高质量发展纵向指数评价结果

县（市）	综合指数	规模指数	效益指数	结构指数
岳阳县	54.88	52.78	58.32	53.33
华容县	54.40	51.24	58.02	53.87
湘阴县	52.72	48.65	55.75	53.93
平江县	58.18	57.35	59.98	57.04
汨罗市	54.05	52.44	61.12	47.67
临湘市	58.18	56.78	61.34	56.14
安乡县	53.94	55.74	56.06	49.37

续表

县（市）	综合指数	规模指数	效益指数	结构指数
汉寿县	57.89	59.55	59.04	54.62
澧县	57.28	52.99	56.39	63.32
临澧县	54.06	53.37	56.60	51.91
桃源县	54.20	52.04	56.23	54.36
石门县	55.99	51.45	61.38	55.01
津市市	54.50	53.86	57.14	52.17
南县	54.76	53.31	57.70	53.02
桃江县	53.74	50.99	57.51	52.57
安化县	54.48	50.15	59.72	53.41
沅江市	51.45	49.18	56.48	48.24

表1-8　湘南地区县域经济高质量发展纵向指数评价结果

县（市）	综合指数	规模指数	效益指数	结构指数
衡阳县	53.11	50.42	55.59	53.36
衡南县	54.28	50.15	57.38	55.48
衡山县	52.70	52.14	55.46	50.14
衡东县	51.43	49.53	54.70	49.84
祁东县	53.20	51.79	54.42	53.44
耒阳市	50.05	47.50	52.24	50.49
常宁市	54.62	50.68	57.05	56.39
桂阳县	53.38	48.93	56.19	55.29
宜章县	52.13	47.58	54.72	54.42
永兴县	51.80	47.44	53.63	54.73
嘉禾县	53.43	50.88	57.33	51.84
临武县	55.62	52.31	58.45	56.19
汝城县	60.33	66.95	55.79	57.92
桂东县	60.12	69.48	58.83	50.70
安仁县	54.56	54.37	55.21	54.01
资兴市	49.58	45.39	51.94	51.72
祁阳市	55.35	53.15	62.78	49.27
东安县	53.31	49.16	59.76	50.63

续表

县（市）	综合指数	规模指数	效益指数	结构指数
双牌县	58.04	62.73	54.35	56.86
道县	56.04	52.64	61.05	54.17
江永县	54.08	54.10	55.89	51.94
宁远县	58.69	58.02	59.71	58.30
蓝山县	56.61	51.63	66.04	51.41
新田县	55.60	53.78	57.50	55.50
江华县	56.44	52.03	62.55	54.47

表1-9 大湘西地区县域经济高质量发展纵向指数评价结果

县（市）	综合指数	规模指数	效益指数	结构指数
新邵县	55.22	53.96	53.94	58.20
邵阳县	56.23	54.04	58.74	55.86
隆回县	58.05	57.16	59.34	57.58
洞口县	54.39	50.01	58.07	55.23
绥宁县	54.95	52.32	54.86	58.11
新宁县	53.73	51.05	55.14	55.19
城步县	56.08	53.50	55.04	60.31
武冈市	55.40	51.82	59.31	55.00
邵东市	60.32	60.38	60.39	60.17
慈利县	50.90	46.70	52.54	53.86
桑植县	53.82	50.13	59.01	52.08
中方县	56.20	48.82	60.88	59.33
沅陵县	56.04	49.71	60.74	57.94
辰溪县	55.65	47.03	62.85	57.31
溆浦县	55.36	51.47	63.89	49.95
会同县	55.75	51.70	59.79	55.76
麻阳县	57.45	50.21	63.41	58.95
新晃县	60.09	54.10	63.93	62.62
芷江县	58.47	47.32	66.76	61.81
靖州县	54.67	49.03	59.43	55.70
通道县	62.75	54.01	73.41	60.51

续表

县（市）	综合指数	规模指数	效益指数	结构指数
洪江市	54.20	50.66	60.19	51.32
吉首市	50.86	47.45	55.58	49.34
泸溪县	54.08	53.38	54.23	54.73
凤凰县	51.04	44.67	55.36	53.45
花垣县	56.36	52.44	59.85	56.84
保靖县	54.66	50.10	60.58	53.06
古丈县	52.34	48.31	53.14	56.10
永顺县	55.56	47.55	59.67	60.10
龙山县	55.46	52.59	58.12	55.69

二 湖南县域经济高质量发展纵向指数分析

结合湖南县域经济高质量发展横向指数，对"十三五"期间湖南省各县（市）经济高质量发展水平的提升情况进行比较分析。

（一）纵向综合指数分析

长沙县和邵东市既进入了先进县前10，也进入了快进县前10。长沙县和邵东市经济高质量发展横向指数分别排名第1和第5，两者纵向指数分别排名第2和第4。长沙县和邵东市不仅经济高质量发展水平处于全省领先位置，而且"十三五"期间经济高质量发展水平的提升幅度也位居全省前列。长沙县有工程机械、汽车零部件、电子信息三大支柱产业，邵东素有"百工之乡""民营之都"的美称，其中打火机的产值超过200亿元，占据了全国七成的市场份额。做大做强产业，尤其是培育一个或者少数几个特色产业，是推动县域经济高质量发展的"压舱石"和"动力源"。

大湘西地区县域经济高质量发展水平的提升幅度最大，洞庭湖生态经济区县域经济高质量发展水平提升幅度的组内差异最小。2020年长株潭地区、洞庭湖生态经济区、湘南地区、大湘西地区分别有1个、2个、3个、4个县（市）进入快进县10强。从板块整体表现看，长株潭地区、洞庭湖生态经济区、湘南地区、大湘西地区各县（市）纵向综合指数的平均值分别为55.16、54.98、54.58、55.54。洞庭湖生态经济区纵向综合指数的变异系数为0.03，为四大板块中的最小值。

（二）纵向规模指数分析

邵东市和汉寿县既进入了横向规模指数前10，也进入了纵向规模指数前10。"十三五"时期，邵东市和汉寿县地区生产总值分别年均增长7.1%和7.2%，高于全省0.1个和0.2个百分点。

经济规模是拖累湖南县域经济发展水平提升的主要方面，洞庭湖生态经济区县域经济规模的提升幅度最大，湘南地区县域经济规模提升幅度的组内差异较大。长株潭地区、洞庭湖生态经济区、湘南地区、大湘西地区各县（市）纵向规模指数的平均值分别为51.07、53.05、52.91、51.05，都小于各自的纵向效益指数和结构指数。2020年洞庭湖生态经济区、湘南地区、大湘西地区分别有4个、4个、2个县（市）进入纵向规模指数10强，但是洞庭湖生态经济区各县（市）纵向规模指数的平均值高于湘南地区。湘南地区各县（市）县域经济纵向规模指数的变异系数达到0.11，不仅高于其他三个板块，而且高于自身效益指数和结构指数的变异系数。

（三）纵向效益指数分析

蓝山县和祁阳市既进入了横向效益指数前20，也进入了纵向效益指数前10。2020年全省没有任何县（市）在横向效益指数和纵向效益指数上都进入前10的。蓝山县和祁阳市经济高质量发展横向效益指数分别排名第17和第18，两者纵向效益指数分别排名第3和第8。

大湘西地区县域经济效益的提升幅度最大，长株潭地区县域经济效益提升幅度的组内差异较大。2020年长株潭地区、湘南地区、大湘西地区分别有1个、2个、7个县（市）进入纵向效益指数10强。长株潭地区、洞庭湖生态经济区、湘南地区、大湘西地区各县（市）纵向效益指数的平均值分别为56.94、58.16、57.14、59.27，除长株潭地区以外地区各县（市）纵向效益指数平均值均高于各自的规模指数和结构指数。长株潭地区各县（市）纵向效益指数的变异系数为0.08，高于其他三个板块。

（四）纵向结构指数分析

全省有5个县（市）既进入了横向结构指数前10，也进入了纵向结构指数前10。在三个一级指数中，横向结构指数前10和纵向结构指数前

10 的县（市）重叠最大。

　　长株潭地区县域经济结构的提升幅度最大，但其组内差异也较大。2020 年长株潭地区、洞庭湖生态经济区、大湘西地区分别有 4 个、1 个、5 个县（市）进入纵向结构指数 10 强。长株潭地区、洞庭湖生态经济区、湘南地区、大湘西地区各县（市）纵向结构指数的平均值分别为 57.86、53.53、53.43、56.40，长株潭地区的平均值最大。但是长株潭地区各县（市）纵向结构指数的变异系数为 0.11，不仅高于其他三个板块，而且高于自身规模指数和效益指数的变异系数。

第 二 章

湖南县域经济发展的现状特征及对比分析

目前,湖南省有 19 个县级市、60 个县、7 个自治县共 86 个县(市)。2020 年①,湖南省县域经济地区生产总值 2.30 万亿元,占全省经济总量的 55.13%;县域年末常住人口 4715.02 万人,占全省总人口的 70.96%。"十三五"以来,全省县域经济总量在不断壮大、质量不断提升、潜力不断涌现的同时,也呈现出经济增速放缓、内需拉动不足的隐忧。

第一节 湖南县域经济发展特征分析

根据 2015—2020 年的湖南县域数据,主要对比分析如下:一是湖南各县(市)的经济总量水平(以地区生产总值为要素分析);二是依据经济发展速度来衡量的经济增量(以人均地区生产总值、生产总值增速为要素分析);三是湖南县域发展的内生动力(以固定资产投资平均增长速度、城镇化的发展水平为要素分析);四是湖南县域发展的质量效益(以县域社会消费品零售总额、县域全体居民可支配收入等为要素分析)。

对照数据分析结果可知,从经济总量上看湖南县域发展偏态分布严重,乡村振兴是做大经济总量的新增长点;从经济增量上看,经济下行

---

① 本章中我省、其他省份统计数据来源于各省统计年鉴。目前最新的 2021 年统计年鉴数据仅更新至 2020 年,2021 年数据需在 2022 年统计年鉴中正式发布。

的"灰犀牛"和疫情冲击的"黑天鹅"交织影响，呈现先快后慢的发展趋势；从经济内生动力上看，传统的过度依赖投资拉动和快速城镇化推动有市场失灵的风险；从经济质量效益上看，近两年来消费者信心受挫、城乡居民收入差距有所拉大，但居民收入快速增长反映出未来经济发展潜力可期。

一 湖南县域经济总量偏态分布明显，乡村振兴有望成为下阶段做大县域经济规模的新增长点

2020年，全省县域地区生产总值为23034.91亿元，较2019年同比增长4.1%。与2015年相比，增长了35%。

其中，地区生产总值超过300亿元的县（市）有28个，超过500亿元的县（市）有8个（分别是长沙县、浏阳市、宁乡市、醴陵市、湘潭县、湘乡市、邵东市、汨罗市）；突破1000亿元的县（市）有3个，分别是长沙县达到1808.34亿元，浏阳市达到1493.00亿元，宁乡市达到1105.92亿元。而低于300亿元的县仍占2/3以上，尚有58个。2021年县域经济百强县[①]中，湖南省4个县（市）入围百强，其中2个县（市）上榜全国10强（长沙县、浏阳市），4个县（市）上榜中部10强（长沙县、浏阳市、宁乡市、醴陵市），均集中于长株潭都市圈范围，全省发展相对领先和滞后的县域之间差距巨大。

而在赛迪顾问县域经济研究中心发布的乡村振兴百强县中，湖南有14个县上榜，数量之多，位居全国第3，仅次于广东的16个和江苏的15个，领先于黑龙江的12个。这四个省一共上榜57个，占了全国大半壁江山。其中，长沙县为中西部地区的第一大县，同为长沙代管的宁乡市为全国乡村振兴第一县，高居榜首。由此可见，湖南在县域乡村振兴方面的表现还不错。从产业兴旺、治理有效、共同富裕等维度评价，湖南省乡村振兴战略推进已走在全国前列，应将成为下一阶段支撑县域经济做强做优做大的有力支撑（见表2-1）。

---

① 参考北京中郡经济发展研究所《2021县域经济与县域发展监测评价报告》全国县域经济基本竞争力百强县（县域经济百强县）相关数据，与赛迪顾问县域经济研究中心发布报告有所不同。

第二章 湖南县域经济发展的现状特征及对比分析

表 2-1　　　　　　　　　湖南县域地区生产总值　　　　　　　（单位：亿元）

县/市	2015年	2018年	2020年	县/市	2015年	2018年	2020年	县/市	2015年	2018年	2020年
长沙县	1168.34	1509.33	1808.34	平江县	216.95	286.61	330.79	江永县	52.32	69.95	82.33
浏阳市	1112.76	1342.08	1493.00	汨罗市	397.64	464.19	517.58	宁远县	120.94	166.11	232.37
宁乡市	1002.17	1113.74	1105.92	临湘市	213.57	266.58	305.06	蓝山县	88.55	121.24	127.47
攸县	341.01	347.04	420.56	安乡县	145.95	193.02	222.28	新田县	63.04	86.05	98.37
茶陵县	157.45	185.51	224.32	汉寿县	222.00	297.73	316.29	江华县	94.23	125.39	137.69
炎陵县	61.43	75.17	88.52	澧县	278.45	358.03	385.96	中方县	91.76	113.59	124.04
醴陵市	531.56	611.21	737.55	临澧县	139.42	178.23	204.57	沅陵县	162.98	158.87	177.26
湘潭县	329.81	446.46	501.04	桃源县	275.12	368.73	429.83	辰溪县	99.41	118.41	117.31
湘乡市	328.58	445.90	500.24	石门县	211.39	278.23	313.61	溆浦县	125.78	156.35	183.67
韶山市	70.52	94.44	97.08	津市市	115.30	158.16	181.57	会同县	60.77	79.12	90.55
衡阳县	291.37	348.06	362.46	慈利县	151.57	192.23	181.83	麻阳县	64.00	81.25	91.39
衡南县	287.85	330.37	356.01	桑植县	74.07	96.66	100.92	新晃县	49.45	57.48	71.67
衡山县	134.93	174.63	173.78	南县	208.91	262.31	280.30	芷江县	90.67	99.79	105.95
衡东县	236.45	284.29	290.81	桃江县	203.24	271.68	279.88	靖州县	68.04	88.37	87.65
祁东县	240.00	275.86	308.71	安化县	175.18	233.46	240.12	通道县	34.02	43.63	55.86
耒阳市	389.95	432.50	394.58	沅江市	232.56	309.87	270.03	洪江市	97.82	124.43	125.74
常宁市	269.60	331.93	350.91	桂阳县	313.86	376.02	376.85	双峰县	199.46	233.57	266.00
邵东市	310.11	430.45	616.74	宜章县	181.68	231.23	220.23	新化县	202.47	251.03	286.95
新邵县	116.64	145.26	166.86	永兴县	287.38	340.55	314.93	冷水江市	268.19	267.91	238.27
邵阳县	122.77	156.18	180.61	嘉禾县	127.63	151.33	143.60	涟源市	240.49	290.59	302.92
隆回县	140.12	186.43	233.01	临武县	108.53	153.54	146.13	吉首市	122.82	167.62	197.62
洞口县	137.45	172.21	189.31	汝城县	51.43	65.28	91.42	泸溪县	53.58	58.15	72.34
绥宁县	75.04	92.96	100.66	桂东县	27.68	36.86	46.16	凤凰县	69.82	81.03	89.41
新宁县	84.14	110.26	116.41	安仁县	75.02	94.57	114.95	花垣县	59.67	62.21	75.36
城步县	33.54	41.65	56.46	资兴市	298.23	346.74	326.83	保靖县	44.52	56.60	73.31
武冈市	119.42	149.84	172.19	祁阳市	240.02	307.70	346.35	古丈县	22.15	25.75	31.73
岳阳县	260.86	327.98	362.84	东安县	152.15	186.91	194.17	永顺县	57.48	69.35	88.30
华容县	280.02	344.37	370.30	双牌县	50.37	64.19	78.60	龙山县	67.41	83.72	98.86
湘阴县	310.71	331.83	339.80	道县	153.14	202.54	224.67				

— 21 —

二 受宏观经济下行压力"灰犀牛"和新冠肺炎疫情冲击"灰天鹅"交织影响，湖南县域经济增速处先快后慢的回落区间

2020年，全省县域人均地区生产总值为45460.95元，与上年同期相比增长4%。与2015年相比，全省县域地区生产总值增长了45%。2015—2018年间，全省县域经济增速尚处于8%—9%的中高速增长区间，但2019年后随着全国经济增速的持续放缓，特别是受到新冠肺炎疫情的冲击，县域经济增速在2020年已回落至4%以下，尽管2021年受同比基数较低影响，县域经济增速将触底反弹，但2022年2月以来俄乌冲突对县域经济稳增长带来新的不确定性。

同时受湖南省县域常住人口较快下降影响，湖南省县域人均地区生产总值增速明显高于经济增速，2020年达到4.55万元①，同比增长4%，2015—2020年间累计增长45%。2020年，人均地区生产总值超过5万元的县（市）达到28个，超过8万元的县（市）有8个（分别是长沙县、浏阳市、宁乡市、韶山市、醴陵市、汨罗市、津市市、资兴市）；突破10万元的县（市）有3个，分别是长沙县达到134409.31元，浏阳市达到105244.85元，资兴市达到101688.21元。具体见表2-2。

表2-2　　　　湖南县域地区生产总值增速　　　　（单位:%）

县/市	2015年	2018年	2020年	县/市	2015年	2018年	2020年	县/市	2015年	2018年	2020年
长沙县	9.00	9.60	4.30	平江县	8.70	8.70	3.90	江永县	9.00	6.95	3.80
浏阳市	12.20	8.60	4.70	汨罗市	8.80	7.63	5.10	宁远县	10.40	8.29	4.10
宁乡市	12.10	8.00	2.70	临湘市	8.20	7.45	3.60	蓝山县	9.60	7.85	4.00
攸县	9.80	7.44	3.20	安乡县	9.00	7.99	3.90	新田县	8.90	7.95	3.70
茶陵县	9.70	7.87	3.90	汉寿县	8.70	8.39	4.30	江华县	11.30	8.46	4.30
炎陵县	9.70	7.54	3.60	澧县	10.50	8.27	4.00	中方县	8.30	8.17	4.00
醴陵市	10.10	7.43	3.90	临澧县	9.10	7.17	4.30	沅陵县	1.00	8.32	4.80
湘潭县	10.70	9.18	3.70	桃源县	9.60	8.45	4.10	辰溪县	8.10	8.83	3.40
湘乡市	10.10	8.97	4.10	石门县	9.10	8.36	4.60	溆浦县	8.40	8.10	4.60

---

① 受数据所限，本调研报告中全省县域涉人均值、固定资产投资增速、城镇化率等数据采用算数平均值估算。

续表

县/市	2015年	2018年	2020年	县/市	2015年	2018年	2020年	县/市	2015年	2018年	2020年
韶山市	10.70	8.51	4.20	津市市	9.50	8.16	4.50	会同县	8.60	8.02	3.50
衡阳县	8.80	8.40	3.80	慈利县	9.20	7.12	2.00	麻阳县	9.50	7.89	4.50
衡南县	8.20	8.00	4.00	桑植县	8.20	7.12	2.50	新晃县	9.00	8.40	3.80
衡山县	8.70	8.30	3.70	南县	8.00	8.20	4.10	芷江县	8.30	8.61	4.40
衡东县	8.50	8.20	4.20	桃江县	8.60	7.82	3.40	靖州县	9.20	8.52	4.20
祁东县	9.10	8.80	4.30	安化县	7.60	7.74	3.50	通道县	8.30	9.03	4.30
耒阳市	8.40	8.10	4.20	沅江市	7.00	7.99	3.50	洪江市	8.70	7.01	3.94
常宁市	9.00	8.60	4.50	桂阳县	9.20	8.50	4.20	双峰县	8.30	8.50	4.30
邵东市	8.80	11.00	4.30	宜章县	9.00	8.40	3.90	新化县	8.40	8.30	4.00
新邵县	9.20	7.13	4.00	永兴县	9.50	8.40	2.80	冷水江市	8.00	8.80	3.80
邵阳县	9.70	6.55	4.00	嘉禾县	8.00	8.70	3.70	涟源市	8.50	8.20	4.30
隆回县	10.20	7.32	4.20	临武县	8.40	8.90	4.30	吉首市	11.00	10.10	1.20
洞口县	9.70	6.57	3.90	汝城县	8.70	8.10	4.10	泸溪县	2.70	6.00	3.10
绥宁县	8.60	6.96	3.10	桂东县	8.80	7.30	2.90	凤凰县	12.00	3.80	1.20
新宁县	10.30	9.11	2.70	安仁县	8.70	8.20	3.90	花垣县	0.20	-5.00	5.20
城步县	9.20	6.34	3.80	资兴市	8.90	8.80	3.70	保靖县	11.90	6.70	3.50
武冈市	9.40	7.06	4.10	祁阳市	10.00	8.15	4.00	古丈县	11.70	3.10	0.80
岳阳县	10.40	8.30	4.20	东安县	9.70	8.12	3.90	永顺县	10.80	6.20	1.20
华容县	10.10	8.30	3.80	双牌县	9.10	7.85	3.50	龙山县	7.00	6.40	3.10
湘阴县	10.60	5.55	3.90	道县	9.80	8.35	4.20				

三 过度依赖投资拉动和快速城镇化驱动县域经济的惯性发展模式有失灵风险，湖南县域经济内生动能亟待切换

一方面，2020年全省县域固定资产投资平均增长8.89%，较2019年下降了0.44个百分点，而2019年又较2018年下降了0.83个百分点。固定资产投资增速逐年降低，从另一方面说明了在疫情和全国经济疲软的影响下，投资者信心的不足。近年来，县域固定资产投资增速逐年降低，加之固定资产投资拉动系数下降，投资对经济增长的拉动作用不断减弱。但在2022年以来国家积极扩大有效投资、超前加快重大项目储备和建设的大环境下，投资对县域经济增长的贡献率有望抬升。

另一方面，2020 年末全省县域城镇常住人口 4715.02 万人，平均城镇化率 47.99%，但与 2019 年相比不升反降，降低了 0.44 个百分点。这可能与第七次人口普查数据调整有关，但也说明受沿海产业升级调整和疫情多次冲击影响，务工人员返乡潮升温，县域快速城镇化推进可能受到阻滞；但同时也给县域企业用工带来了一定的人口红利。具体见表 2－3。

表 2－3　　　　　　　湖南县域地区固定资产投资增速　　　　（单位:%）

县/市	2019 年	2020 年	县/市	2019 年	2020 年	县/市	2019 年	2020 年
长沙县	11.00	9.14	平江县	11.50	9.80	江永县	9.30	7.80
浏阳市	12.00	9.32	汨罗市	11.40	9.30	宁远县	10.00	8.50
宁乡市	10.20	4.00	临湘市	11.40	8.80	蓝山县	9.90	9.10
攸县	10.10	7.70	安乡县	11.10	9.60	新田县	9.80	8.60
茶陵县	14.60	15.40	汉寿县	17.00	15.80	江华县	10.70	9.30
炎陵县	13.00	5.30	澧县	2.00	15.50	中方县	10.30	9.24
醴陵市	14.20	4.20	临澧县	16.40	9.50	沅陵县	10.30	8.60
湘潭县	16.20	10.30	桃源县	17.50	9.00	辰溪县	11.60	9.10
湘乡市	15.80	10.60	石门县	4.80	9.30	溆浦县	11.80	10.30
韶山市	－16.70	13.00	津市市	6.20	9.90	会同县	10.40	9.60
衡阳县	7.60	9.10	慈利县	12.90	4.20	麻阳县	11.00	8.30
衡南县	13.00	9.40	桑植县	16.10	14.10	新晃县	11.50	9.20
衡山县	12.60	9.20	南县	27.00	13.20	芷江县	10.50	10.10
衡东县	12.70	5.70	桃江县	10.20	8.53	靖州县	10.70	9.10
祁东县	12.20	10.10	安化县	10.40	9.21	通道县	11.90	9.40
耒阳市	12.90	9.00	沅江市	－10.10	9.58	洪江市	9.00	8.70
常宁市	13.20	9.20	桂阳县	11.50	8.96	双峰县	10.50	8.40
邵东市	16.00	10.60	宜章县	11.50	7.86	新化县	10.50	8.60
新邵县	11.70	10.60	永兴县	11.70	8.76	冷水江市	10.80	8.60
邵阳县	－14.70	10.07	嘉禾县	11.50	8.66	涟源市	10.70	8.70
隆回县	16.30	11.00	临武县	11.90	8.76	吉首市	－13.00	4.96
洞口县	2.10	10.10	汝城县	11.30	8.66	泸溪县	－17.10	8.10
绥宁县	12.80	0.07	桂东县	11.20	8.66	凤凰县	4.30	4.96

续表

县/市	2019年	2020年	县/市	2019年	2020年	县/市	2019年	2020年
新宁县	11.40	9.00	安仁县	11.30	8.86	花垣县	-13.70	14.99
城步县	11.10	8.10	资兴市	11.60	7.80	保靖县	23.20	9.04
武冈市	10.00	0.51	祁阳市	9.50	8.70	古丈县	-17.70	10.07
岳阳县	11.40	9.00	东安县	10.50	8.20	永顺县	-4.70	4.97
华容县	11.30	9.20	双牌县	9.30	7.90	龙山县	16.10	4.08
湘阴县	11.30	8.90	道县	9.10	9.00			

四 近两年来消费增长受到一定抑制，但随城乡居民收入提升和收入差距收窄，消费对县域经济的拉动将持续修复

2020年受新冠肺炎疫情影响，县域消费增量出现转折性变化，由正转负。2019年与2018年的社会消费品零售总额7583.78亿元相比，增加了700.81万元。而2020年全省县域社会消费品零售总额为8165.46亿元，较2019年减少119.13亿元，降低了约1%。近两年来，受疫情反复冲击，消费预期转弱，对疫情的担忧以及各地防疫措施趋严等使得出行受限、线下消费场景缺失，同时重点群体稳就业、稳收入面临较大挑战，居民持币观望意愿增强，"不敢消费""不能消费"问题凸显，消费信心亟待恢复。

与此同时，全省县域居民收入仍处较快增长阶段，且城乡收入比不断减小，居民"钱袋子"的日益充实将对消费恢复起到有力支撑的作用。2020年，县域城乡居民人均可支配收入23096.90元，较2019年的21683.26元增加了1413.64元，增长7%，继续跑赢GDP增速，且高于全省平均水平0.1个百分点。其中，县域城镇居民人均可支配收入达32045.31元，县域农村居民人均可支配收入为16737.00元，城乡居民收入比为0.51。2015—2020年间，城乡居民收入比（农村/城市）由0.47稳步增长至0.52，城乡居民收入差距不断减小。随着消费升级和城乡消费扩容，消费对县域经济发展的基础性作用将进一步夯实（见表2-4）。

表 2－4　　2020 年湖南县域地区社会消费品零售总额与居民人均可支配收入

县/市	社会消费品零售总额（亿元）	全体居民人均可支配收入（元）	县/市	社会消费品零售总额（亿元）	全体居民人均可支配收入（元）	县/市	社会消费品零售总额（亿元）	全体居民人均可支配收入（元）
长沙县	561.52	46587.28	平江县	142.40	17444.05	江永县	25.61	17320.35
浏阳市	382.44	45840.14	汨罗市	140.51	28995.15	宁远县	79.93	22400.16
宁乡市	424.40	40488.25	临湘市	92.68	25210.33	蓝山县	44.92	23844.07
攸县	148.61	37468.37	安乡县	98.76	22730.98	新田县	34.72	17293.02
茶陵县	88.74	24444.70	汉寿县	126.48	24955.99	江华县	62.85	18550.73
炎陵县	31.82	20084.03	澧县	178.98	24131.77	中方县	15.59	19214.31
醴陵市	249.84	38653.62	临澧县	82.18	27017.12	沅陵县	43.89	16702.44
湘潭县	108.39	28240.98	桃源县	177.61	23396.00	辰溪县	33.41	17029.19
湘乡市	130.57	28208.21	石门县	122.57	19717.95	溆浦县	66.29	18228.33
韶山市	24.60	40070.00	津市市	68.32	30725.33	会同县	20.20	16609.10
衡阳县	114.20	27102.00	慈利县	55.11	18567.16	麻阳县	26.56	15673.95
衡南县	114.09	28987.00	桑植县	32.08	13533.34	新晃县	25.37	14978.87
衡山县	43.24	28974.79	南县	104.55	25121.13	芷江县	30.09	16183.20
衡东县	110.63	28092.00	桃江县	107.20	24774.18	靖州县	28.76	17937.77
祁东县	133.66	22036.00	安化县	85.62	14065.95	通道县	16.64	14376.36
耒阳市	164.58	31236.98	沅江市	92.98	29548.00	洪江市	29.52	18815.25
常宁市	117.48	27937.23	桂阳县	131.74	30148.00	双峰县	106.00	17732.00
邵东市	269.68	31009.86	宜章县	80.37	20971.24	新化县	156.33	14924.00
新邵县	91.94	19094.93	永兴县	107.29	28064.17	冷水江市	72.33	35647.00
邵阳县	114.77	19156.08	嘉禾县	42.40	24667.11	涟源市	141.58	16997.22
隆回县	146.02	17318.89	临武县	43.18	21841.19	吉首市	102.66	28676.94
洞口县	102.97	20024.43	汝城县	36.42	16280.06	泸溪县	17.24	17017.58
绥宁县	47.50	16486.94	桂东县	24.81	15851.14	凤凰县	40.90	17441.01
新宁县	66.60	18129.18	安仁县	55.33	19143.01	花垣县	12.79	17295.24
城步县	34.74	15095.64	资兴市	56.33	33004.99	保靖县	9.65	16855.22
武冈市	91.80	20950.18	祁阳市	111.38	24649.29	古丈县	6.37	15051.38
岳阳县	133.65	25257.36	东安县	59.63	23590.40	永顺县	23.81	15343.79
华容县	127.66	27529.13	双牌县	26.46	17977.00	龙山县	30.04	16181.03
湘阴县	125.31	27591.68	道县	76.61	23796.08			

第二节 湖南县域经济与中部及沿海省份对比分析

将2020年中部六省和浙江省县域经济运行数据与湖南情况进行对比，明晰湖南省县域经济发展在宏观层面的优势与短板。其中，安徽统计59个县（市），河南统计105个县（市），湖北统计63个县（市），江西统计73个县（市），山西统计91个县（市），浙江统计56个县（市）。由于各省统计年鉴公布指标不一致，缺失省份数据较多的指标未纳入分析。

一 县域经济总量、增速在中部地区相对靠前，与沿海省份相比也在加快追赶步伐

近年来，湖南县域在做大经济总量蛋糕，稳定县域经济增速方面成效较为明显。

经济规模方面，2020年湖南县域地区生产总值在中部六省中居第2位，为23034.91亿元，仅次于河南省的34442.22亿元。浙江县域的生产总值为29437.36亿元，湖南比浙江同期少6402.45亿元，相当于浙江省的近80%，总量上湖南体量比浙江小不少。

从经济增速上看，湖南县域地区生产总值实际增速3.77%，仅次于江西省的3.9%；名义增速4.1%，高于浙江省的2.54%（可能有疫情对沿海影响更为强烈的因素）。

从经济质量上看，湖南县域社会消费品零售总额也排在第2位，为8165.46亿元，但是与第1位的河南省相比，差距较大，相差3911.15亿元，后面第3位的安徽紧跟不舍，两者仅仅相差130.97亿元。地方税收有2个省份的县（市）暂无数据，从目前已有数据的4个省份来看，湖南县域的地方税收情况相对可观（见表2-5）。

表2-5　　　　　2020年中部六省县域经济情况对比表

省份	地区生产总值（亿元，现价）	实际地区生产总值增速（%）	人均地区生产总值（元，现价）	社会消费品零售总额（亿元，现价）	城镇居民人均可支配收入（元，现价）	常住人口城镇化率（%）
湖南	23034.91	3.77	48854.33	8165.46	32045.31	47.99
安徽	18063.85	3.64	52924.59	8034.49	34870.49	49.26
河南	34442.22	1.21	50234.16	12076.61	30876.56	46.81
江西	13635.51	3.90	—	—	34219.75	—
山西	9104.78	—	45156.89	2685.39	30382.81	48.08
湖北	17755.35	-5.52	49402.62	7482.22	32139.11	48.52

二　县域经济人均量处中部相对中后位次，与沿海省份相比差距尚较为巨大

相比县域经济总量相对靠前，湖南县域经济人均量的表现则相对不强。2020年，湖南县域人均地区生产总值列中部第四，且较浙江省差距巨大。县域城镇居民人均可支配收入列中部第四，2020年湖南县域仅为32045.31元，相比较浙江县域的城镇常住居民人均可支配收入55968.52元，约相当于浙江省的57%。作为人口大省，如何提高县域经济的质量效益，分好经济增长成果的蛋糕，仍是亟待解决的现实难题。

从经济发展潜力上看，湖南县域居民人均可支配收入中，城乡居民人均可支配收入位居已有数据4个省份的第2位，江西和湖北暂时未计算出整体居民的人均可支配收入水平。湖北由于2020年遭遇新冠肺炎疫情的影响，对经济的创伤较大，2021年以后逐渐恢复。但是从城镇居民人均可支配收入分析，湖南则排在了6个省份的第4位，排名靠后。

从常住人口城镇化率来分析，人口城镇化率在已有数据的5个省份中位居第4位，也是处于比较落后的位置。由于人口的增长率近年出现下降趋势，2019年湖南人口自然增长率为3.11‰，比上年下降2个千分点；2020年常住人口为6918.38万人，与上年相比增加19.61万人，年增长2.84‰；2021年末湖南常住人口6622万人，比2020年减少23.39万人，同比下降0.35%。从人口自然增长率来看，2021年湖南人口自然

增长率为 -1.15‰，也是近 60 年来湖南人口自然增长率首次为负，出生人口首次低于 50 万人。从年龄结构看，老龄化逐渐显现，湖南人口也在"老化"。从另一个方面反映了湖南县域城镇化发展相对不快，居民收入平均水平相对较低，人口近年来外流趋势加大，县域经济发展潜力后劲不足。从常住人口城镇化率来看，浙江县域并无城镇化率的数据，表明基本上浙江城镇化已经进入比较高的水平，而湖南的县域城镇化率在 2020 年仅为 47.99%，差距十分明显（见表 2-6）。

表 2-6　　　　2019—2020 年湖南与浙江县域经济情况对比表

省份	年份（年）	生产总值（亿元）	人均生产总值（元）	全体居民人均可支配收入	城镇常住居民人均可支配收入（元）	社会消费品零售总额（亿元）	第三产业增加值（亿元）	总人口数（万人）
浙江	2019	28707.77	89652.41	—	53758.59	12476.37	13370.07	3202.12
	2020	29437.36	93028.18	—	55968.52	12036.79	14090.26	3164.35
湖南	2019	22127.45	42923.57	21683.26	—	8284.59	10625.87	5155.08
	2020	23034.91	48854.33	23096.90	32045.31	8165.46	10606.67	4715.02

三　县域经济发展动力待进一步激活，乡村振兴发展方面在中部地区优势明显

2020 年，湖南县域社会消费品零售总额列中部第 2 位，但紧随其后的安徽省与其仅相差 130 亿元，同时湖北省可能受疫情影响最为严重而暂时落后。县域常住人口城镇化率方面，湖南在已有数据的 5 个省份中居第 4 位，处于相对落后位置。城镇化和消费等县域经济发展的传统引擎都待进一步深挖潜力。同时，乡村振兴方面湖南暂走在中部前列，2021 年湖南拥有的乡村振兴百强县数量（14 个）远高于河南（4 个）、湖北（4 个）、安徽（3 个）和江西（1 个）（山西未入榜）。且以四川为例，四川 6 个入选县市中有 4 个属于成都市管辖，而湖南除宁乡外均在非省会城市地区，分布较为均衡。通过乡村振兴推动全省县域经济更快更好发展具备较好基础。

2021 年湖北省的经济百强县比较多，有 8 个县（市）上榜，而湖南

只有 5 个县（市）。但是，乡村振兴百强榜上，湖北只有监利市、当阳市、天门市、仙桃市 4 个县（市）上榜，湖南则有 14 个县（市）上榜。江西更少一些，只有丰城市一个上榜，而且还排在全国第 95 位。从这个排行榜来看，江西省农村的发展并不比湖南更好。

四川有简阳市、彭州市、邛崃市、金堂县、三台县、渠县 6 个县（市）上榜，其中前面 4 个都归属于成都，靠着省会城市近水楼台先得月。相比之下，湖南 14 个县市当中，只有宁乡市一个属于省城管辖。从这里也可以看出来，湖南的县域经济比四川还是强一些。

安徽由于地缘优势，紧邻江苏及长三角，这几年发展得很不错，经济总量大有超越上海和湖南的趋势。不过，安徽这次只有肥东县、长丰县、庐江县三个县上榜，其中两个属于省会城市合肥管辖。

河南是全国第一的农业大省，但 2021 年河南共有长垣市、内黄县、邓州市、西平县 4 个县（市）上榜，跟湖南比起来还是有点差距。

第三节　县域经济发展经验借鉴

进入"十四五"关键时期，经济发展要实现新跨越，再上新台阶，就必须大力发展县域经济。深入研究发展良好和发达地区的县域经济发展情况，学习和借鉴县域经济高质量发展的成功经验，能给我们以思索和启示。

一　湖北县域经济发展借鉴

湖北县域经济发展有自己的特点，而且近几年发展也比较快。原因主要有以下几点。

（一）国家政策支持

2020 年 5 月 29 日，国家发展改革委印发《关于加快开展县城城镇化补短板强弱项工作的通知》，发布了"县城新型城镇化建设示范名单"，总共 120 个。从分布来看，其中湖北、浙江、江苏、广东、福建、山东各 10 个，入选名单数量最多，其他省份 2—5 个不等。湖北是唯一入选数量为 10 个的中西部省份，其他 5 个全部是经济最发达的沿海地区。因此，国家政策的支持是湖北县域经济发展的有力保障。

(二) 重视县域经济

湖北通过深入实施"三百工程",加速了县域经济的发展水平。湖北实现"百强县市"高新区全覆盖,加大"百强冲刺县""百强储备县"高新区培育力度,支持枝江、当阳、谷城、宜城等地省级高新技术产业开发区建设。

2022年2月17日湖北发布的《湖北省县域经济发展"十四五"规划》提出:大力实施县域经济发展"三百"战略,这是一项针对"百强县"发力的关键战略。"三百"战略包括:支持7个百强县(大冶、宜都、仙桃、潜江、汉川、枣阳和枝江)"百强进位",将打造6个GDP超过千亿元的县市。加快"百强冲刺",7个县(市),包括天门、钟祥、当阳、赤壁、应城、京山、松滋,奋力挺进"全国百强",其中天门在2022年已经冲进百强。加强"百强储备",以产业韧性较强、发展潜力较大的10个区域经济强县(市)为重点,包含谷城、老河口、宜城、阳新、公安、广水、麻城、武穴、恩施(市)、丹江口,加速迈向"全国百强县"。

(三) 扩权赋能强县

湖北纵深推进扩权赋能强县改革,通过深入推行"县直报省、省直达县",建立健全赋权事项承接落实、职权协同运行、成效评估等配套机制。

2022年3月8日,湖北省政府官网又发布《向79个县(市、区)下放126项经济社会管理权限》,提出向79个县(市、区)下放126项省市两级经济社会管理权限。同时,赋予仙桃市、潜江市以外的宜都市、大冶市、枣阳市、汉川市、枝江市6个全国百强进位县市与省直管市同等的经济社会管理权限,进一步扩大县(市、区)自主权,全面激发县域发展活力。

这意味着前面提及的5个县级市将享有省直管县级市一样的经济权力。这几个龙头县级市未来发展速度将更快。

二 江浙县域经济发展借鉴

"流水的百强县榜单,铁打的江浙半壁江山。""半壁江山"成为形容江浙县域经济实力与地位的最常用词汇。而在保持数量优势外,江浙县域经济高质量发展更体现在昆山、江阴、张家港和常熟等长期保持县域经济"领头羊"地位。

（一）产业基础良好

一个地方的经济发展水平由综合因素决定，江浙在百强县方面的亮眼表现，与其所在省份产业基础良好密不可分。

江苏和浙江省本身就是经济发达省份。统计数据显示，2020年江苏GDP为10.27万亿元，历史性突破10万亿元大关，而浙江GDP为6.46万亿元，两省分列全国第2、4位。除此之外，产业发展基础雄厚也是江浙百强县脱颖而出的重要原因。江浙地区作为民营经济的发展高地，通过大力发展产业经济，不断完善产业生态等举措，推动了县域经济的快速腾飞。

（二）营商环境优越

优越的营商环境也是江浙百强县的突出"标签"。2021年12月7日，中国社会科学院财经战略研究院发布的全国营商环境百强县（市）排名显示，江苏省和浙江省并列首位，各占25席。昆山、桐乡和义乌等江浙县级城市占据榜单前10名中的9席。

相对其他地区，江浙地区营商环境更为优越，江浙百强县发展战略的"顶层设计"较好，推动了县域经济快速、全面、高质量发展。县域政府的努力程度很重要，江浙地区政府努力程度非常高，治理能力也相对占优势。江苏的政企联合发展并不是一条路走到底，在进入一定瓶颈期之后，就开始转向新的招商引资方向，大量地吸引外资进厂，给予优惠政策。江浙地区百强县已经形成了一套比较完整的政府和市场良性互动关系。

（三）发展相对均衡

从江苏内部来看，江苏的苏北和苏南其实差距还是比较明显的。但是，如果放到全国范围，江苏整体的发展就比较均衡。浙江也是如此，城市之间发展均衡，县域经济的发展水平差距也相对不大。所以，江浙强县数量强势领跑、经济总量领先。

另外，说到"散装"江苏，是指江苏十三市往往是各自竞争和发展，也就是所谓的群狼经济。而这种"散装"风格并不仅仅是在市与市之间，县城的发展也同样如此。因此，县城有一定的自主发展的权限与空间，这才有超越地级市的千亿大县出现。

三 江苏太仓市："中国德企之乡"百强县太仓发展经验

太仓市位于江苏省东南部，国土面积为809.93平方千米，常住人口83.90万人，被称为"中国德企之乡"。太仓立足于产业谋发展，全力打造高端装备制造、新材料、物贸总部经济三个千亿级产业，培育壮大生物医药、航空两个五百亿级产业，构建了"11155"产业矩阵，2021年，太仓市实现地区生产总值1550亿元。

（一）太仓经验一：创新引领，建设具有综合竞争力的国家级创新型城市

2021年，太仓市全社会研发经费支出占地区生产总值比重达3.6%。高新技术产业产值、新兴产业产值占规模以上工业产值比重分别达50.3%和59.2%。新增省级以上研发机构35家。入选省潜在独角兽企业4家，新增省专精特新小巨人企业12家。净增高新技术企业224家。新增省级以上科创载体6个，完成"智改数转"项目771个。太仓在壮大创新企业集群，夯实企业创新主体地位上力量很大。推进"两校两院"建设、创国家级高新区，打造了一流创新载体平台。同时强化创新人才培养，优化人才发展环境，提升金融服务水平，加强知识产权保护，完善科技创新体制机制，构建了良好的创新创业生态系统。

（二）太仓经验二：着力于实体经济，建设有竞争力的先进制造业高地

2021年，太仓市完成规模以上工业产值2921.6亿元，其中，高端装备制造、新材料、生物医药三大产业实现产值2226亿元。发展壮大总部经济等形态，物贸总部经济规模超1300亿元，实现服务业增加值775亿元。太仓不断加快推动传统产业转型升级，提升产业链供应链现代化水平。发展高精密数控机床、海洋工程装备、新能源装备、智能装备、新能源汽车零部件、轨道交通装备等产业，形成了富有竞争力的高端装备产业集群。发展特种无机非金属材料、特种纤维材料、高性能结构材料、功能性高分子材料，打造了新材料产业集群。

（三）太仓经验三：深度区域融合，打造苏州对接上海重要枢纽门户城市

2021年，太仓市引进上海项目259个，总投资229.8亿元，同比增长124.3%。嘉闵太线太仓站、瑞金医院太仓分院开工建设。上海张江、交大等合作载体揭牌。赴沪就医实现免备案医保卡直刷。"虹桥北·北虹桥"上海推介会、"沪苏同城"合作对接会等活动圆满成功。新增德企41家，德企总数达410家。太仓在加强城市功能对接，推进交通互联互通，加快产业协同发展，强化科技创新协同，推动环境联动治理，全面融入大上海方面下足功夫，对接"大虹桥""大浦东"、宝山、嘉定，加强重点区域对接，将自身打造作为苏州对接上海的重要枢纽门户城市。

第三章

湖南县域主导产业发展研究[*]

湖南省委、省政府历来高度重视县域经济发展,近年来先后出台了《关于进一步加快县域经济发展的决定》《关于发展特色县域经济强县的意见》《关于促进县域经济高质量发展的若干政策措施》等文件,多措并举实现县域经济综合实力稳步提升。但与此同时,湖南省县域经济欠强欠优、城乡区域发展差距较大的现实问题依然突出,省第十二次党代会报告中明确提出要"实施县域经济高质量发展工程,做强做优主导产业"。为落实省委、省政府工作部署,充分掌握湖南省县域经济及其主导产业发展现状、诉求,研究提出做强做优主导产业,推动县域经济高质量发展的举措建议,省社科院课题组先后在洞庭湖生态经济区、湘南地区开展了职能部门和园区企业专题座谈以及重点项目实地走访,同时对全省86个县(及县级市)组织了问卷调查,累计回收企业问卷400余份,政府主要相关部门及园区问卷近150份,其中主观题共回收有效答题1600余题。基于统计数据分析、线下线上调研和充分收集意见,课题组经过集中讨论形成此调研报告,以期为探索制定县域主导产业支持政策,推动全省县域经济高质量发展提供依据。

第一节 湖南县域主导产业分布现状

主导产业是对其他产业和整个区域经济发展有较强带动作用的产业,

---

[*] 本章内容和第二章的部分内容由湖南省社会科学基金重点委托课题"做强做优主导产业,推动县域经济高质量发展"(22WTB05)的阶段性成果和相应工作报告整理扩展而得。

具备产值占比和增长率较高、技术相对先进、产业关联度强的特点。湖南县域主导产业与各地自然资源禀赋、产业发展历史脉络和全省经济发展导向息息相关，具有大类相对接近、小类各有不同的特点。

从湖南整体自然环境特点和历史发展经验看，县域主导产业发展结合了本地的资源禀赋、人文特色、区位优势等要素和省市产业政策的引导，县域的主导产业主要涵盖工程机械、生物医药、电子信息、能源材料、农副产品、生态旅游等。

其中，工程机械产业主要分布在长株潭区域，如长沙县、宁乡市、湘潭县等；生态文化旅游主要分布在大湘西区域，如张家界、湘西州的各县（及县级市）等；现代农业与农产品加工主要分布在洞庭湖生态经济区和泛湘南区域，如益阳、怀化、邵阳、永州的各县（及县级市）等。其他各类产业则是各个区域板块根据现有的产业发展基础，均有所分布。

课题组通过查阅湖南省86个县（及县级市）"十四五"规划、近两年政府工作报告以及产业招商资料，梳理绘制的全省县域主导产业如表3-1所示。

表3-1　　　　　　湖南县域"十四五"主导发展产业

市州	县（市）	主导产业		
长沙	长沙县	工程机械	汽车产业	电子信息
	浏阳市	电子信息	生物医药	智能装备
	宁乡市	先进装备制造	新材料	食品及农产品加工
株洲	攸县	精细化工、新材料	新能源	绿色食品
	茶陵县	电子信息产业	纺织服饰	绿色食品
	炎陵县	特色农业（黄桃）	新材料	电子信息
	醴陵市	陶瓷（电瓷）	新材料（新功能玻璃）	纺织服装
湘潭	湘潭县	装备制造	食品医药	新材料
	湘乡市	绿色建材	电工电器	医疗器械及先进装备
	韶山市	新材料新能源（碳基材料）	先进装备制造	文化旅游康养

续表

市州	县（市）	主导产业		
衡阳	衡阳县	生物医药	电子	新材料
	衡南县	电子信息（光通信）	汽车零部件	
	衡山县	智能制造	新材料	
	衡东县	电气机械和器材制造业	化学原料和化学制品制造业	通用设备制造业
	祁东县	新能源、新材料	机械制造	电子信息
	耒阳市	新型材料	电子信息	冶金与循环经济
	常宁市	有色金属	纺织服装	新材料
邵阳	邵东市	轻工纺织（五金、打火机、时尚用品）	生物医药	装备制造
	新邵县	智能制造（装备制造、电子信息、医疗器械）	循环经济	
	邵阳县	现代农业与特色农产品（茶油）	轻工纺织	新材料
	隆回县	现代农业与特色农产品（富硒食品）	生物医药	轻工纺织
	洞口县	现代农业与特色农产品	非金属矿物制品	木材加工
	绥宁县	现代农业与特色农产品	健康养老（黄桑）	竹木制品
	新宁县	文化旅游	轻工纺织	信息技术
	城步县	现代农业与特色农产品（乳、肉制品）	竹木制品	特色轻工
	武冈市	现代农业与特色农产品	装备制造	文化旅游
岳阳	岳阳县	生物医药	新型建材	机械制造
	华容县	纺织服装	食品加工	电力能源
	湘阴县	装备制造	建筑建材	食品加工
	平江县	食品	云母制品、石膏建材	旅游
	汨罗市	有色金属深加工	高分子材料	电子信息
	临湘市	浮标钓具业	新材料	竹木制品

续表

市州	县（市）	主导产业		
常德	安乡县	绿色食品	建筑建材	生物医药
	汉寿县	装备制造	医药化工	电子信息
	澧县	生物医药与健康食品	新型建材与家居	
	临澧县	新型材料	智能制造	
	桃源县	电子信息	新材料	有色技术
	石门县	现代农业与特色农产品	新材料	
	津市市	电子机械	特色轻工	
张家界	慈利县	食品医药	轻工纺织（旅游装备）	
	桑植县	特色农业（白茶、粽叶等）	农林水产品加工	旅游
益阳	南县	食品加工	医疗健康	新材料
	桃江县	竹产业	文化旅游	电子商务
	安化县	黑茶	绿色能源	新型建材
	沅江市	纺织家装	湖鲜食品	船舶制造
郴州	桂阳县	有色金属	家居制造	新材料
	宜章县	氟化工	生态旅游	
	永兴县	稀有金属回收深加工	循环经济	电子信息
	嘉禾县	绿色铸造	装备制造	旅游康养
	临武县	玉石器加工	农副产品加工	
	汝城县	旅游康养	电子信息	优质农产品
	桂东县	旅游康养	中药材加工	竹木制品
	安仁县	电子信息	智能制造	装配零部件
	资兴市	旅游服务	电子信息	新材料
永州	祁阳市	智能制造	轻纺制鞋	
	东安县	新材料	设备制造	电子信息
	双牌县	农林产品深加工（生物医药）	新能源新材料	
	道县	电子信息	智能制造	
	江永县	农副产品精深加工	电子信息	

第三章 湖南县域主导产业发展研究

续表

市州	县（市）	主导产业		
永州	宁远县	电器机械及器材（锂电池）	轻纺制鞋	
	蓝山县	皮具箱包玩具	轻纺制鞋	
	新田县	农产品加工（富硒产品）	智能装备制造	
	江华县	新材料	电机制造	
怀化	中方县	轨道基建及配套	装配式建筑	
	沅陵县	电子信息	绿色食品加工	
	辰溪县	电子信息	新材料	
	溆浦县	绿色食品加工	电子信息	新材料新能源
	会同县	特色农林产品深加工	新能源	汽车配件
	麻阳县	农产品（富硒食品）加工	电子信息	
	新晃县	精细化工	新能源装备制造	
	芷江县	绿色食品加工（芷江鸭、冰糖橙）	电子信息	
	靖州县	生物医药（茯苓深加工）	绿色食品加工（杨梅、山核桃）	新材料（耐火材料）
	通道县	生物医药	装备制造	新能源
	洪江市	绿色食品加工	生物医药	
娄底	双峰县	农机及配套制造	装配式建筑	
	新化县	现代文印	电子陶瓷	
	冷水江市	钢铁、锑品深加工	火电及光伏发电	
	涟源市	工程机械制造	特色农产品加工	装配式建筑
湘西州	吉首市	旅游业	生物发酵及白酒	
	泸溪县	新材料、新能源	生物医药	农产品加工
	凤凰县	生态文化旅游	特色农业（茶叶、猕猴桃等）	
	花垣县	生态文化旅游	特色农业（茶叶、蚕桑）	新能源新材料
	保靖县	生态文化旅游	特色农业（黄金茶、柑橘等）	陶瓷

续表

市州	县（市）	主导产业		
湘西州	古丈县	茶叶	生态文化旅游	
	永顺县	特色农业（油茶、猕猴桃等）	生物医药	特色农产品精深加工
	龙山县	生态文化旅游	特色农业（油茶、柑橘、百合等）	

第二节 湖南县域主导产业发展面临的主要问题

结合对政府职能部门、产业园区、行业协会、企业项目的调研走访，以及447家骨干企业的问卷结果，可以发现，当前主导产业在支撑着湖南县域经济发展的同时，既存在发展战略导向的宏观问题，也有要素保障不强、软硬件条件不优的现实难题。

一 产业发展战略导向方面的主要问题

（一）特色优势农业聚焦于生产与粗加工环节，产销衔接弱，品质品牌影响亟待提升

一是现代农业发展相对落后，农业弱质弱势的局面没有得到根本转变。农业基础设施依然薄弱，土地集中规模流转难度大，加之农业配套用地政策不活，标准化、机械化、规模化生产受制约，农产品质量安全形势不容乐观，资源优势难以转化为产业优势。二是农业生产经营环节普遍面临产品技术含量不高、增值能力不足、市场竞争力不强的困境。农民合作组织、家庭农场和专业大户等农业经营主体管理能力有限，对小农户带动能力不足；农产品精深加工产业链企业整体规模偏小，竞争力偏弱；原材料和粗产品为主的产品结构普遍面临着生产时间长、利润低、风险大、市场波动等实际问题，同时保险品种覆盖面不广（以粮食为主），导致农民生产积极性不高。三是农业特色产业介入门槛低，现有品牌维护不完善，个性化产品周期短、大众化产品利润低。除安化黑茶等具有全国影响力的少数品牌外，农业企业、产品品牌市场影响力不大、占有率不高，而食品市场新产品变换频繁，加之不少领域存在"一哄而上"的现象，产品质量参差不齐，多品牌内部竞争日益激烈。

（二）工业产业链分散、本地配套率低，主导产业的辐射带动作用不明显

一是主导产业聚集度不高，缺乏知名品牌的链主企业和产业集群，产业层次待提升。调研中，不少园区产业集聚区仅具雏形，产业链多而短，企业常处于单打独斗的状态抱团出海、捆绑经营，滚雪球、螺旋式的经济效应未显现。不少企业尚处于产业链中低端，属于来料加工、低附加值产品销售模式，且县域民营企业大多数以家族经营为主，缺乏现代企业管理意识和方法。二是主导产业关联程度不高，上下游产业缺乏，对产品生产周期及成本造成不利影响。当前县域不少企业舍近求远，从区域外引进材料技术以及（半）成品的做法普遍存在，上游没有原料、辅料、零部件和包装材料等本地供应商，下游无周边客户的问题突出。主导产业中不少核心配件难以实现本地配套或就近配置，如工程机械产业缺乏液压、传动、电控等核心零部件；汽车产业缺乏发动机、底盘、变速箱、新能源三电、汽车芯片等核心产品；陶瓷产业基本都是生产结构陶瓷，产品单一且技术含量低。三是部分区域受长株潭虹吸效应影响极大，存在总部迁移、产能退出现象，导致产业发展后劲乏力。省会长沙虹吸效应影响和湖区生态环保要求的日趋严格，洞庭湖生态经济区的传统产业发展受到较大冲击，常德的烟草、装备制造、食品等支柱产业的龙头企业总部均已迁出，而益阳目前仍缺乏千亿产业、千亿园区、百亿企业，同时生物医药、健康食品、文旅康养等产业发展潜力挖掘不够，特色产业接续不足。

（三）商贸物流业对农业、制造业的融合支撑能力弱，文旅产业同质化竞争激烈

一是商贸服务业整体仍呈弱、小、散、乱状态。现有企业大多为中小型企业，规模化、现代化程度不高，限额以上企业少，生产性服务业发展滞后，还没有形成科研、生产、加工、销售的完整产业链。二是物流行业组织程度不高，且成本居高不下。现代物流业起步较晚，冷链物流基础设施设备严重不足，拥有专业品质的大型物流企业很少，加之场

地租金高、水电气价格上涨、交通不完善等问题，大宗商品材料运输物流成本较高的瓶颈难以解决。三是文旅资源整合不足，缺乏区域性谋划，且市场大环境严峻。洞庭湖生态经济区、湘西南地区均反映出旅游品牌宣传不足的问题，且随各地对文旅产业重视的大幅提升，区域旅游的激烈竞争时代加快到来，而各地区分散局部地做文章导致当前同质化产品多、传统观光游居多、游客过夜率低，区域性旅游整体品牌打造滞后。

二 产业发展要素保障方面的主要问题

（一）土地供应不足与低效闲置并存，制约了大型工业、文旅项目落地

一方面，新兴产业用地紧张与部分传统制造业用地低效闲置并存，引进大型项目的发展空间受限。在"新区开发"和"旧城改造"的双重任务下，民生项目和产业项目用地需求有较大幅度的增长，用地指标日益紧张。受园区、国土"两规"制约，城镇用地规模基数小、征地拆迁安置困难、调规报批烦琐耗时等因素的影响，土地指标紧缺、工业用地储备不够、土地供应不足已经成为制约各地县域经济发展的重要问题。如长沙经开区（长沙县）剩余可供用地仅有约1950亩，而目前在排队等地的产业项目就有7000多亩，导致承接的省市重点项目短期难以落地。与此同时，由于产业规划滞后、产业对接不协调、区域功能布局碎片化等原因，一些市县占地面积大、生产效益低的项目用地难以快速清退，一些园区土地征而不用、圈而不建的现象依然存在。另一方面，项目用地难保障业已成为困扰文旅项目开发的重要阻力。文旅项目一般位于城市区规划范围外，在城市建设用地指标日趋紧张的背景下，很难获得相关指标，同时不少文旅项目建设范围与自然保护区、风景名胜区等自然保护地存在重叠、交叉，难以进行合法开发。当前"块状批地"的要求，与高端民宿等旅游新业态项目建设"点状用地"的需求不相适应，用地获批难度大。而乡村旅游项目常常涉及农转用、占补平衡指标等问题，用地难也是乡村旅游发展的主要瓶颈，不少乡村旅游项目反映因缺少建设用地指标，大量配套性建设无法开工。

（二）县域财力相对薄弱，财政资金支持偏少，中小企业融资难问题普遍存在

一方面，县级财政大多属于吃饭财政，能拿出"真金白银"支持产业发展的资金杯水车薪。湖南省县级财政大多财力薄弱，农业产业发展基金"僧多粥少"，一些产业项目引进的支持资金难以及时给付，地方财政能拿出的"真金白银"杯水车薪。同时洞庭湖生态经济区因环保要求县域传统产业不断退出，治理任务加重与财政减收叠加的背景下则更为艰难。另一方面，县域主导产业的市场主体存在较多中小企业，争取银行贷款倾斜不易。中小企业实力相对较弱，市场知名度不高、产品结构单一、信用度不高，加之融资渠道单一、担保公司实力不足，银行贷款过度依赖固定资产抵押，农业产业周期性强、风险高，工业生产厂房、设备和采购合同常不接受抵押或估价畸低；文旅产业（旅行社）属轻资产行业，缺乏有效抵押物，金融产品类型不足，企业在融资方面难以获得所需资金支持。企业调研中，有28.6%的企业存在资金短缺，有58.9%的企业认为流动资金较去年更紧张，有26.8%的企业认为融资成本较上年上涨严重，有43.6%的企业认为银行贷款利率较高。同时，中小企业普遍反映银企对接不落地，扶持政策停留在纸面上，在项目竞争中缺乏平等待遇，"本地人瞧不起本地企业"的现象严重。与此形成鲜明对比的是，当前央行在不断加大流动性投放力度，增加对实体经济贷款。如何引导金融活水更好流向急需资金的县域企业，是一个亟待解决的问题。

（三）科技创新对主导产业的驱动能力不强，不同层次人才均呈现相对紧缺局面

一是不少县域企业设备和技术总体相对落后，创新发展后劲不足。多数企业缺乏产品自主开发能力和核心竞争力，不少中小企业仍采用落后的传统技术，生产设备老化，产品名牌少、档次低，初级产品多、精加工产品少，市场风险应对能力弱。校企衔接不紧密，产学研机构与区内企业和产业缺少实质性的联系，不能满足企业现实需求，如稻虾企业普遍反映缺乏生物育种、检验检测等公共技术平台。二是受县域条件所限，高层次人才、实用性专业技术人才以及生产线用工均相对紧缺。县域交通、就医、入学以及工资待遇等方面与发达地区存在明显差距，引进人才因发展环境不佳难以落地生根，经营管理、营销策划、信息技术等专业人才更是缺乏。企业调研中，有33.3%的企业认为深受人才缺乏的困扰，分别有60%和46.3%的企业认为主要缺乏中高端研发人才和职

业技能人才。三是人才培养模式与现实需求存在一定错位,同时职业教育毕业生不愿留在当地就业。企业内部的"师徒制"培养模式已很少见,缺少能紧跟产业发展步伐的技术人才,企业求贤若渴,应聘者望岗兴叹。职业教育毕业生就近就地就业意愿不高,人才外流现象突出。同时,企业自行培训人才风险较大导致动力不足,企业多反映"招工难""人才流动快""青黄不接",培养和成长起来的人才很快被挖走,造成部分文旅企业形成工作人员以短期员工、兼职员工、实习生为主的局面。

三 产业发展软硬环境方面的主要问题

(一)交通、园区、文旅等基础设施配套滞后,难以对县域主导产业形成有力支撑

一是县域地区多属偏远地区,企业对亟待改善区域交通不便的呼声最多。不少县域请求在跨省等级公路、机场、桥梁等交通设施建设上予以支持,在国省道路常规补助标准上予以提升。安化县反映安化县交通条件限制和物流成本高,影响黑茶与云南普洱等竞品的竞争;新宁县反映怀化经新宁方向已较为便利,但粤、桂、湘中、东部地区来客依然不便。二是产业园区基础设施建设滞后且运营困难。问卷调研中,有36.5%的企业认为基础设施保障对地区营商环境起到重要作用,比例仅次于市场公平竞争度。目前财政资金在实现"三保"的基础上,大规模推进项目征拆和园区基础设施配套十分艰难;生活服务配套设施不完善,文化体育配套用地及设施存在挪作他用等情况,人居环境欠佳,未能发挥综合服务聚集效益;不少工业园区污水处理能力相对不足,配套的污水收集管网建设滞后。三是文旅项目交通及配套设施难以满足消费需求。文旅项目多反映旅游环线"肠梗阻"、景区公路等级低,且不少项目尚缺乏停车场、旅游厕所、水电管网等公共设施,而受用地指标难解决、资金筹措缺口大(上级补助不到造价的一半)等因素制约,相关职能部门认为地方政府很难独立解决旅游交通设施问题。

(二)县域营商环境依然存在难点、堵点,园区赋权和差异化竞争亟待强化

一是"放管服"改革仍有潜力可挖,部分审批环节和前置程序企业怨声较重。当前虽然实施了"放管服"和"最多跑一次"改革,但不少地方职能部门、企业反映上级部门办事软件系统互不兼容，目前仅实现数据由下向上推送，不能实现跨部门数据共享，基层审批系统不协调、同一材料需反复提交，部分审批事项如办理施工许可证的网上图审环节（多省市已取消）申报资料难、办结耗时长。同时，环评、安评、职业卫生健康、防雷、地勘等涉政府行政审批的第三方评价服务费用高，企业负担重。二是产业园区赋权和剥离社会事务管理职能亟待加快。作为地方政府派出机构，不少园区赋权工作推进较慢，住建、国土、环保、安监等方面经济管理权限未充分放权和落地贯通，社会性事务工作较多影响园区效能，且普遍在工程项目、工商管理、法律咨询、规划编制、市场营销等方面缺乏专业人才且因身份限制激励政策不足，导致与企业发展要求的高效、优质服务尚不适应。三是园区内卷化竞争较为激烈，难以优势互补。在招商引资上存在恶性竞争现象，不少园区在土地出让、税费减免、政府补贴等优惠政策上比拼实力，而不是在优化企业服务上下功夫，导致出现跟随优惠政策迁徙的"候鸟企业"，同时优惠政策难以落地又造成政府守诺践约的诚信问题。

（三）支撑产业发展壮大的环境容量资源有限，部分环保政策法规与产业升级难以实现同步

一方面，部分县域生产环境欠账多，环境要求与产业迭代后续安置间矛盾较突出。如历史上洞庭湖区周边重化工业部署较多，加之传统农业占比偏重、湖区人口密度较高，造成湖区生态污染排放欠账多、基数大，湖区采砂、造纸业等传统产业转型后，部分转产上岸的渔场和芦苇场职工，其低保、医保、住房、就业等惠民政策落实困难多、压力大。另一方面，环境容量瓶颈限制与环保政策法规相关条款滞后并存。部分县域工业园区划定的环境容量指标已经不能满足未来发展的需要，急需重新开展区域环评，提升园区环境容量。同时，一些地方提出省级层面一些环保政策法规的相关条款应随产业技术升级进行科学调整。如认为《湖南省湘江保护条例》中仅按照"湘江干流两岸各二十公里范围"的距离要求进行产业禁入，对当地园区的建设和企业的引进造成了较大的限制，而条例执行近10年后，当前相关产业的环保技术已经大幅提升，希望相关政策法规能根据产业发展技术和排放水平的现实情况进行修订完善。

四　产业发展受疫情等影响的主要困难

过去三年的疫情、俄乌冲突等突发事件对县域主导产业发展造成了明显冲击。一是文化旅游等服务行业受到史无前例的冲击而生存艰难。作为很多地方县域经济的特色和支撑产业，文化旅游及相关产业链受到疫情的影响非常明显，游客数量锐减对景区景点及相关联的餐馆住宿等行业冲击巨大，旅游收入断崖式减少，相关从业人员流失严重，文旅企业运营相当艰难，与之相关的餐饮娱乐休闲等服务行业受到的冲击也非常明显，部分景区资源使用费负担较重，连年收不抵支。如"最忆韶山冲"受疫情影响观看人数甚至不及演员人数，一些导游没有收入改行去开网约车。二是生产制造企业运营成本大幅增加经营困难。受到疫情反复、俄乌冲突以及全球通胀的影响，一些行业的原材料、能源价格上涨明显，部分行业所需原材料价格相比 2020 年已上涨近 60%，同时物流成本不断攀升，运输时效大大降低。问卷调研中，有 81.6% 的企业认为原材料成本较去年上涨，其中有 32.2% 的受调查企业认为上涨明显（20%以上），有 54.8% 的企业认为物流成本较去年有较大增加。与此同时，面对市场不景气的大环境，很多企业产品的销售价格却不断走低，企业利润下滑严重甚至出现亏损，企业经营面临巨大压力。问卷调研中，有 64.4% 的企业认为生产成本偏高是造成当前企业困难的重要原因。此外，不少企业反映湖南社保缴费基数偏高，甚至明显高于东莞市，企业压力大。问卷调研中，有 61.1% 的企业今年社保费用同比增加，其中有 73% 企业认为主要是由于缴费基数提高造成的。三是市场预期走弱导致企业信心不足。人们常说"信心比黄金和货币更重要"，当前疫情多发、俄乌冲突以及市场预期的走弱，导致企业对未来经济形势和经济环境中不确定因素的担忧提升。问卷调研中，有 49% 的受调查企业对宏观经济形势持一般或消极看法，有 56.9% 的受调查企业不打算增加投资规模。

第三节　做强做优主导产业　推动县域经济高质量发展的对策建议

结合湖南县域主导产业转型升级的前景趋势和县域经济高质量发展

亟待解决的共性问题，必须抢抓东部沿海产业梯度转移和国家支持中西部地区发展的重大机遇，挖掘县域特有的自然、文化、劳动力资源优势，打造合宜产业结构、壮大优势特色产业，从产业融合发展、软硬环境提升、要素投入保障等层面全面发力，做强做优主导产业。

一 县域主导产业发展战略导向方面：强化主导产业链拓展和发展农村集体经济

（一）推进主导产业链强干扩枝和特色品牌塑造

优化全省县域生产力布局，按照"核心企业—产业链—产业集群"的模式壮大县域主导产业，推动区域性品牌输出。一是壮大优势产业集群，提高产业链上下游配套能力。按照湖南省各区域板块资源优势、产业基础、环保要求，结合全省生产力布局导向，明确各市州县域主导产业的发展重点，加快建立实施"链长制"，完善产业链及配套产业全景图、强链补链延链路线图和行动方案，重点支持发展装备制造、特色材料、电子信息、轻工消费等产业类型，对新认定或再次通过认定的高新技术企业、新认定国家级、省级农业产业化龙头企业给予5万—50万元奖励。推动以市域为单元出台园区合作共建上下游产业链支持政策，全面提升产业链上下游关联企业在加工配套、产品配套、项目配套、原辅材料配套、营销配套、金融配套等方面的总体水平，提升本地配套率。二是坚持主导产业靶向招商，培育引进链主企业。以市域为单位，健全招商总队，在大湾区、长三角建立双招双引驻点工作站，在主导产业领域精选包装重点招商项目，瞄准"三类500强"企业、全国农业产业化龙头企业100强等引进链主、头部和关键环节企业。丰富招商形式，强化"乡情"招商等成功模式，通过高层对接、协会平台联系、函件致意、以商招商等多种方式，不断扩大招商朋友圈，组织园区、企业举办招商展会、招商引资考察、重点客商走访；适应疫情防控需求，完善"不见面"招商流程，推行"连线"洽谈、"线上"前期工作。锤炼素质一流的专业招商队伍，提高招商沟通、谈判、合同草拟等专业水平，兑现落实招商项目和人员奖励。三是支持以飞地建园模式，从省级层面调整县域主导产业布局。借鉴深汕合作区模式，采取"结对帮扶"式，先进园区定点支持落后园区，在管理体制、政策体系、资金支持等方面提供经验和帮助，建立促进飞地建园的保障机制和利益分配机制。四是挖掘主导产业品牌和强化品牌输出。创建跨市域的大区域公用品牌，全面推行一个品牌对外、一牌多品、品牌共享模式，在旗下因地制宜发展一批子品牌，实现统一生产标准、质量标准、包装和标识。地方政府要带头宣传、培育当地最具知名度及影响力的品牌，支持企业品牌打造，通过以奖代补对获评中国驰名商标、国家地理标志商标并运用的企业给予奖励。探索"媒体+旅游"新模式，联合新媒体推出"网络大V带你游三湘"活动，加快省内旅游IP推广，加速旅游品牌塑造。依托"广电湘军"开展品牌营销，支持企业发展微信公众号、抖音直播等新型营销，支持企业全面布局线下品牌形象店、标准店，引导本地龙头企业在北上广深等大中城市中高端消费群体集聚区开设产品体验店、直销店、专卖店，提升品牌知名度和全国影响力。

（二）依托农村集体经济助推农业规模化和融通发展

将农村得天独厚的自然资源转化为源源不断的经营收入和产业发展资金，通过发展农村集体经济组织做强农业经营主体，推动农工商旅跨界融合。一是整合用活村级集体资源资产。大力发展物业经济，对近郊村利用集体土地资源建设职工宿舍、厂房、商店等物业，开展出租经营。加快发展资源经济，对资源丰裕村集中连片流转土地、山林、水面，发展休闲度假、养生养老、民俗体验等旅游项目，合理投资小水电和光伏电站。探索"飞地抱团"，采用"土地+资金""强村+弱村"模式，通过增减挂钩节余指标交易，解决强村的土地制约问题，通过土地指标入股，解决弱村的资金和产业发展不足问题，打破地域界限和要素流动障碍。二是深化农村集体经济组织与合作社、专业大户等农业经营主体协作发展。增强资金协作，推动农村集体经济组织与其他农业经营主体共同开发项目，前者重点承担基础设施建设，后者增强流动资金保障。深化组织协调，农村集体经济组织向合作社派出监事会成员或财会人员，推动农民专业合作社规范化运行，增强农户对农民专业合作社的信任。探索股份合作，将农村集体经济组织获取的财政资金入股到农民专业合作社，解决前者专业水平不高，和后者获取财政资金支持难的问题。三是推动农村集体经济与县域主导产业互动互促。以农村集体经济支持高品质农产品加工业发展，发挥村集体的整合功能，为农户生产经营融入加工产业链、供应链创造条件，实现特色农产品生产、加工、销售的一体化。加强现代农业与休闲旅游融合发展，打造"旅游景区+特色村落"模式，形成观光与种养体验、住宿餐饮相结合的"一条龙"服务，推进农业现代化与田园景观旅游化。强化农村集体经济对县域主导产业的服务能力，围绕主导产业构建仓储物流、技术推广、劳务承包、生产生活和基础设施维修管理等服务链。

二 县域主导产业发展要素保障方面：突破土地、资金、人才对企业发展的紧约束

（一）通过盘活存量和挖掘增量共同破解土地资源矛盾

确保土地供给聚焦县域重点、优势产业，引导县域国土空间资源有序、高效、创新开发利用。一是建立管理动态、流程优化的土地供批机制，增强项目用地时效性。对各城镇用地规模按现实情况进行动态调整，加强产业项目土地利用绩效评估，建立低效产业用地定期评价和动态调整机制，切实提升土地资源的利用效率。优化土地资源供应流程，实施产业项目"绿色通行证"制度，全力保障主导产业用地指标，优化工业用地土地报批、方案审批、报建的工作流程，鼓励采取先租后让、弹性出让等灵活多样的供地方式，由企业自行选择。探索建设"工业保障房"，通过升级改造整片社区老旧厂房，优惠提供给特色产业中小企业。二是尽快出台新型产业用地（M0）政策，提升存量土地资源利用效率。参考深圳、成都、郑州、杭州等地做法，加快出台全省层面的新型产业用地（M0）政策，在工业用地规模比例、使用权转让及自持比例、土地补缴价款等方面实现突破创新，引导和鼓励企业"腾笼换鸟"，建设高层、多层厂房及配套用房，通过科技创新实现产业转型升级，鼓励用途互利的产业用地混合布置、空间设施共享，盘活用好存量土地、资产、厂房，更好适应创新型企业发展需求和创新人才的空间需求。三是保障文旅、农旅融合项目用地，深化农村土地制度改革。在自然保护地优化整合工作中，统筹协调文旅项目发展空间。降低农旅融合项目用地成本，有重大带动作用的农旅融合项目申请商服用地的，可按现行基准地价给予一定折扣优惠，支持使用农村闲置房屋、集体建设用地、"四荒地"、可用林场和水面等资源发展乡村旅游，对自然景观用地、零星公共服务、生态类污染处理设施用地探索"只征不转"或"不征不转"的方式。建立农村集体土地流转激励机制和规范制度，探索农村集体经营性建设用地以出让、租赁、入股等方式并用于发展乡村产业，配套建立增值收益分配制度。

(二) 协同利用财税金融手段缓解企业资金短缺困境

综合利用好财税与金融两种手段，满足主导产业发展的资金需求，缓解轻资产企业、中小微企业"融资难"困境。一是加大奖补力度、扩大奖补范围，深化现有财税政策成果。提高现有对上市企业的奖补金额，提高县级税收留存比例，提高增值税小规模纳税人起征点，加大中小微企业设备器具税前扣除度，扩大小微企业"六税两费"减免政策适用范围，延长重点群体创业就业等税收政策执行期限，在"135"工程支持政策、标准厂房建厂补贴政策、高新技术奖励政策、跨境电商支持政策、技改研发、科技创新、智能化高新技术产业支持政策等方面，适当加大奖补资金额、扩大奖补资金扶持范围。二是创新奖补方式提升奖补效益，增强财税政策"撬动"效力。针对性出台创新型财税政策，按照企业纳税额的一定比例给予企业扶持奖励，土地出让金按比例返回补贴企业，建立产业扶持基金，对开展业务较好的融资担保机构给予将补资金，对符合条件的融资担保机构注入资本金，对符合条件企业贷款给予贴息补助，对企业退税"资金池"注入资金，对老少边穷地区招商引资、物流补贴、外资外贸渠道扩展、税收等方面进行资金支持。三是加强政策引导扩大资金来源，拓宽中小微企业融资渠道。完善金融机构服务项目建设和产业发展的评价机制，落实完善无还本续贷、尽职免责等政策，引导金融机构建立"敢贷、愿贷、能贷"的长效机制。建立全省范围内的资产管理公司，处置和收购各地方性金融机构产生的不良贷款，增强本地银行放贷能力与放贷意愿。鼓励企业上市融资、挂牌融资、通过区域性股权市场融资和公开市场直接融资。完善民企债券融资支持机制，优先支持高新技术和战略性新兴产业领域民营企业发债募集资金，推出科技创新公司债券；探索建立直接债券融资工具引导奖励制度，推动企业通过企业债、短期融资券、中期票据、定向债务等扩大资金来源渠道；应提升信息披露质量，做好风险防范工作。降低民间资本进入重点领域的门槛，在环保、交通能源、社会事业等方面推出一批适合民间资本进入的示范项目，积极支持民间资本控股。四是创新金融产品优化金融服务，增强金融"活水"活力。针对企业特点量身定制金融产品，多推出随借随还的产品，允许以流动资产、仓单、土地使用权等动产或物权抵押贷款，积极推动运用供应链金融，商业网保理、应收账款抵质押、知识产权质押等融资方式扩大对中小企业的融资供给。支持银行机构扩大碳排放权质押贷款覆盖范围，通过"碳贷通""碳中和贷款"等创新金融产品。参考靖州"茯苓贷""杨梅贷"等成功范例，开发推广县域优势农产品加工业相关的特色金融产品。建立适应中小微企业的金融服务政策，在信用评级、报表选用、授信评审等环节建立与中小企业特点相适应的贷款标准，制定差异化信贷管理政策，简化贷款环节手续，适当降低中小工业企业贷款利率，推广循环贷款、年审制贷款，提高资金使用效率。

（三）培养引进各层次人才克服创新要素薄弱难题

对口培育引进实用型人才，吸纳各层次研发、营销、管理等紧缺人才，激活主导产业引才聚才的平台载体。一是开展县域主导产业人才培养工程，建立人才定向培养机制。加强职业技能、资质培训，紧密联系企业用工需求，把学徒模式纳入职业技能培训范畴，建立相应的效果评价体系和补贴发放标准，建设一批专业技能实习基地。从各地组织经验丰富、技术水平高的专家，搭建技术顾问团，免费定期为中小企业提供技术指导和咨询。持续培养新型农民，强化农业实用技能和引导性培训，送培训到田间、车间，补齐创业就业短板。同时，要着力打好"乡情牌"，畅通"回引"渠道，引导外出人才积极投身反哺家乡建设。二是创新"配套优惠＋柔性引进"的人才引进政策，建立多模式人才引进机制。针对大部分县域经济发展较为滞后、经济待遇偏低的特点，更多通过政治待遇、社会地位、安家费、子女上学、住房等配套优惠政策来吸引人才来县域工作，如可利用县域中长期闲置的事业编制，对试点企业引进人才给予事业编制但由企业发放工资，或享受大学生村官的政治待遇等引进人才。同时采取聘请顾问指导、挂职引进、兼职引进、项目合作、退休特聘等柔性引进办法，借梯登高、借脑生财、借鸡生蛋，增强高层次人才引进的灵活性和高效益性。此外，针对企业急需的技术员，建议工厂与职业院校加强就业对接，积极引导职校毕业生就近就地工作。三是推动企业科技创新和产学研合作，推进科技成果转化。鼓励企业科技创新投入，全力提升县域主导产业装备水平，推动地方财政设立主导产业科技创新奖励基金，安排一定额度专项资金，依据企业科技创新实际性投入按比例奖补，对关键技术研发项目可连续支持3年以上。政府推动产学研平台建设并牵头组织项目申报和研发，鼓励高校院所人才到基层一线进行实质性研发，对作出重要经济贡献和科技成果创新的人才可单列职称指标，打通成果转化"最后一公里"。

三 县域主导产业发展软硬环境方面：建设高水平园区和科学配置环境容量

（一）以园区为主战场优化县域营商环境和基础设施条件

强化园区作为主导产业发展的核心载体地位，优化园区服务、推进园区改革，提升园区基础设施建设水平和运营能力。一是全力落实省级园区审批赋权事项承接，优化帮代办服务，加速企业落地。切实按照园区赋权指导目录，采取直接行使、委托行使和服务前置等方式，由园区管委会行使县级和上级人民政府下放的经济管理权限。加快数据跨部门共享，推行线上资料审批、证件办理和电子签批，压缩企业事项审批审核周期。支持园区建设完善企业帮代办服务站，开展"母亲式服务""店小二式服务"，涉及园区项目建设的县级及以下审批事项，原则上从项目备案到竣工验收的全流程审批事项，在园区并联式审批、一站式办结，落实"最多跑一次"，力争"一次都不跑"。针对审批过程的瓶颈环节，建议参考其他省市经验，取消网上图审，推行设计单位、人员终身负责制；鼓励对环评、安评、职业卫生健康、防雷、地勘等涉政府行政审批的第三方评价服务设置优惠指导价。二是优化园区经常性服务，建立企业退出机制。防止园区间恶性竞争优惠条件，按照园区财力、投资密度、亩均效益等因素，从省级层面统筹指导人才引进、税费减免、升级奖补等优惠政策，兼顾招商竞争力和可持续发展，分类分级设置优惠政策及兑现条件。构建"亲""清"新型政商关系，摸清企业核心需求，通过"企业家日""企业特派员"等制度优化营商环境。加强涉企收费监管，聚焦治理各类违规收费行为。设置"企业安静期"，减少检查、走访，减轻企业接待任务压力。建立对企业的投资强度、产值、税收的跟踪问效机制，对贡献突出企业建立奖励机制，对效益低下的企业要加强优惠政策管控和启动退出机制。三是深入推进园区改革，建立保障园区高质量发展的长效机制。强化园区经济功能定位，聚焦产业发展、科技创新、改革开放、双招双引、服务企业等主责主业，逐步精简、剥离园区社会事务管理职能，让园区轻装上阵。赋予园区用人自主权，探索试行身份档案制、全员岗位聘任制、竞争上岗制、末位淘汰制改革，对采取市场化用人机制选聘的高层次人才和紧缺人才，以及受聘在关键岗位的特殊人才，可选择岗位工资、绩效工资、协议工资、年薪制等多种形式的薪酬分配制度，并报所在地党委、政府备案，充分激励和调动园区干部职工干事创业的积极性、主动性、创造性。四是完善园区基础设施，建立市场化运营机制。继续保持"135"工程升级版资金和政策支持，支持园区基础设施和产业综合体建设，推进园区基础设施纳入城建计划一体化建设，加强生活设施配套，对园区道路、物流、污水垃圾处理等基础设施项目，优先安排专项债，优先安排中央和省预算内基建资金，优先纳入国家和省专项规划。推广园区基础设施（特别是环保设施）第三方运营服务，引进综合服务商，园区管委会明确运营目标、园区内企业支付标准，将服务外包与质量收益挂钩，由专业机构在专项规划制定、设施设计、工程建设、调试运营、管理维护等方面提供全过程服务。

（二）通过顶层设计和市场机制更好配置环境容量资源

转变环保监管只踩刹车的思路，通过省市统筹和市场交易给县域主导产业发展解绑，并利用多形式的生态补偿助推主导产业转型升级。一是做好环境容量指标统筹安排，保障重大项目用能、排放权需求。统筹做好全省用能、新能源、排放权等资源环境要素指标的计划安排，积极向重点区域、重点项目、重点园区倾斜。针对部分优质项目"环境容量"不足等问题，可采用污染物削减量预支方式，允许各市、县从"十四五"期间拟关停、淘汰的现有企业、设施或治理项目形成的污染物削减量中预支，但削减替代措施必须在新项目投产前全部完成。二是深入开展排污权交易试点，盘活用好闲置环境容量。推进排污权价格形成、交易流转等配套政策制定，激活全省排污权交易市场，推动企业积极参与碳市场交易、碳汇项目储备，探索采用市场化手段，在县域间优化配置排放权资源和促进生态产品价值实现。三是推动洞庭湖生态经济区、湘南地区建立跨省流域生态补偿机制，借力推动县域主导产业转型升级。争取中央统筹，在洞庭湖流域、武水流域分别探索与长江经济带上下游省份、广东省建立横向生态补偿机制，通过资金补偿、技术补偿、项目补偿等形式，有效应对传统产业转型的后续安置，以及主导产业技术升级需求。

四 缓解疫情对县域主导产业的冲击方面：采用超常规和最直接手段助企纾困

实施精准帮扶和投资消费联动化解疫情短期冲击。通过帮扶困难行业、提振投资信心、刺激消费回升，构筑县域经济发展企稳回暖的大环境。一是加大资金支持力度，加速产业转型升级，加快推动文旅娱乐行业走出困境。对旅行社从省外组织客源到本省景区或旅游小镇旅游的给予奖补，鼓励银行业金融机构对旅游相关初创企业、中小微企业和星级以上民宿等个体工商户分类予以小额贷款支持，探索应收账款、知识产权、文化版权等无形资产融资模式，鼓励符合条件的文旅企业发行公司信用类债券。引导线上文旅娱乐项目发展，鼓励云直播、云健身、云旅游、云综艺、云演唱会等网络化新型文娱活动，推动文旅娱乐产业数字化转型升级，打造新的文旅娱乐行业增长极。二是降低企业税费控制能源材料价格，帮扶生产制造企业渡过难关。降低地方性财政税收标准，加大返还力度，如工会经费、水利建设费、城建及教育费附加、员工社保缴费比例等，其中社保缴费基数可以借鉴广州、深圳等可按最低工资标准为基数购买，推动国有物业实施厂房、租金、物业补贴，多方位减轻企业压力。建立健全重点企业保障"白名单"、物流"直通车"，在原材料供应、物流运输成本及能源成本上给予支持，如政府出面组织园区企业物流拼车，出台物流快递费用优惠补贴政策，对水电资源丰富地区预留电量，降低企业电价。三是积极发挥政府投资引导作用，提振企业投资信心。适度超前开展基础设施投资，加快全省新能源充电桩、充换电站等部署，推进全省电力塔杆、通信基站、交通信号杆、路灯杆等杆桩数字化改造。进一步加大社会民生项目投资力度，加大全省医疗教育项目建设投资，加大全省保障性安居工程建设。推动政府专项债"早发早用"，发挥其对企业投资的带动、撬动作用，探索专项债和市场化融资的协同投入新模式，形成多元资金投入和撬动的合力，积极吸引境外投资者进入，促进专项债券市场化。加快推进基础设施领域不动产投资信托基金（REITs）试点工作。四是营造消费复苏环境，刺激消费快速回升。提升消费能力和意愿，对受疫情影响暂时失去收入来源的相关人员，灵活调整住房按揭、信用卡等还款安排。引导撬动消费需求，推动以数字人民币红包形式发放零售、餐饮、旅游等消费券，进一步实施扩大汽车等耐用品以及旅游等服务型消费的个人所得税消费定向抵扣政策，结合节庆活动推出短期地方性消费类信贷。释放消费新动能，促进新能源汽车消费，对以旧换新推广车型范围内的新能源汽车、绿色家电消费给予补贴让利，推动社区易货贸易盘活闲置资源，支持发展首店经济、首发经济、夜经济，扩大农产品网络消费。

第四章

湖南县域发展用地保障研究

土地资源是县域发展的核心要素和稀缺资源，也是县域可持续发展的前提条件和根本保证。湖南土地总量较大，位于全国前10，而人均土地面积4.78亩，低于全国的12.4亩，并且多为山地丘陵，可利用的土地资源少。面对国土资源紧缺的实情，各县需在加强生态和耕地保护的同时，妥善处理发展与保护之间的关系，准确把握建设用地规模和用地结构变化的时空规律，科学合理利用土地资源，为县域经济社会高质量发展提供强有力的土地要素保障。因此，需要梳理县域保障发展用地供给的主要途径，分析县域发展用地存在的主要问题，提出破解土地制约瓶颈的策略，进一步提升服务县域经济社会发展的能力。

第一节 县域保障发展用地供给的主要手段

在县域，通常采取"土地整理注入一批、土地增减挂钩增加一批、项目清理调剂一批、盘活存量腾出一批、向上争取追加一批"的方式保障发展所需用地。目前，湖南省各县域除了争取省市新增建设用地规划指标和年度计划指标外，保障发展用地的主要手段包括城乡建设用地增减挂钩、耕地占补平衡、开发园区周转用地、产业园区调区扩区等。

一 城乡建设用地增减挂钩

城乡建设用地增减挂钩即城镇建设用地增加与农村建设用地减少相挂钩，是指依据土地利用总体规划，将若干拟整理复垦为耕地的农村建设用地地块（即拆旧地块）和拟用于城镇建设的地块（即建新地块）等面积共同组成建新拆旧项目区，通过建新拆旧和土地整理复垦等措施，在保证项目区内各类土地面积平衡的基础上，最终实现增加耕地有效面积，提高耕地质量，节约集约利用建设用地，使城乡用地布局更合理。县域通过城乡增减挂钩，将节约出的土地指标，调剂到城镇使用，优化县域内土地资源，也可以通过增减挂钩节余指标交易，打破地域界限和土地要素流动障碍，为新农村和新型城镇化建设等筹集大量的资金，使农村建设用地分享城市土地增值收益。

二　耕地占补平衡

占补平衡是确保县域耕地面积和地力不减的重要手段，也是将分散的建设用地集聚一起的重要途径。《中华人民共和国土地管理法》第三十条规定"国家实行占用耕地补偿制度。非农业建设经批准占用耕地的，按照占多少，垦多少的原则，由占用耕地的单位负责开垦与所占用耕地的数量和质量相当的耕地；没有条件开垦或者开垦的耕地不符合要求的，应当按照省、自治区、直辖市的规定缴纳耕地开垦费，专款用于开垦新的耕地。"当发展用地确实需要占用耕地时，通过"先补后占、占优补优、占水田补水田"的方式，补充耕地，从而为各县新增建设用地、整合零散的土地资源提供政策依据。

三　开发园区周转用地

为保障开发园区产业项目用地需求，省自然资源厅印发《开发园区周转用地管理办法（试行）》明确规定："开发园区周转用地是指在开发园区范围内提前征收或收购、动态保持一定数量规模、储备用于产业项目及时落地开工建设的土地。"开发园区周转用地是改变开发园区用地缺指标和用地紧张的重要举措，由各开发园区现有批而未供土地和每年新增建设用地构成，它允许开发园区先行报批用地，从而有效地促进了园区产业发展从"项目等地"向"地等项目"转变，以"标准地"进行招商，推动园区良性循环发展。

四　产业园区调区扩区

国家级（经济）技术开发区、省级经济（技术）开发区、国家级高新技术产业开发区、省级高新技术产业开发区、海关特殊监管区以及省级工业集中区等各类开发区根据实际需要和规划，按调区扩区的条件和要求进行申请调区扩区。调区扩区有力解决开发区发展空间不足问题，对产业发展规划、招商引资、城市建设等产生积极作用，为重大项目落地、园区规模扩大等提供基础保障，从而促进开发区科学发展。

第二节　湖南省县域发展用地存在的问题

在产业发展、新区开发、旧城改造等多重任务下，民生项目和产业项目用地需求有较大幅度的增长，而湖南省建设用地指标日益紧张，土地资源供需矛盾依旧突出，用地保障能力亟待提高。

一　县域土地储备不足

全省县域土地储备不足、土地指标紧缺现象普遍存在，而且呈现"点状"分布，无法满足县域发展的用地需求，从而制约县域经济发展。一方面，工业用地储备不足，难以满足产业项目用地需求，特别是经济发展比较好的县。比如，长沙经开区实际剩余可供用地仅有约1950亩，并且这些地又零星分布，而在排队等地的产业项目需要7000多亩，导致承接的省市重大项目一时间难以落地。另一方面，乡村振兴用地的新增空间极小，由于历史局限性，不少村落没有储备足够的村集体建设用地，导致很多乡村振兴项目无法落地。此外，湖南省各县可利用的土地后备资源有限，特别是可补充耕地后备资源匮乏，整治复垦新增耕地空间有限，占补平衡受到制约。

二　两根红线约束压力较大

生态红线和耕地红线是影响湖南省县域用地的重要因素。湖南省耕地面积414.88万公顷，林地面积1221.03万公顷，耕地和林地面积占全省总面积的77.24%，而且大多数是公益林和基本农田，生态保护和基本农田保护压力较大。与此同时，由于历史原因和人力财力原因，原有国土空间规划和生态林、耕地红线划分比较粗放，甚至出现基本农田划在不适合耕种的荒地荒山，造成保护与发展之间的矛盾相对突出，影响县域经济社会发展用地。

三 规划效用未充分释放

长期以来，国土空间规划等土地规划缺乏法律约束力，土地管理部门作为同级政府的职能部门，各类用地的分配，特别是非农建设用地，不是服从于规划，而是服从于同级地方政府领导的意愿，导致随意突破规划、随意修改规划的现象时有发生。另外，由于部分园区未做详细的发展规划或者未按规划严格执行，导致湖南省多县园区建设用地整体成零散、星星点灯状开发，项目选址到哪里，征地、道路等市政设施建设再进行到哪里，用地计划和规划没有得到有效执行，空间与项目的精准匹配有待增强。

四 园区土地利用效率不高

在园区之间竞争日益激烈和考核压力不断加大的情况下，湖南省不少县在招商引资中不具备选资的条件，而是"捡到篮子里就是菜"，过于注重项目数量和投资规模，并未仔细测算过投入和产出效益，一些污染较大、单位产出低的企业入园，甚至存在一些企业以入园为名进行圈地，导致湖南省土地利用率低、产出效益不高，如湖南省省级及以上开发区工业用地地均税收为 19.83 万元/亩，而浙江达 32 万元/亩。与此同时，对于园区内占地面积大、产出低的传统企业清退难度大，影响园区发展质量提升。

五 县域工业供地机制不健全

为了引进更多的招商项目，部分园区工业用地出让价格倒挂严重，入园企业越多、出让土地越多，园区亏损越严重，有些可能达到园区无力承受的地步，致使少数园区出现了土地惜供现象。另外，因土地统征、市政配套设施建设周期较长，项目引进后再进行土地统征和市政配套，往往难以确保及时配套到位，为赶建设工期程序往往不完善，建设成本加大，增加了质量、安全风险。

六 部分土地政策有待完善

按照湖南省编制成片开发方案要求，土地利用总体规划中确定的城镇开发边界外的其他独立建设用地不在编制范围内，从而制约了县域内独立选址的产业类项目的国有土地用地报批，只能报集体建设用地，但是经营性集体建设用地暂时还没有入市规定和具体操作流程。另外，自然资源部、农业农村部下发的《关于设施农用地有关问题的通知》（自然资规〔2019〕4号）文件，规定设施农业用地由乡镇政府负责备案管理，但是否要编制土地复垦方案以及缴纳复垦保证金的政策尚不明晰，并且对于设施农用地占用林地的还需向林业部门进行审批，手续耗时长、费用较高。

七 乡村振兴用地不足

乡村振兴用地主要包括产业用地、建设用地等。一是农业产业用地不足。受环境保护、粮食安全等因素影响，许多产业项目难以落地。二是农业发展设施用地不足，以高标准农田为例，建设高标准农田要修机耕道、水渠等配套设施，但是不少高标准农田周边都是基本耕地，不能用于设施建设用地。三是农村集中住居用地缺乏。农村集体建设用地需求量较大，但由于土地承包后，几乎所有的耕地、林地均已包产到户，想要新增集体建设用地势必对现有承包地进行调整，但这种难度特别大，导致村庄规划中划定的集体建设用地，几乎是一纸空文，无法落地。

第三节 促进湖南省县域可持续发展用地的路径

在坚持耕地红线、生态保护红线等"刚性"底线下，各县要采取"开源""挖潜""盘活""节流"等办法缓解用地紧张的矛盾，实现"管住总量、控制增量、用好流量、盘活存量、处置闲量"，打造生态、生活、生产空间新格局，促进县域可持续发展。

一 用足用活现有土地政策

中央和省市出台系列土地政策，各县要吃透用足用活现有政策。一是用足用好国家和省新增建设用地计划，优先保障重大建设项目。二是健全建设用地增减挂钩节余指标调剂和收益分配办法，提高增减挂钩方案的实施效率，优化审批环节、缩短审批时间，推动整理后的土地资源尽快地进行挂钩使用。三是鼓励各县制定先租后让、弹性出让等土地供应方式细则和操作流程。四是优化新增建设用地计划指标和城乡建设用地增减挂钩指标分配，优先保障重点产业项目、乡村产业发展、农村基础设施建设、村民建房和县城城镇化补短板强弱项项目等合理用地需求。五是加大废旧村庄、空心房复垦整理力度，加强耕地复垦的资金保障，提升耕地占补平衡的能力。六是将产业园区纳入新一轮土地规划和城镇建设用地范围，将部分工业用地项目转成商业、住宅用地，推动"产城融合"建设。七是单列乡村振兴专项新增建设用地计划，保障农村建房、乡村公共设施、公益事业建设以及产业发展合理建设用地需要。

二 强化土地利用总体规划作用

规划是可持续发展的总体部署，是确保县域各类建设用地的关键，也是防止土地资源碎片化、空间布局无序化的重要途径。一是以"宜工则工，宜农则农"的原则，科学划定城镇开发边界，优化空间布局和产业布局，编制土地利用总体规划，征求各方意见，详尽每个地块用途，勾勒出较为清晰完整的国土空间发展格局。二是以土地利用总体规划为统领、以专项规划为支撑，推动经济社会发展规划、城市规划、村镇规划、交通水利规划等与国土空间规划有效衔接。通过"多规合一"，形成统一的土地资源开发框架，实现"一张图"作战。三是改革土地利用计划管理制度，客观评价用地需求和土地供应能力，合理预留发展空间，改变已往以投资规模、用地需求定计划的被动局面，形成以土地供应能力为主的供应与需求双向约束的土地利用计划管理机制。四是强化土地利用总体规划的"刚性"管控作用，鼓励县域出台土地用途管控政策，推动各项建设用地严格执行土地利用总体规划、计划和用地定额指标，不允许随意更改土地用途。五是加强建设用地审批、使用监管，建立健全土地空间用途动态监测机制，及时了解建设用地使用情况，防止土地闲置和超面积建设。

三 盘活县域闲置土地资源

盘活闲置土地是挖掘存量建设用地潜力的重要途径，也是成本相对较低的方式。一是全面摸清和掌握县域内闲置土地数量、闲置原因等情况，建立台账，分类施策，确定责任单位和责任人，运用督查会办、责令限期整改等手段盘活闲置的存量土地。二是对关停并转的工矿企业、学校、卫生院以及闲置的乡镇人民政府办公楼等土地资源进行收购或储备，重新确定土地用途，以招拍挂出让方式适时推出，提升城镇土地的经济价值。三是推动零散农村居民点撤并，盘活乡村空闲建设用地和废弃宅基地等存量用地，优先用于农村住房、农村产业发展、乡村建设等用地。四是签署土地供应合同时，写入闲置土地收回相关条款，制定土地收回程序，防止圈地等现象发生。五是对于各县批而未供和闲置土地处置率低的，严格执行暂停其除国家、省级重点项目和民生保障项目外的用地审批，处置率达到阶段性目标后才恢复审批。六是鼓励和探索将符合规划的存量集体建设用地，按照农村集体经营性建设用地入市。

四 加强乡村振兴用地供给

乡村建设、产业发展都离不开发展用地。一是落实不低于新增建设用地计划指标的5%的专项保障农村村民住宅建设用地。二是安排不少于10%的建设用地指标用于乡村产业发展用地，乡镇国土空间规划和村庄规划可预留不超过5%的建设用地机动指标。三是对农村村民住宅建设占用耕地的，各县要通过储备补充耕地指标、实施土地整治补充耕地等多种途径统一落实占补平衡。四是赋予农村集体建设用地与国有建设用地同等权能，将农村集体经营性建设用地纳入国有建设用地市场进行公开交易，充分发挥市场在土地资源配置中的决定性作用，实现城乡土地平等入市、公平竞争。五是加强设施农业发展用地供给，如果作物种植和畜禽水产养殖设施建设对耕地耕作层造成破坏的，可认定为农业设施建设用地并加强管理。六是对于不符合乡村振兴要求的，支持依法办理农用地转用审批手续。

五 提高土地利用效率

在土地增量资源紧缩的背景下,需要优化土地利用结构和布局,推动土地利用方式由增量扩张转向存量扩张升级,达到以较小的建设用地指标获取更大的土地使用效益的目的。一是增加土地利用率考核指标和权重,以考核促进提高单位面积土地使用效益。如南京高新区适时调整容积率、密度等核心规划经济技术指标,同时严格核定项目规划指标和用地规模。二是在用地审批等环节加强用地准入条件、用地规划、用地标准、投入产出强度等方面的核查。三是严格限制单层厂房,鼓励建造多层、高层厂房,积极推行"零增地技改"和"零增地招商"。鼓励老旧厂房翻改扩建,增加容积率,有效提高土地利用率。四是支持园区建设多层工业厂房,鼓励小微企业入驻同一栋厂房,促进厂房复合利用,减少用地量,建设集约式产业园区。五是严格执行土地使用标准,加强节约集约用地评价,大力宣传集约用地案例,推广节地技术和节地模式。六是推动城镇低效用地清理,对于批文未失效且因生态环境、决策变化等原因不再实施具体征收行为的土地,由相关部门加快调整调查核实,逐级申报区位调整,推动建设用地指标有效再利用。七是实施"腾笼换鸟"计划,按照"一企一策""一事一策"的原则,逐步清除僵尸企业或低效能的企业,为优质项目腾出有限的土地资源。八是推动土地产出效益评价改革,制定和实施差别化奖惩政策,用正向引导和反向倒逼相结合的方式,促进工业用地利用效能提升。

六 适当延长周转用地供地期限

目前,湖南省出台了周转用地相关政策,规定周转用地在领取批文后 2 年内要完成周转用地供应,但在实际操作过程中存在时间不够的问题。比如,存量批而未供土地虽已纳入周转用地管理,但存量批而未供土地存在很多难点、堵点,基本属于历史遗留问题之后的"硬骨头",有征地政策变化、招商引资企业、政府决策等多种原因,在一定的时间内难以解决,需要适当延长周转用地供地期限。另一方面,园区周转用地获批后,要达到"标准地"需要一个过程,且程序烦琐复杂,比如土石方、水、电、路等基础设施建设,不是在短时间内就能建设完成的,也需要延长周转用地供地期限。

七 加快供应土地配套设施建设

土地资源需要有相应的配套设施，才能提高使用效率。因此，应积极安排专项资金、专项债支持排水、电力、自来水、燃气、通信等管网配套设施建设，以及污水处理、固废处理等环保综合治理配套设施建设，实现"供地即开工"的目标。市政道路应按发展规划修建成网，减少"断头路"，避免项目落地到哪里、市政道路只配套修建到哪里。支持园区供地应优先选择已办理土地统征且周边道路已基本配套到位的地块，推动园区开发由点状开发向成片开发方式转变。此外，对于乡村旅游发展用地，加快停车场、卫生厕所等配套设施建设；对于农业产业发展，加强冷链物流、农村电商等设施建设，促进农业农村发展。

八 加强土地资源数据共享与应用

充分利用、精准管理土地资源，离不开现代化信息技术。一是利用卫星遥感、地理信息、无人机、互联网、大数据、云计算、元宇宙等新一代信息技术，加强土地资源信息化管理和动态监测，提升土地资源智能化管理水平。二是利用国土空间基础信息平台、全生命周期监管信息平台等，加强土地管理全流程信息化管理，及时掌握国土空间用途管制实施情况。三是推动自然资源、发展改革、住房和城乡建设等部门的土地管理信息共享，形成统一的土地管理大数据平台。四是推进土地储备监测监管数据库、地籍数据库、永久基本农田数据库等数据资源整合利用，推动土地资源数据共享和应用。

第 五 章

湖南县域经济财政金融支撑研究

郡县治，天下无不治。习近平总书记强调，县一级是"发展经济、保障民生、维护稳定、促进国家长治久安的重要基础"。随着湖南省县域经济不断发展壮大，县域经济已经在湖南省经济社会中占据了重要的地位，成为支撑和推动湖南省经济社会快速发展的基础性力量。同时，也要看到，湖南省县域经济发展中面临的困难和问题仍然比较多，其中资金问题相对比较突出。作为解决县域经济资金问题的主要手段，财政和金融是问题的两个面，不仅要发挥好各自单独的作用，更要发挥好两者之间的协同效应。只有打通财政金融"任督二脉"，通畅县域发展的资金血脉，才能更好激活县域经济发展的新动力，进一步做大做强湖南省县域经济。

第一节 财政金融支持县域经济的能力不断提升

随着湖南省县域经济发展近年来的快速发展，县域财政金融水平得到了较快的提升，财政的支撑性地位得到了进一步增强，县域金融的重要性与日俱增，金融服务体系初步形成。

一 财政事业稳步发展，财政实力有所提升

一是县域财政收入实现较快增长。县域财政收入从2016年的843.79亿元，增长至2020年的982.88亿元，累计增加139.09亿元，年均增长3.1%，高出同期全省增速1个百分点。2020年，虽然受到疫情冲击、经

济下行压力以及经济结构调整等多重因素影响,县域财政收入依然保持了强劲的增长势头,全年县域财政收入同比增长8%,远高于全省财政收入0.1%的增长速度,县域财政收入弹性系数上升到1.95,县域财政收入增长速度达到了县域生产总值增长速度的近2倍。

二是县域财政支出规模不断扩大。2020年,全省县域财政支出4242.48亿元,比2019年的4086.04亿元增加156.44亿元,同比增长3.83%,比2016年的3265.55亿元增加976.93亿元,年均增长5.37%。县域财政支出占全省县域GDP的比重从2016年的17.3%提升到2020年的18.42%,县域财政支出边际系数从2016年的15.64%上升至2020年的17.24%,县域财政支出规模稳步提升。

三是县域财政整体实力有所提升。2020年,县域一般公共预算收入占到全省一般公共预算收入的32.67%,相比2019年的30.26%,提升了2.41个百分点,相比2016年的19.84%,提升了12.83个百分点。2020年,全省有长沙县、浏阳市、宁乡市和醴陵市4个县(市)进入了全国一般公共财政收入百强县,相比2016年增加了浏阳市,全省县域财政整体实力有所增强。

二 金融重要性提升,服务体系初步形成

一是县域金融重要性日益受到重视。近年来,全省高度重视金融支持县域经济发展,相继出台《湖南省人民政府办公厅关于金融支持县域经济发展的意见》《关于金融支持经济稳定发展的若干措施》《关于推动县域经济高质量发展的政策措施》等一系列政策举措,鼓励和支持金融机构推动服务向县域延伸,加大金融机构县域信贷投放力度,支持省内区域性股权市场设立乡村振兴专板,完善政府性融资担保体系等,着力提升金融服务水平。

二是县域金融实力持续壮大。2020年,湖南省县域金融机构各项存款余额22954.34亿元,县域金融机构各项贷款余额15677.47亿元,分别占到全省金融机构各项存贷款余额的39.93%和31.89%。农村金融产品和服务创新日益深化,2020年新增涉农贷款1994.04亿元,较2015年末增长70.9%。

三是县域金融服务体系初步形成。当前,湖南省已初步形成多层次县域金融服务体系。2020年年末，湖南省银行业金融机构数量为207家，其中，农村商业银行102家，省农村信用社联合社1家，村镇银行64家。全省"一县两行"稳步推进，基本实现县域全覆盖，村镇银行覆盖77个县（市），覆盖率达到88.5%，全省6920个贫困村实现金融扶贫服务站全覆盖，农村金融核心基础设施建设取得较好效果，较好解决了农村金融服务"最后一公里"难题。

第二节 县域财政金融发展中面临的困难和问题

县域财政金融在取得了长足发展的同时，我们也要看到，其发展还面临着一些问题和困难，这些都限制了县域财政金融的进一步高质量发展，也不利于更进一步发挥财政金融对县域经济的支撑和促进作用。

一 县域财政整体运行水平仍然不高

一是县域可用财力仍然较低。2020年，全省县域财政收入占县域生产总值比重为4.27%，低于全省水平3个百分点；全省86个县（市）中，财政收入低于10亿元的县（市）有60个，其中更有21个县（市）财政收入低于5亿元；全省县域人均财政收入2084.58元/人，全省人均财政收入4527.07元/人，县域人均财政收入仅占全省人均财政收入的46.05%，不到一半；在2020年全国地方财力百强县（市）中，除长沙县位居第8和浏阳市排名第18，其他县（市）的排名都相对靠后，全省县域财政收入整体水平仍然不高。

二是县域财政支出效率不高。县域人均财政支出较低，2020年县域人均财政支出8997.84元，比湖南省人均财政支出水平低28.86%，比全国人均财政支出水平低48.28%。县域财政支出占全省财政支出的比重逐年下降，2020年县域财政支出占全省财政支出的比重为50.47%，比2019年的50.86%下降0.4个百分点，比2016年的51.51%下降约1个百分点。

三是财政自给能力仍然偏弱。近年来，县域财政收入与财政支出的比例不断下降。2020年县域财政自给率为23.17%，比全省财政自给率低

35.3%,比全国财政自给率低约70%,比2016年县域财政自给率降低10.33%。县域财政自给能力过低,将造成县级政府寻求预算外资金来弥补支出缺口,引发预算外和制度外资金膨胀、"以债偿债"等一系列非合理规范财政行为泛滥。

二 财政运行结构性问题较为突出

一是县域综合财力结构不优,收入质量不高。税收收入占比相对偏低,2020年全省县域税收收入686.17亿元,县域税收收入占县域财政收入(税收占比)的比重为69.81%,同比下降0.8个百分点,与全国84.37%的税收占比水平相比还存在较大差距。非税收入比重较大,县域财政收入中有大约1/3来自非税收入,非税收入中很大一部分属于一次性或者非长期性稳定收入,容易带来财政收入的不稳定和波动,财政收入的质量有待进一步提高。土地出让收入增长过快,以长沙县为例,2020年土地出让收入190.55亿元,是2015年的3.11倍,年均增长25.47%,年均增长速度是国民生产总值年均增速的约3倍。

二是县域财政区域发展不均衡,两极分化加剧。2020年,湖南省县域财政收入排名前20名的县(市)财政收入555.42亿元,占到县域财政总收入的56.51%,排名后20名的县(市)财政收入仅71.36亿元,只占县域财政总收入的7.26%,两者整体相差7倍,财政收入最高的县达到125.84亿元,财政收入最低的县仅有1.77亿元,财力差距超过70倍,相比2016年的37倍,财力差距几乎扩大了一倍;财政支出超过100亿元的县(市)仅有3个,50亿到100亿元的县(市)只有33个,50亿元以下还有50个,财政支出最多的县与最少的县之间的差距达到了11倍,县域财政运行中的两极分化问题日渐加剧。

三是财权与事权不匹配,收支结构性矛盾突出。近年来,省以下财政体制改革进展滞后于中央和地方财政关系改革进展,省以下财政体制改革只有总体要求,没有系统具体的顶层改革方案要求。省以下财权事权划分不够清晰,财权、财力与事权和支出责任不匹配,转移支付制度不完善。2020年,湖南省县域财政收入集中度为4.24%,财政支出比重为18.42%,财政收支差达到了14.18%,比全省财政收支差扩大了2个百分点。这些都反映出县域财政"小马拉大车"、财权与事权脱节等结构性问题仍然突出。

三 财政运行面临的压力依然较大

一是财政收入增长压力仍然较大。受"黑天鹅"和"灰犀牛"事件冲击严重，疫情冲击和大规模减税降费加大了县域财政收入的压力。2020年，全省新增减税降费超550亿元，超过全省当年财政收入的18%，县级层面的减税降费金额也大幅增加。从长期看，县域地区基础设施较差，工业经济基础薄弱，小城镇建设缓慢，经济发展的相对滞后影响了财政收入的长期快速增长。同时，分税制下，县级层面税源零散不稳定、征收难度大，增长弹性小，征税成本高，严重制约了县级财力增长。

二是财政支出压力有增无减。刚性支出扩张多点暴发，基本民生保障支出、运转性支出和经济调控支出三类需求呈现出同时大规模刚性增长的态势，基层"三保""六稳""六保"在很大程度上都离不开财政支出的保障，这些支出压力都具有不可逆和上冲快的双重特点。公共产品供给质量与规模提升型支出不断增长，随着我国公共产品供给进入"扩围提标"时代，基本公共服务支出标准大幅提高，单位公共产品供给成本上升，质量提升型支出急剧膨胀。

三是县域债务压力加速增大。县域债务总额不断增长，2020年，湖南省县域地方政府债务余额4210.47亿元，同比增加628.36亿元，增长了17.54%，比全省地方政府债务余额增速快2.4个百分点，县域地方政府债务余额占全省地方债务余额比重上升到30.94%。县域债务承担与偿付风险增大，2020年县域负债率18.28%，同比增加2.09个百分点，县域债务率482.37%，同比增加88.68个百分点，个别县（市）的负债率甚至达到了近95%，债务率达到近750%，还本付息压力过重，隐形债务规模庞大，局部债务风险大幅增加。

四 县域金融服务职能弱化

一是观念上有误区，金融业服务县域经济积极性不高。大部分银行业机构在思想观念上有误区，不愿为县域经济提供金融服务。特别是银行业进行商业化改革以后，实现效益最大化是各家银行高管的根本经营理念，大多银行将主要精力投放到大、中城市及经济发达开放地区，不重视对县域金融市场投入和培育。

二是金融主体缺位，县域资金大量外流。随着金融体制改革深入，特别是国有商业银行逐步实现股份制改造，金融机构更加注重集约化经营，实行扁平化管理，县域国有商业银行机构大规模收缩，以"四大四重"（即大城市、大地区、大企业、大项目和重点地区、重点行业、重点产品、重点客户）为信贷战略，致使县域经济金融主体缺位。而集中授信的信贷管理模式，导致县域信贷资金大量外流。留存网点所吸纳的资金大部或全部上存，对基层很少或根本不予授权授信。事实上，留存网点已成为上级行的"储蓄机构"。

三是审批权限缺失，贷款难难贷款问题凸显。基层金融机构的收缩导致贷款权限层层上收。县域金融机构大多只有组织资金权、贷款调查权和收贷权，没有审批权，却需承担信贷风险。因此，缺乏激励机制降低了县域金融机构发放贷款积极性。一方面，信贷审批链条长，担保、抵押手续烦琐；另一方面，放贷门槛过高。很多项目在县域范围内是好项目，但却难以符合上级行审批条件，导致金融机构前期工作没有成效，继而制约了县域金融机构信贷支持地方经济。

五　县域金融服务水平不高

一是创新能力不足，金融服务覆盖水平不高。一方面是区域金融资源分布不均衡，特别是农村金融机构设置少。另一方面是金融产品不能满足县域经济多元化需求。随着县域经济的发展以及农村居民收入持续提高，其金融需求也发生了结构性变化。特别是家庭农场、专业合作社、龙头企业等对融资的需求表现为融资额度大、融资期限长、品种较多，而与金融机构小额分散、短期为主、品种单一的金融产品供给存在较为突出的矛盾。

二是政策传导阻滞，信贷资金利用效率低。货币政策工具种类和运用权限在基层央行层层削减，货币政策工具的作用越来越弱。从其运用权限看，人民银行总行具有所有货币政策工具的操作权限。基层央行虽然名义上也具有再贷款、再贴现和窗口指导权限，但是再贷款仅限于支农再贷款，再贴现受规模限制明显。窗口指导多为"软约束"形式，致使实际执行过程中，现有的信贷管理体制、信贷政策与货币政策无法匹配，对货币政策传导形成较大障碍，大大影响了县域金融机构信贷资金的利用效率。

三是基础设施落后，金融网点服务效率较低。发展县域金融离不开基础设施的支撑，新一代信息基础设施、数字资源及信息技术产业是乡村振兴数字化、农业经营和服务数字化以及数字普惠金融发展的基础。近年来，部分城商行、农商行等中小金融机构积极发展金融科技、探索数字金融业务，但因为当地基础设施薄弱进而导致客户需求不足、展业难度大等问题，不得不放弃原有的发展规划。

六　县域金融生态环境较为薄弱

一是信用观念淡薄，县域信用生态基础薄弱。县域经济体普遍存在信用观念淡薄，还贷意识差的现象。部分企业借改制之机，大量逃废、悬空银行债务。受地方保护主义影响，中小企业设立、兼并、重组过程中打擦边球，钻政策空子。对已发放贷款，金融机构贷后管理难，债权无保证。当出现风险时，即使通过法律手段收贷，也是胜诉容易执行难。上述情况，严重制约了金融机构信贷投放能力和贷款投放信心。

二是担保体系尚未建立，风险补充机制不健全。县一级的担保公司规模小，抗风险能力较差，大多数县域担保机构资本金以财政性资金为主，民营资本占比太低。由于财政困难和体制原因，资本金注入严重不足，缺乏后续资金补偿机制，担保公司扶持力度降低，原有的资本金在担保业务进行过程中大多数已形成代偿，在没有充实资本金的情况下，无新增资金对中小企业进行扶持，资本金数额偏小将直接导致其抗风险能力十分脆弱。

三是多头管理职能分散，县域金融监管体系尚待完善。人民银行县支行虽有较完整的机构设置和人员配备，但信贷政策工具有限、金融监管手段单一，监管效果不佳。银保监会在县域仅设监管组，但人员编制仅3—4人，且其监管权限主要集中在上级分局，县监管组实际履职效能有限。证监会未设立县级机构，县域证券类金融监管力量薄弱。部分县金融办仍为挂靠机构，即使部分县金融办实现部门单设，总体上由于无立法层面授权，金融办职能定位和职责权限不够清晰。

第三节 打通财政金融发展瓶颈，助推县域经济高质量发展

财政金融是推动县域经济高质量发展的重要动力，两者不仅要打好自己的招式，更要打好组合拳。面临问题和困难，要巩固好财政的基础支撑性作用，激活金融的市场活力，充分发挥好两者协同合力，为县域经济的发展提供好资金保障。

一 筑牢财政基础，更好发挥支撑作用

一是实现财政收入量升质增。统筹财政资源，政府收入全部纳入财政管理。提高直接税比重，进一步完善综合与分类相结合的个人所得税制度，积极稳妥地推进房地产税立法和改革，有效发挥直接税筹集财政收入、调节收入分配和稳定宏观经济的作用，夯实社会治理基础。研究一些新的财政征收方式，考虑在公平的条件下给国家做一些财政方面的贡献。优化落实已经出台的减税降费政策，重点放在制造业和科技企业。

二是实现财政支出提质增效。财政职能从"托底"即政府运转、基本公共服务、弱势群体扶助等开始，要做好特定的政策倾斜，要有对新增长点、重点建设项目的合理支持，要贯彻党中央的系统论思维来统筹兼顾。财政支出需要从"压、保、促"三个方面来优化结构，压缩一般政府性支出，以财政直达资金加强对欠发达地区、困难地区和基层的保障，促进培育新的经济增长点，围绕构建新发展格局，加大对重点领域和重点行业的支持力度。加强财政支出管理，推进财政资金直达机制落地见效，全面实施绩效预算，妥善利用中期预算框架实现财政节流。

三是实现地方债务风险可控。要加强对政府债务的管理，控"新"化"旧"，控制新增加的债务总量，开好前门、严堵后门，对债务进行法定化管理的同时加快抑制隐形债务风险点。在民营经济发展势头总体良好的情形下，防止地方政府过多干预市场，避免地方债务的增加。

二 通畅金融血脉，激活市场内生动力

一是实现县域金融供给与需求的精准对接。加大对重点领域的金融

资源投入，巩固拓展脱贫攻坚成果，加大对国家乡村振兴重点帮扶县的金融资源倾斜，强化对粮食等重要农产品的融资保障，建立健全种业发展融资支持体系，支持构建现代乡村产业体系，增加对农业农村绿色发展的资金投入，研究支持乡村建设行动的有效模式，做好城乡融合发展的综合金融服务。加大对金融教育的投入力度、对不同需求层次的居民进行金融教育培训，加强金融基础设施建设来提升县域居民金融素养，带动创业热情，反哺金融市场，为县域金融需求的有效识别奠定前提。

二是推动县域金融产品、金融服务、金融机构逐步优化。创新县域金融产品，不断扩大金融产品、金融服务的覆盖范围，构建既适应金融市场规律，又符合县域、农业农村需要的服务体系，还要找准市场有效之手和政府有位之手的结合点，让县域金融机构风险可控、有钱可挣。推进县域金融数字化转型，推动提升县域金融网点设施数字化升级改造，提升县域金融数字化服务水平。

三是完善县域金融市场机制。明晰政府发挥作用的边界，使政府有所为、有所不为，让市场在资源配置中真正起到决定性的作用。在县域层面，地方政府不能对货币政策施加绝对的能动性作用，必须顺应总量调控里面的扩张、收缩或者中性的方向，根据这个方向来考虑自己战略执行中的配套条件或者举措。要继续构建完善现代县域金融市场体系，持续增强金融市场体系配置资源和服务实体经济的能力，重视完善产权的长期保护机制和风险化解的吸纳机制。

三 凝聚财金合力，充沛县域资金源泉

一是优化县域财政金融治理框架。县级政府在分级财政框架之下应形成尽可能高水平的"定制化解决方案"。具体到县域治理中，在金融财政两大部门、两大政策配合方面，可以构建与财政金融发展相适宜的治理框架，顺应货币政策总量调控为主形成的流动性环境，在分级财政体制之下以财政金融优化配合来支持超常规发展，争取将财政金融之间协同配合的守正创新做到极致。

二是加强金融对财政的支撑配合。合理使用特定国有金融机构和专营机构储存的特定收入，为财政提供资金支持，保障退税减税降费政策落实落地，推动政府采购、就业等帮扶举措实施，发挥助企纾困作用。

除了用好预算内投资、地方政府专项债等资金，还应研究采取政策性、商业性长期低息贷款支持政策，在基础设施建设等方面扩大有效投资。

三是加强财政对金融的疏通传导。把财政职能扩展到政策金融，对接消费信贷、普惠金融、小微金融、绿色金融等，在县域形成有机的系统工程。比如，采取财政贴息、融资担保等方式，支持金融机构在加大贷款规模、允许延期还本付息等方面采取有效措施，引导金融资本流向实体经济，解决企业特别是中小微企业、个体工商户融资难融资贵问题。

四是完善财政金融协调机制。建立健全定期联系沟通机制，加强财政部门与金融机构的合作互动，推动实现双方信息共享、政策互通，确保财政金融政策同频共振，进一步提升政策的实际效果。

第 六 章

湖南县域基础设施保障研究

2022年4月6日，习近平总书记在中央财经委员会第十一次会议上强调："基础设施是经济社会发展的重要支撑，要统筹发展和安全，优化基础设施布局、结构、功能和发展模式，构建现代化基础设施体系，为全面建设社会主义现代化国家打下坚实基础。"2022年7月5日上午，湖南省委书记张庆伟在省委财经委员会第六次会议上明确提出，统筹全省各类基础设施布局，加快构建现代化基础设施体系。县域是湖南高质量发展的重要节点，基础设施是县域经济社会发展的基石。为此，务必加强县域基础设施建设，助力提升产业基础和产业链水平、畅通国民经济循环和推进共同富裕。

第一节 县域基础设施建设是为高质量发展"筑基"

加强县域基础设施建设对于促进湖南省新型城镇化建设、构建新型工农城乡关系，具有重要意义。

一 县域基础设施是湖南城镇化的重要内容

实现现代化必须推动农民"市民化"，农民进城买房子是大趋势。2021年年底，湖南城镇常住人口为6622万人，其中，县城及县级市常住人口3734.51万人，县城及县级市常住人口占全省常住人口的56.39%，县及县级市数量占县级行政区划数量的约71.7%。随着湖南省城镇化率和服务业占GDP比重分别提升至59.71%和51.7%，城市发展进入由增量扩张为主向存量更新为主的转型阶段，县城承接大城市功能疏解职能，在城镇体系中的支撑作用日益凸显。推进县域建设，补齐县城短板，有利于加快农民市民化进程，完善大中小城市和小城镇协调发展的城镇化空间布局。[1]

二 县域基础设施是城乡融合发展的重要支撑

2021年中央一号文件提出，要把县域作为城乡融合发展的重要切入点。湖南省农业农村发展基本符合世界农业农村发展的一般规律。2021年年底，湖南省农林牧渔副业增加值为4322.92亿元，占湖南省地区生产总值的9.38%，第二产业增加值为18126.09亿元，占湖南省地区生产总值的39.35%。湖南省工业化发展，离不开农民的无私奉献，正是以"剪刀差"等方式从农业中"抽取"剩余，促进了湖南省工业化发展。进入新发展阶段，农业农村成为湖南省高质量发展短板，湖南省到了城市支持农村、工业反哺农业的发展阶段。在这个破除城乡二元结构的关键窗口期，迫切需要以县域为基本单元推进城乡融合发展，推进县域基础设施建设，既助力满足农民日益增加的在县城就业安家的需求，又助力推动乡村发展和农业农村现代化。

三 县域基础设施是扩大内需的重要引擎

实施扩大内需战略、促进形成强大国内市场，是新形势下推动高质量发展的战略选择。现阶段，县城消费与城市的差距很大。以人均地区生产总值最高的长沙市为例，长沙县城人均消费支出为28129元/人，同期，城区人均消费支出为41240元/人，城区人均消费支出是县城人均消费支出的近1.5倍。[2] 显然，县城具有巨大的投资消费空间。推进县域基础设施建设，增加优质服务供给，将助力激活县乡消费的市场活力，为经济持续健康发展注入更强动力。

四 县域基础设施是人民美好生活的重要保障

县域基础设施建设关系着全县域的民生质量。完善县城产业园区和

---

[1] 根据湖南省统计年鉴数据进行整理获得。
[2] 根据湖南省统计年鉴数据进行整理获得。

农业生产产业配套设施，有利于做强县域园区经济，培育发展特色优势产业，为返乡农民工就地就近就业提供就业岗位。健全县城市政公用设施，推动市政公用设施向乡村延伸，夯实县域经济社会运行基础支撑，增进县域民生福祉。

第二节 县域基础设施发展面临的困境

党的十八大以来，湖南立足"一带一部"，坚持"全省一盘棋"，强化规划引领，突出"实"，抓牢基础设施建设，出台了"139"系列政策，推出了总投资超3万亿元的809个基础设施项目，全省县域基础设施建设迈上新台阶。但要看到，湖南省县域基础设施建设仍然存在突出短板。

一 供水保障设施存在短板

一是城乡供水保障设施发展不均衡。城镇与乡村的供水普及率仍有差距，湖南省农村自来水普及率尽管达到86%，但全省千吨万人以下工程仅约3万处，大多数工程还是分散供水工程和中小型工程。二是部分工程建设标准偏低。由于前期建设标准和补助标准不高，工程规模普遍偏小，部分早期建设的工程，设备和管网老化严重，管道跑、冒、滴、漏现象较为突出，影响农村生活条件的改善。三是局部地区季节性缺水问题仍未稳定解决。部分地区季节性水利不足、供水保证率不高的情况依然存在。地处"衡邵干旱走廊"的衡阳、娄底、邵阳等地，降水时空分布不均，工程调控水资源能力不强，以湘中某县为例，该县水库和山塘80%以上修建于20世纪50—70年代末，大部分已接近或超过设计使用年限，且95%以上为土石坝，经过几十年的运行，老化破损严重，存在病险隐患，尤其是小型水库、山塘淤塞严重，导致水资源利用率偏低，灌溉保证率低。湘西州西北部龙山县、古丈县和张家界慈利县等喀斯特地貌山区，山高坡陡，在干旱季节，降水难以得到有效利用，供水保证率不够。

二 交通基础设施存在短板

一是县域通行能力有待提升。湘西有些县没有通铁路，湘南有些县尚无高速公路过境，对外快速交通需借助国省干线转换，国省干线以二级公路为主，整体适应交通量小，通行能力较差。二是农村公路"畅通"质量不高。农村公路总体密度偏低，已建成的农村公路技术标准较低，难以满足群众的出行需求，大量断头路的存在造成农村公路的网络功能难以发挥。同时，农村公路养护公益普遍落后，安全系数低。三是农村交通服务水平低。有些脱贫县农村客运线路数量较少，等级客运站数量不足，多个乡镇以及一些重要节点没有综合服务站，没有形成完善的综合运输客运系统，与当前的社会经济发展速度不相适应。四是农村公路建设推进难。在国土、环保刚性约束持续加强的大环境下，交通建设项目前期工作推进困难。随着国家对涉农用地政策的收紧，部分农村公路改扩建因为林地、环保要求实施推进艰难，部分项目尤其是乡镇通三级项目限于停滞。

三　物流基础设施存在短板

一是物流网络体系不健全。物流服务体系现代化程度不高，物流通道主要集中在市域间，城乡物流通道匮乏，建制村物流体系尚未成型，特别是在一些农村地区，邮政、供销等涉足物流的服务网点分布散乱且不互通，没有形成共享共建的机制，服务业态比较传统。二是物流基础设施配套不完善。标准化的物流园区少，集疏运通道及转运接驳系统不完善，县域物流园区与铁路、产业园区连接还不紧密。现代化的仓储、多式联运转运等设施配套性和兼容性较差，智能化、信息化、标准化物流设施设备占比偏低。受上述因素影响，物流业降本增效任务艰巨，据调查，物流环节中的搬挪腾转运费用占运输成本的20%左右。三是缺乏成规模的电商快递集中仓储。县城一级冷链建设严重滞后，特别是冷链物流设施和产地预冷设施严重不足，缺乏产地分拣、初加工设施，农产品产后商品化处理的全程冷链比率偏低，导致县域农产品及其初加工产品的流通效率不高，农户饱受农副产品附加值低、卖不出去、运不出去等问题困扰，"价贱伤农"现象仍有发生。

四　能源保供设施存在短板

一是能源保障能力还需增强。在全省能源对外依存度超过82.9%的大环境下，县域能源供需结构有待优化，电力需求季节性、时段性特性明显，高峰时段供应保障难度较大。能源区域布局相对不均，统筹调配能力需要进一步提升。二是新能源发展滞后。县城新能源汽车充电桩存在布局不均衡、站点偏少等问题。脱贫县对光伏发电需求很大，但受光伏发电消纳能力影响，光伏项目增量不足。三是农村地区清洁能源供应存在短板。湖南省农林生物质资源丰富，秸秆产生量为3568.12万吨，秸秆可收集资源量2594.21万吨，采用肥料化、饲料化、基料化等方式利用秸秆2079.58万吨，可能源化利用潜力超过500吨。[①] 但秸秆、生活垃圾、粪污资源等能源化利用水平低，相当部分废弃物通过"搬家"进行处理。

五 信息化设施存在短板

一是绿色算力基础设施建设亟待推进。数据中心是重要的算力基础设施，同时也是电网大负载和能源大用户，在碳中和、碳达峰要求下，迫切需要推动湖南省数据中心布局与能源布局的有效匹配。二是乡村信息基础设施不完善。农村地区5G网络布局相对滞后，4G网络未能实现全覆盖，仍有县域存在行政村无覆盖或弱覆盖区域。县城人工智能、物联网等新型基础设施建设和应用水平低。三是基层信息化平台建设滞后。智慧县域建设工作滞后，数字基础设施、数字政务、数字惠民、数字治理、地方特色等领域智慧化建设不充分，县、乡、村电子政务网络设施没有实现纵向全覆盖和横向全接入，乡、村仍是五级社会治安综合治理信息平台建设的短板，基层网格信息与平台互联互通水平不高。四是农业信息化基础设施建设滞后。农业农村天空地一体化监测网络发展滞后，省市县三级农业执法监管平台发展不充分，尚未建立覆盖全省的，基于人工智能、大数据的病虫害识别、分析和预警模型的病虫害智能测报基层站点，农作物病虫害疫情风险监测与预警智能化水平低。

六 产业园区设施存在短板

一是园区基础设施建设与县城整体规划不同步。产业园的建设与县

---

① 第二次全国污染源普查数据。

城发展的衔接度低，路、水、气、电等核心要素仍然存在"最后一公里"的问题，尤其是污水收集管网等环保设施不健全。二是园区遭遇环境容量瓶颈。园区每年都有自己的污染排放指标和减排任务。随着环保政策持续高压态势，能耗指标和环保指标有限对园区发展形成压力，园区的环境容量指标只能在现有指标中腾挪。尽管通过淘汰落后、"关小上大"等各种办法可以解决园区环境容量指标均呈紧张态势的问题，但随着一些"大块头"企业搬迁，辗转腾挪空间缩小，甚至引发一些园区无法上新、扩建项目等困境。环境容量与产业规模不匹配成为困扰园区发展的突出问题。三是园区公共配套设施还不完善。园区服务配套设施分布零散，企业员工宿舍、食堂品质不高，餐饮、超市、银行等生活配套服务滞后，文化体育、休闲娱乐配套用地及设施存在挪作他用现象，安保、环卫等管理缺失，人居环境欠佳，未能发挥综合服务聚集效益，不利于企业员工生产生活。

第三节　补齐县域基础设施短板的七点建议

　　湖南要深入贯彻落实习近平总书记关于基础设施建设工作的重要论述和对湖南省重要讲话重要指示批示精神，按照"立足长远、适度超前、科学规划、多轮驱动、注重效益"的要求，聚焦水利、交通、能源、信息、产业升级等基础设施精准发力，加强要素保障，为建设现代化新湖南打下坚实基础。

一　加强供水保障设施建设

　　一是加强饮水保障基础设施建设。全面推进"城乡供水一体化、区域供水规模化、工程建管专业化"，结合湖南水网建设，依托大水源、大水厂、大管网，加快完善区域优质饮水保障体系，重点推进洞庭湖北部地区集中供水工程的建设，支持县域建设地表水源、城乡联供的大规模集中水厂。二是加强用水保障基础设施建设。支持县市区结合域内水系综合整治、内外水系连通工程建设，加快构筑江湖共济，河湖水系和骨干输配水工程相配套的水资源配置网络，在继续实施灌区续建配套和节水改造以及灌排泵站更新改造工程基础上，统筹整合灌排体系，构建以大型灌区为主，中、小型水利设施为基础，电灌站作补充的大、中、小相结合，蓄、引、提相配合的水利灌溉网。三是加强水生态修复设施建设。加强河湖生态空间管控，统筹域内洪道、河道、航道功能，疏浚江河湖泊及尾闾河湖通道，提升河湖生态功能。四是加强智慧水利建设。支持县市区构建涵盖防洪蓄洪决策、河流湖泊水域监测监控、闸站调度的"智慧水利"的信息化应用平台，推进域内河流水文站网现代化建设，推进水库监测预警设施及安全运行监测系统建设，推进水利数字化建设，提升水利业务智能化水平。

二 加强交通基础设施建设

一是补齐补好大湘西地区县域交通短板。针对湖南省县域交通空间布局总体呈现出东密西疏特征，以及大湘西地区交通运输发展不平衡不充分问题，优先精准补齐大湘西地区交通网络短板，深化通达深度，畅通网络微循环。二是加快推进市市通高铁。推动常益长高铁、长赣高铁等高铁建设，着力构建市州有高铁、县域有高速、公铁联运配套设施完善的现代化公铁网络，支持县市区打造智慧交通基础设施，包括智慧公路、智能铁路、智慧航道、智慧港口、智慧民航、智慧邮政、智慧枢纽等系统建设。三是加快县域通用机场建设。推进通用航空和货运枢纽建设，完善机场快速路等相关配套设施，优先支持脱贫地区县域通用机场规划建设。四是推进城乡交通一体化建设。加强客货枢纽建设，构建县、乡、村三级客货运场站体系，不断提高交通运输效能。五是持续建设"四好农村路"。启动新一轮农村公路建设和改造，加大以工代赈力度，尽快形成实物工作量。引导农村公路与县域产业园区、乡村旅游重点村、旅游景区等一体开发。六是完善农村小型交通建设项目管理，对于农村停车场、农村道（公）路、水毁道（公）路维修、道（公）路安保工程、候车候船室（亭）、水运码头工程、林区生产道路、森林步道、小型渔港维护改造工程等农村小型建设项目,[①] 精简审批手续，简化发包流程。

---

① 农村小型交通建设项目：由乡（镇、街道）、村（居）委员会、村（居）集体经济组织或县级行业主管部门制定的企事业单位作为项目业主，使用政府财政性资金50%及以上，工程总投资估算在50万元及以下（不包含征地费等），在行政村实施的小型交通建设项目。

三　加强物流基础设施建设

一是推动县域物流配送体系建设试点。择优确定部分基础条件好、物流供需平衡的县（市、区）开展试点，系统建设县域物流配送体系，在工业发达县城，系统推进货运集散中心与配送中心建设，具备铁路、航空、水运等运输条件的县，可与多式联运相连，形成物流配送体系。二是加强物流园区建设。建立健全省级物流园区建设协调机制，引导县域物流园区建设健康发展。根据县域特色优势产业布局，在重点产业基地因地制宜建设生产型、仓储型、配送型、服务型、综合型等功能适用的物流园区，实现物流园区与县域特色优势产业发展有机结合。支持物流园区依托5G网络通信技术，通过自动驾驶、机器人、AI、LOT等智能物流技术和产品融合应用，建设高智能、一体化的现代化智能物流仓储园区。三是推动农村寄递物流体系建设。推动交邮商合作，协同建设县乡村三级商贸物流体系，分步分类推进"快递进村"，支持农村电商服务站、邮政综合便民服务站、村邮站、基层供销社等多站合一、一点多能，重点要解决农村快消品生活服务。支持整合物流、邮政快递、商贸流通、供销等资源，开展乡村物流共同配送，引导邮政企业依托快递物流园区建设冷链仓储设施，引导供销社依托农业产业园，新建或改扩建冷链物流设施。鼓励依托邮政快递枢纽和储备资源等设施，打造县域"平急两用"的应急物流设施。

四　加强能源基础设施建设

一是优化电力网源储。加快推进"宁电入湘"工程，加快建设1000千伏荆门—长沙特高压工程，加快推进平江、安化等抽水蓄能项目和株洲、益阳、石门3个扩能升级改造煤电项目。二是提升油气保障能力。依托气化湖南工程，建设一批油气长输管道，推动县域天然气通道和天然气储配设施建设，完善县域支线网络。三是提质发展新能源。依托长岭炼化和巴陵石化两大制氢企业，加快推进洞庭湖芦竹生物质制氢项目，借此带动全省秸秆等农作物废弃物的再生能源利用。推进大唐华银娄底生态治理100万千瓦光伏项目，探索开展整县屋顶分布式光伏开发试点。遵循适度超前、车桩相随、智能高效原则，支持优化新能源汽车充电桩

（站）投资建设运营模式，加快构建县域充电基础设施服务网络，优先在县城高速公路服务区建设超快充、大功率电动汽车充电设施和光伏发电设施。四是加强农村电网建设。推进湖南电网 10 千伏城市及农村电网改造升级工程，重点支持乡村振兴重点帮扶县、其他脱贫地区、革命老区等农村电网薄弱地区，满足分布式新能源接入和乡村生产生活电气化需求。五是推进能源基础设施数字化、智能化改造。积极推进能源工程项目 5G 应用配套建设，优先支持脱贫地区开工建设一批"5G＋"智能光伏电站。加强智慧能源系统建设，构建集"智能电网、智能气网、智能热网"于一体的县城智慧供能网，实现对能源生产、能源传输、能源转换与存储、能源使用等全环节的信息监控、实时感知和智能化控制。

五　加强数字化基础设施建设

一是加快推进农业农村信息化建设。加快推进数字乡村建设，强化乡村信息基础设施，提高农村通信质量和覆盖率，缩小城乡数字鸿沟。支持引入互联网、大数据、人工智能等新一代信息技术，推动农村地区水利、电力、交通、农业生产和物流等基础设施的数字化、智能化改造升级。建立健全农业农村数据资源体系，深入推进县域农业农村大数据发展应用，支持在智慧农田、智能农机、智慧种植、智慧渔业、智慧畜牧等领域的突破。二是加强算力重大工程建设。推动国家超级计算长沙中心系统启动升级，同步建设通用超算算力和人工智能专用算力，加快推进国家工业互联网大数据中心湖南分中心落地建设，推进"世界计算·长沙智谷"项目建设，着力打造先进计算之城。三是加快提升数据中心绿色水平。探索绿色数据中心标准体系，基于现有 PUE（电源使用效率）测算指标，研究 WUE（水资源使用效率）、CUE（绿电使用效率）等能效指标，鼓励算力基础设施建设综合能耗监控管理系统，提高能源资源利用效率。四是加强 5G 应用示范推广。重点引导和支持县域龙头企业牵头推进 5G 综合性行业应用，挖掘具备推广条件的 5G 技术应用场景，在文旅、交通等潜力行业持续丰富应用场景，试点示范。探索低成本推进农村网络覆盖，在高速公路、高铁、农村等区域实现 5G 广泛覆盖。

六　加强产业园区基础设施建设

一是加强生产型基础设施建设。加快补齐产业园区基础设施薄弱和配套不足的短板，完善产业园区基础设施建设体系，加快交通、水电气热等数字终端系统改造，疏通发展"血脉"。二是加强公共服务平台建设。推进生产性服务设施建设，重点发展科技平台、产品展销、金融服务、中介服务、企业孵化、仓储物流等公共服务平台，完善推动园区产业集群发展的服务配套体系。三是推动产业园区绿色转型。鼓励园区企业技术和设备数字化节能升级改造，推动园区企业循环式生产、产业循环式组合，提高加工废弃物资源化利用率。统筹规划园区电、气、热等综合能源系统，开展新能源汽车及加气站、加氢站、充电站等配套设施建设。明确园区污水集中处理设施建设与园区建设同步推进，支持经济开发区等园区完善给排水等基础设施环保化改造，加快推进污水收集管网建设、污水处理厂建设与提标改造，着力推动污染物集中治理，提高"三废"的集中治理水平。四是加强生活性配套设施建设。遵循产城共生理念，推动生产、生活、教育、休闲及娱乐、商业混合布局，加强公众配套设备设施建设，搭建城市级的生活体系，重点增加实体消费经济项目，建设一批文化休闲、餐饮、购物等设施，满足园区居民日常生活基本要求。

七　加强要素支撑保障

一是加强土地要素保障。完善跨部门、跨区域重大项目协同推进机制，坚持市州级统筹和分级配置有效结合，优化配置土地计划指标，强化土地要素供给和发展需求的精准匹配，确保基础设施发展空间支撑，明确城乡建设用地规模预留和专项专用。支持县市区用地计划精准化、差别化管理，整合年度新增建设用地计划指标、建设用地增减挂钩指标以及批而未供和闲置土地、城镇低效用地等存量资源，优先用于重大基础设施项目。鉴于特高压设施、5G网络基础设施等涉及不同主管部门，由自然资源和规划部门汇总项目信息，编制年度国有建设用地供应计划，给予优先保障。探索采用弹性年期出让、先租后让等供地方式，推动土地要素差别化配置，精准供给重大基础设施用地。加快完善建设用地使用权转让、出租、抵押二级市场的建设，实现县市区土地二级市场交易数据信息有效汇总，积极开展土地市场涉及的各类基础设施土地交易规模、结构、时序、节奏等规律信息的统计分析，实现土地市场监测分析报告实时共享。

二是加强资本要素支撑。面对经济下行和新冠肺炎疫情叠加、中央财政性资金规模已呈现缩减态势的宏观环境，湖南要完善各类基础设施财政性资金常态化保障机制，研究构建公益性基础设施项目地方投入常态化保障机制，统筹各类基础设施专项基金，推进各类基础设施协同发展。面对新冠疫情常态化诱发的消费下滑和原材料、人工等价格持续上涨诱发的社会投资意愿下降事实，加快深化各类基础设施项目投资审批制度改革，进一步明确和简化投资审核管理、创新和优化投资审批程序、加强和改进投资监督管理；适度扩大企业发债规模，稳步推进REITs试点，规范发展政府和社会资本合作（PPP）模式，鼓励政策性金融、开发性金融、社会资本依法依规参与各类基础设施建设，支持县市区创新投融资模式。

三是加强环评服务保障。建立服务重大投资项目清单和环评管理台账，持续跟进项目基本信息和环评进展，准确把握项目环评进展情况，精准解决项目环评编制中出现的生态问题，积极服务重大基础设施项目落地。深化审批改革创新，对位于同一县市区内、项目类型相同的基础设施建设项目，探索开展"打捆"环评审批；对涉及跨县市区行政区划的、类型相同的项目，由市州生态环境部门"打捆"审批。严格执行中央出台的关于重大投资项目环评政策，明确环评审批与总量指标脱钩，特别是对铁路、公路、光伏发电、水利水电、陆上风力发电等基础设施建设项目，严格落实各项污染防治措施，环评审批不与污染物总量指标挂钩。

第 七 章

湖南县域经济人才科技支撑研究

在经济高质量发展的新时代背景下,地区经济高质量发展和企业转型升级动能已从传统人口红利迈向人才红利的新阶段。当前,我国进入了全面建设社会主义现代化国家、向第二个百年奋斗目标进军的新征程,我们比历史上任何时期都更加接近实现中华民族伟大复兴的宏伟目标,也比历史上任何时期都更加渴求人才,建设规模宏大的高素质人才队伍至关重要。2021年9月召开的中央人才工作会议上,习近平总书记指出,"要深入实施新时代人才强国战略,加快建设世界重要人才中心和创新高地,要把人才作为实现民族振兴、赢得国际竞争主动的战略资源"。湖南要立足县域人才工作实际,坚定不移实施新时代人才强省战略。湖南依照当地经济社会发展实际,积极落实"科教先导、创新驱动"的发展战略,更好地发挥科技对县域经济社会的支撑引领作用。近年来,湖南省县域人才管理日益完善,县域人才培养与引进取得一定成效,县域人才工作在政策支持、人才吸引、人才总量、服务意识等方面有待改善。

第一节 湖南县域发展人才工作面临的主要问题

人才是推动县域经济发展的根本性资源,也是驱动地区科技创新的第一资源。人才队伍建设历来是经济社会发展的重要工作之一,县域人才队伍更是党和国家人才队伍的重要基础力量。近年来,随着湖南省经济的快速增长,县域人才队伍建设有了很大的发展,但与发达地区相比,无论是在人才的引进和使用上、人才队伍的数量和质量上,还是在人才工作的机制和环境上，都存在较大的差距。特别是高层次人才和重点产业、重点领域人才短缺，吸引高端人才创新创造的平台匮乏，人才管理体制不顺、权责不清，人才培养引进使用和评价激励机制不够完善等问题严重制约县域人才发展工作，仍需下大气力加以解决。现阶段，由于人才观念偏差、发展环境滞后等因素，制约了县域人才工作发展。通过问卷调研，发现存在下述五个突出问题。

一 人才总量偏少，缺乏高端引领

由于县域经济整体发展水平不高，在医疗、教育、科研等方面与大中城市相比差距明显，工作、学习、待遇、生活环境对高职称、高学历人才的吸引力不够，出现人才总量不足的现象，在人才由低向高的流动趋势下，优质人才容易外流，高级研发型人才引进更是举步维艰。益阳市安化县某企业负责人表示，企业因为资金等各方面的因素，无法聘请技术管理人才，大部分员工身兼数职，被迫撑当多面手，从而导致企业发展受制。

二 市场机制有待健全，企业主体作用欠缺

高质量发展为县域人才工作提出了新的要求和考核指标，县域必须加快引进高层次人才，但县域产业普遍比较分散、低端同质化竞争较为明显，产业发展面临"低、小、散"等瓶颈，产业结构性存在矛盾，因此企业更多地关注资金、土地等传统要素资源，对于人力资本的认识不足，缺乏引进高级人才的内生动力。同时，县域人才市场尚处于初级阶段，仅提供信息发布、组织招聘对接等基础职能，导致部分企业对各级人才政策不了解、不熟悉，未能发挥出对人才工作的主动性和创造性。

三 政策支持力度不足，吸引作用发挥受限

县域人才政策多跟随上级政策做适当调整，但由于经济基础薄弱，资金额度难以与大中城市竞争，人才政策支持力度小，很难发挥扶持人才的作用。邵阳市城步苗族自治县某企业负责人感慨，由于公司资金不够雄厚，无法支付高薪聘请的高端技术人才报酬，希望政府能加大对人才引进及人才生活设施配套的政策扶持。

四　平台承载能力有限，研发创新基础薄弱

人才落地及发挥作用需要平台承载支撑。湖南县域企业科技含量相对较低，创新基础比较薄弱，研发平台、重点实验室数量不具备优势，研发设备配套不完善，缺乏独立运行能力，研发水平有待大幅提升。长沙市某科技公司部门负责人认为，现行人才政策资助大多为项目和个人类资助，团队类资助相对较少，政策激励方式单一，政策措施主要围绕推进人才本土化，比如落户、购房资格、生活补贴、税收优惠、配套保障等方面，总体呈现"重物质待遇"而轻"事业引才"，鼓励人才创新的平台资源和环境体制支撑不足。

五　服务意识不强，人才生态欠佳

整体上看，湖南县域人才工作以行政管理为主，对高端人才的引进，看帽子、看资历多，看成效、看实力少，重引进轻培育，没有形成优良的人才开发生态。对创业人才的支持力度不够，服务人才的新手段、新方法不多，采取市场化方式给予人才金融支持、法律服务等方面较为欠缺，对创业人才急需的土地、厂房、资金缺乏新的突破。邵阳市邵东县某企业部门负责人认为，目前企业技术创新型和研发型人才严重匮乏，制约了企业的发展，希望政府向企业引进人才在安家补贴、引进人才奖励、企业引进人才补贴、专业技术职称晋升政策等方面倾斜，推动企业转型升级。

第二节　推进湖南县域人才工作的对策建议

人才资源是企业应对激烈竞争的关键，也是地方政府提升城市核心竞争力的重要抓手。尤其近年来，以天津"海河英才"行动计划、上海人才新政"30条"、上海"世界一流大学建设高校"应届毕业生直接落户等热点事件为代表的"人才争夺战"更是彰显出人才资源的战略地位。创新人才机制，实施人才战略、吸引人才"上山下乡"，建立县域人才科技支撑体系，是推动湖南县域经济高质量发展的客观要求和必然选择。

一 人才引进凸显"实"

一是引才规划"接地气"。要对本地区人才实际情况进行全面深入调研，准确把握新发展阶段的特征和人才队伍建设的实际状况，精准把握产业发展需要，千方百计招引各类高端人才，着力打造人才高地、创新高地。围绕产业和项目制定人才规划，促进人才引进与发展基础、资源禀赋和产业结构的有机融合，避免"捡到篮子都是菜"，做到不盲目求"高人"，但求精准引"对人"。要奉行重才、敬才的理念，以优质服务和优良环境吸引人才，还要帮助用人单位与人才建立密切联系，以长效合作留住人才。二是引才条件"低门槛"。要完善人才引进政策，健全人才引进工作的相关制度办法，适当放宽人才引进的条件限制，建立人才引进的"绿色通道"，坚持特事特办，提高人才引进效率，敞开怀抱迎接各类人才，眼光不拘泥于"高精尖"类型人才，同时注重专业技术人才、技能人才、大专以上青年人才等实用型人才，逐步扭转大城市对县域人才吸虹的不利影响，做好、做大县域人才基本盘。三是引才方式"多元化"。要拓宽人才引进渠道，建立以"乡情"为纽带的在外优秀人才招引机制，深挖在外人才"富矿"，多元化畅通人才集聚渠道，实现引才数量和质量的"双提升"。大力推行"节会引才""大赛选才""以才荐才"的人才吸引模式，定期举办在外人才家乡行、政策推介会、人才招聘会、返乡创业任职恳谈会等活动，引导在外英才回归故里。围绕重点工作，探索推行筑巢引才、搭台引才、腾岗引才、项目引才、招商引才、"基金引才""一人双岗""校地合作"等差异化引才形式，加强和高校、科研院所、发达地区的沟通联系，通过讲课讲学、项目合作、决策咨询、智囊顾问等形式，让更多优秀人才提供战略咨询、课题攻关、工艺改造、项目开发等服务，以全职引进、挂职特聘、成果转化等灵活多样的合作模式，让尽可能多的高层次人才为县域城市所用，为县域经济社会高质量发展贡献智慧和力量。

二 人才培育立足"精"

一是提升基础人才质量。继续积极开展"进园区""进乡村""进企业"的"三进"服务，广泛宣传人才引进培养政策，营造技能型人才成长的良好氛围。要坚持"走出去""请进来"的理念，组织各行各业人才赴高校、科研院所、知名企业实地考察学习、开阔眼界。相关部门要瞄准县域人才短板，邀请行业知名专家举办专题培训班，提高经营管理人才、技能人才、青年人才等基础型人才队伍素质。二是增强行业人才效能。要根据民生事业发展需要，持续完善专业技术人才培养开发、评价发现、流动配置政策体系，加快建立以创新价值、能力、贡献为导向的人才评价机制，打破人才成长"天花板"，激活基础教育、医疗卫生、乡村振兴等领域人才效能。三是扩大拔尖人才数量。要立足县域城市的支柱产业、重点产业、特色优势产业，加快技术创新中心、工程研究中心、新型研发机构等企业科技创新平台建设，搭建好人才干事创业大舞台，擦亮具有县域特色的人才培育品牌，选拔培育一批赶超省市先进水平的拔尖领军人才。四是走好自主培养之路。引人才、借人才的数量终究有限，更重要的是抓好对县域现有人才的培养，全方位构建优秀人才"孵化"体系。要针对党政人才、企业管理人才等不同类型人才的发展特点，确定不同的培养思路，创新有针对性的培养方式，着力打造一支眼界思路宽、执政能力强的党政领导人才队伍，一支职业化、现代化的优秀企业家人才队伍，一支专业知识丰富、业务能力过硬的专业技术人才队伍，一支实践经验丰富、熟练掌握技能的技术工人队伍，一支有科技文化知识、掌握实用技术和劳动技能的新型农村人才队伍，以及一支道德品质高、为民意识强的社会工作人才队伍，为县域经济社会高质量发展提供全方位的人才支撑。

三 人才服务着眼"优"

一是营造"大"氛围。要营造"人人都是人才，人人皆可成为人才"的社会气氛，对"土秀才"和"洋博士"都保持求贤若渴的态度，不能把人才区分对待，更不能让人才"隐姓埋名"，切实加强对各类人才的表彰和激励，增强人才荣誉感和归属感。二是培优"小"环境。持续创优内部用才环境，种好梧桐树，才能留得住金凤凰。要加强科技工作顶层设计，建立和完善项目管理、科技投入、科技奖励、科技人才、科技服务等制度，形成工作合力。积极开展技术、人才对接，与高校、科研院所联合实施产学研合作项目，推动建立县域产业发展研发平台，围绕重点新兴产业，逐步建立一批院士工作站、博士后科研工作站、重点实验室、企业研发技术中心、工程技术创新中心等创新平台，为高层次人才创新创业、施展才华提供舞台。支持企业引进的科技创新人才以"揭榜挂帅"方式开展技术攻关，促进科技创新与产业发展深度融合，突破关键技术、发展高新产业、带动人才队伍建设，推动县域在关键核心技术和共性技术上实现突破，促进自主创新能力快速提升。对各类人才要"高看一眼、厚待三分"，在政治上多关心、工作上多支持、生活上多照顾。用人单位要切实履行好主体责任，积极为人才松绑，服务完善人才管理制度，做到人才为本，积极营造信任人才、尊重人才、善待人才、包容人才的良好氛围。要积极主动落实各项人才待遇，更新创优人才政策，全面落实各类人才在购房、配偶就业、子女入学等方面的优惠政策，以及慰问、疗养、体检等关爱激励措施。比如，实施人才安居工程，升级改造人才公寓，实现人才"拎包入住"；建立人才服务"一站式"平台，解决好人才关心关注的项目申报、住房保障、医疗保健等"关键小事"。鼓励企事业单位为高层次人才提高待遇，在资金扶持、生活补贴、税费减免等方面予以保障，对企业开展科技创新、高新技术产业化、科技成果转移转化等进行科技贷款贴息，加大人才创新创业项目的金融支持，鼓励银行、保险公司等金融机构开发"人才贷""人才险"等相关业务，营造舒心的工作生活环境，让人才享有贴身的管家服务，真正给人才以"家"的感觉。要关注人才工作和生活中最迫切的需求，结合县域城市资源分配灵活、生产生活成本低的优势，推出实招硬招好招，不断完善人才发展的扶持激励机制，做好人才引进的后半篇文章。三是交流"真感情"。要主动与人才打交道，真心与人才交朋友，不当目中无人的"土皇帝"，不摆高高在上的"官架子"，把姿态放低，把心态摆正，与人才真诚交流、以心换心，让人才真正感受到诚意和温情，人才才会源源不断汇聚而来。

四 科技特派力求"细"

一是健全科技特派员服务工作机制。要强化乡村柔性引才用才，加强有关部门和派出单位的工作督查和考核力度，明确科技特派专家服务工作范围，压实责任。按照"不求所有、但求所用"的柔性引才原则，督促选派单位落实《湖南省芙蓉人才行动计划》相关保障措施，对落实不力的考虑取消人才项目计划申报资格。每年组织开展科技特派服务专家技能"比武"，对解决实际问题能力强、服务质量好的专家团队给予支持奖励，对于表现相对较差的科技特派员可考虑进行人选调整，实行优胜劣汰原则。二是优化科技特派员人才结构。做好技术和专家需求对接工作，加强高层次人才计划统筹衔接，建立清单，精准选人，把县域紧缺的文化旅游、生态环境、园区建设、财政金融等人才纳入科技特派专家服务队伍中，努力形成产业聚人才，人才兴产业的生动局面。三是发挥科技特派员工作效用。科技人才缺乏是县域经济高质量发展的最大障碍，要以科技特派服务专家的科技创新创业为抓手，扩大科技特派员的服务范围和领域，充分发挥科技特派员在县域人才培养中的作用。一方面重点培育和发展科技特派员服务站等科技服务实体，鼓励利用全国互联互通的创业服务信息平台，建立产业技术联盟和创业培训基地，在县域企业和合作组织等实体中开展多形式的技术服务和人才培训工作；另一方面，鼓励科技特派员带领农民创办、领办、协办科技型企业、协会等专业合作组织，强化在创业和县域产业各环节中的科技服务能力。

第 八 章

湖南县域营商环境优化研究

好的营商环境就像阳光、水和空气，是市场主体生存发展不可或缺的生命要素，更是建设现代化经济体系、促进高质量发展的重要基础。党的十八大以来，习近平总书记高度重视优化营商环境，曾多次强调，"要推进简政放权，全面实施市场准入负面清单制度，支持企业更好参与市场合作和竞争"，"持续打造市场化、法治化、国际化营商环境，为中外企业提供公平公正的市场秩序"。

作为国民经济的基本单元，县域经济在国家发展全局中始终是强力支撑和坚实底盘。县域稳则大局稳，县域活则全盘活，县域兴则国家兴。而营商环境则是市场主体赖以生存与发展的土壤，优化营商环境是县域保就业保民生保市场主体的"必答题"，是县域推进高质量发展的"先手棋"，是提升县域能级和核心竞争力的制胜之道，是应对经济下行压力的关键一招。在县域工作大局中，进一步优化营商环境意义重大，要充分认识做好优化营商环境工作的极端重要性，始终把优化营商环境作为推动县域经济高质量发展的生命线。

第一节 湖南县域优化营商环境的成效

近年来，为破解企业投资生产经营中的"堵点""痛点"，湖南以优化营商环境为基础全面深化改革，取得了显著成效。2021年全国工商联发布的"万家民营企业评营商环境"结果中，湖南排名全国第8位、中部第1位。而落实在县域优化营商环境各项工作中，重点表现在四个方面。

一　简政放权、优化服务，政务环境更加透明高效

以长沙县为例，近年来，长沙县持续深化"放管服"改革和优化营商环境，2020年、2021年连续两年获得湖南省营商环境评价第一名。一是持续推进"放管服"改革，助力政务服务效能跑出"加速度"。深入推进"一件事一次办""三集中三到位"和综合窗改革，全力打造长沙县"7310"模式及"24小时不打烊政府"，实现"大厅之外无审批"。二是全面推行企业开办"1+N套餐"。做到"一窗进出、一套材料、一次采集、一个环节、一次办结"。全省首推"开户即开业""拿地即开工""开工即开建""交房即交证"的"四即"改革。三是推行"1325"改革。实现企业开办1日办结（最快2小时办结），不动产登记3日办结（其中企业业务已实现1日办结），工业投资建设的房屋建筑项目审批25日办结，办结时限全省领先。四是加大简政放权，将"一件事一次办"150项政务服务事项赋权园区，298项"就近办"事项下放至村（社区），打造15分钟政务服务圈，245个套餐事项实现线上办理，通过优化流程，各项证明材料精简40%以上，事项申请材料精减30%，办理环节精减50.2%，更多审批服务事项实现"马上办、网上办、就近办、一次办"，高效便捷在改革创新中显著提升。

二　完善规则、依法办事，市场环境更加竞争有序

以衡阳县为例，2021年衡阳县经过一系列改革，如出台《衡阳县优化营商环境二十五条措施》、园区"综合受理、一站式办结"服务模式等，在全省营商环境评价排名从全省倒数第三、全市倒数第一，一跃成为全省先进、全市第一。一是深化全链条标准化赋权。坚持应放尽放、能放快放原则，再次将27项审批服务事项下放给园区，园区可直接办理事项达到187项，真正实现了"园区事园区办"。二是推进阳光下标准化监管。持续开展营商环境"护航"工程，建立"好差评"制度，加强评价成果运用，实现损害营商环境黄牌警告治理；建立百名股长测评制度，邀请300余名代表对110个关键岗位责任人集中评价"打分"；常态化监督坚持，出台《衡阳县损害营商环境行为问责办法（试行）》，向不作为、慢作为、乱作为"开刀"。三是推行母亲式标准化服务。把企业家请到C

位上，对全县170家规上企业全面实行赋码保护；把办公室搬到工地上，要求县级领导到联点企业（项目）现场办公每季度不少于1次，县直单位主要负责人每月不少于2次，做到靠前指挥；把服务送到心坎儿上，按照"一企一代办员"要求，实行全程代办、零见面服务。

三 减税降费、降低成本，政策环境更加亲商富商

以邵阳市新邵县为例，近年来新邵县持续优化营商环境，将每月的26日定为"优化营商环境暨企业家接待日"，主动为企业排忧解难，全力营造优质的营商环境，为企业发展提振信心和力量，让企业在新邵"留得住、好发展"。一是切实落实税收优惠政策。持续开展"便民办税春风行动"，为纳税人提供24小时不间断的网格化线上自助服务；全面清理涉企优惠政策并制定清单，开展涉企收费专项治理；规范税收执法，加强惠企利民政策落实跟踪问效，推动各项政策"应享尽享、应享快享"，充分释放政策红利，不断提振市场信心。截至2021年年底，共为企业减税降费4.03亿元。二是推动惠企政策及时落地。严格落实上级有关收费标准、价格政策文件，出台《2021年新邵县行政事业性收费目录清单》《2021年新邵县涉企行政事业性收费目录清单》等文件，严格执行目录清单，凡不在清单之列的收费项目一律停止。三是着力优化企业融资环境。积极搭建畅通政银企对接平台，推行"一对一"主办行制度、银行行长进企业活动，今年在"一区三园"共召开七场政银企座谈会和两场专场对接会，有效推动金融机构加大对企业信贷投放。截至2021年10月底，全县金融机构存款余额243.93亿元，同比增长8.07%；贷款余额163.36亿元，同比增长16.29%，存贷比66.97%，居全市第一。同时，切实降低融资成本，小微企业融资成本较去年同期下降34.48%；加大创新创业带动就业服务力度，积极推动创业贴息贷款，今年新增发放创业贷款120户，发放创业贷款2000万元。

四 铁腕打击、规范执法，社会环境更加舒适贴心

以常德市安乡县为例。法治是最好的营商环境。近年来，安乡县不断加强法治化营商环境建设，让法治成为安乡发展核心竞争力的重要标志。一是切实维护社会安全稳定。积极推进新时代县域警务工作，强化

社会治安综合治理，常态化开展扫黑除恶斗争、优化项目建设环境及企业周边环境，严厉打击强行阻工、强拿硬要、强揽工程等违法犯罪行为，进一步优化企业发展和项目建设环境。2021年以来，县公安机关共查处和破获涉企案件43起，其中刑事案件12起，抓获犯罪嫌疑人31人，治安案件31起，行政处罚58人；县人民法院开展专项行动，加大执行案件力度，重点执行涉民生、涉信访苗头、涉金融、涉工程机械等领域案件，依法保护经营者的合法权益，共执结案件1061件，结案率84.34%，执行完毕率42.57%，执行到位款项4103万元。二是扎实推进信用体系建设。坚持把加强政府诚信建设作为基础性、长期性的工作来抓，不断完善守信联合激励、失信联合惩戒制度，加强共享平台信用信息归集科学化，做到"应归尽归"。强化信用信息应用，推动信用信息嵌入政府管理各领域、各环节，在政府投资、招标采购、公共资源交易等经济活动中，将信用状况作为重要参考。三是建立健全诉求反馈机制。建立健全诉求反馈和督查考核机制，要设立企业诉求收集热线电话和意见箱并予以公示，对本单位各部门在优化营商环境方面的不作为、乱作为、慢作为和违纪违法问题及意见建议进行收集汇总。对于企业反映的问题，7个工作日回复办理情况，确需整改的，限期整改。建立平时检查、半年督查、年度考核机制，推动形成安商、护商、亲商的法治环境。

第二节　湖南县域优化营商环境存在的问题和不足

近年来，全省各县市大都把优化营商环境作为县域经济高质量发展的头号工程来抓，尤其是在当下经济发展面临较大下行压力的情况下，都在着力打造一流营商环境上下功夫，努力在高质量发展中抢占先机。但当前县域营商环境还存在一些急需改进的问题和不足。

一　从市场环境看，服务意识有待增强

一是相关机制不健全。部分县市出台了优化营商环境的相关指导意见，但在安排部署、细化分工，明确职责，系统推进有序实施方面还有不足。二是隐性壁垒不少。随着这几年"放管服"改革和优化营商环境工作的不断推进，各县市行政审批事项明面上的不合理门槛和限制不多了，但部分县市以防止恶性竞争为由进行数量限制，形成事实上的垄断。三是惠企政策宣传不到位。许多县市惠企政策的公开形式单一，市场主体知晓率不高，尤其在执行层面还存在不及时、不到位等突出问题，极大地抑制了政策的有效发挥。不少企业反映，各级在落实支持中小微企业发展上，多是照搬上级政策文件，有针对性的措施较少，很多时候看到政策，无法享受；看到空间，无法进入；看到机会，无法把握。

二 从政务环境看，行政效能有待提高

一是部分单位对优化提升营商环境的重大作用的认识还不到位，思想不解放、政策不灵活、服务不主动，"门好进、脸好看、但事难办"的现象还时有发生。二是并联审批还不尽完善，相关运行机制不够健全，加之部分单位行政审批放权不到位，政务中心部分服务窗口工作人员业务素质不强，对审批事项把握不准，人进事不进，事进权不进，"最多跑一次"还不能完全实现。三是虽然近年来各县市大力推进"一件事一次办"、商事制度、工程建设项目审批等领域重点改革，取得了较好成效，但突破性、原创性不强，特别是在一网通办、集成办理等方面省内各县市州存在较大差距。政务服务"多套系统、多个流程、反复登录、反复录入"问题还是很突出，数据共享、并联审批失去基础，高效办事难以全面实现。

三 从法治环境看，执纪监察有待完善

一是重审批、轻监管，重处罚、轻服务的问题还不同程度存在，特别在环保、消防、卫生、安全等环节均存在不同程度的粗暴执法，加强事中事后监管的措施办法还需要进一步创新。二是县域市场监管仍存在越位缺位或多头管理的问题，执法的自由裁量权弹性过大，重点领域监管的程序不够规范，不同程度存在频繁检查、重复检查、选择性执法和趋利性等执法问题。部门本位思想依然存在，部门之间职责没有完全厘清，衔接不够顺畅，影响办事效率。三是司法公信力还不够，很多企业对司法不信任，遇到侵权事件后不通过诉讼程序解决，而是采取向领导反映、投诉举报等方式争取行政协调。

四　从微观主体看，市场主体活力不足

一是中小企业"融资难"问题依然突出。金融服务体系作用发挥不够，企业融资渠道窄，融资成本高，涉农企业无法将农业资源进行评估、融资贷款等，重担保、重抵押的问题没有从根本上改变。二是有的企业反映税费负担重，招工难、用工难、留人难，实体经济难以为继。垄断行业收费高，企业反映如电、气、讯垄断行业收费高，尤其是企业用电初装费过高，峰谷分时电价难以执行，给企业带来过高的运营成本。三是中介服务管理不规范。在部门审批办证的前置资料中，很多涉及中介服务环节，因管理不规范，普遍存在收费高、收费乱的现象。四是征地环节阻力较大。由于目前征地拆迁相关法律法规不完善、宣传工作不到位等原因，在征地过程中存在一部分群众漫天要价的现象，尤其在乡镇中较为常见，给企业落地带来阻力。

第三节　湖南县域优化营商环境的对策建议

良好的营商环境是县域经济高质量发展的"主引擎"，对内是激发市场主体活力和社会创造力的"催化剂"，对外是提升区域吸引力和竞争力的"新名片"。作为一项基础性和系统性工程，营商环境建设不可能一蹴而就，毕其功于一役。优化县域营商环境，一些有基础有条件的县域可以按这个方向加压奋进在第一方阵领跑。另一些县域，则可以通过对标先进，补齐短板，借鉴经验，持续发力，进而推动有效市场和有为政府的更好结合，为县域育先机、开新局，融入新发展格局，实现高质量发展打下坚实的内外发展环境。

一　对标一流，扛牢营商环境政治责任

各县市要深入贯彻落实习近平总书记关于营商环境的重要论述和中央、省、市部署要求，牢固树立抓营商环境就是抓发展理念，全方位、全领域、全过程对标对表一流营商环境目标，严格落实好优化营商环境若干措施等文件政策，坚决扛牢营商环境政治责任，真正做到以优质的营商环境留得青山、赢得未来。围绕全国工商联关于"万家民营企业评

营商环境"评价指标，以"大反思、大整改、大承诺、大监督、大查处"活动为抓手，找准问题和短板差距，动真碰硬曝光一批负面典型，坚决纠治"不担当、不作为、慢作为"等作风顽疾，务实推进政府部门业务流程再造和服务提档升级，加快营造高效便捷、诚实守信、风清气正、亲商爱商、公平正义的营商环境。

二 优化流程，着力提升政务服务水平

各县市要全面深化"放管服"改革，高质量推进政务环境便利化建设，持续简化审批程序、压缩办理时间、优化服务体验，加快"一件事一次办"集成服务改革，全面推行"一网通办""一事联办"，加速政务服务事项向政务服务大厅集中、向"互联网＋政务服务"一体化平台集中。整合企业开办流程，设立企业开办、水电气报装、不动产权证登记等联办专窗，缩短企业审批时长，政府买单为新开办企业免费刻制公章，最大限度降低企业开办成本。优化24小时预约服务，设置"跨省通办""省内通办"及"办不成事"监督投诉窗口，最大限度地"减材料、减环节、减时限"，推动形成"并联审批、融合共享、有效协同"的政务服务新机制，做到一窗通办集成化、全程网办便利化、帮办代办优质化，全面提升政务服务水平。

三 惠企纾困，不断激发市场主体活力

各县市要深入落实省、市稳经济一揽子政策措施，严格执行减税退税、减免房租、缓交费用等惠企纾困政策，全力降低企业综合成本，及时出台针对性贯彻落实一揽子政策具体措施，拿出真金白银刺激消费市场回暖，提升市场活跃度。积极推动"非禁即入"政策落实，执行公平竞争审查常态化，推行审慎包容监管、柔性执法，做到生产经营"零干扰"，为各类市场主体提供公平的竞争环境。以企业满意为第一标准，当好金牌"店小二"、企业"好管家"，设立招商引资项目帮办代办专窗，推行"事前介入、事中帮办、事后跟踪、全程护航"，全过程跟踪服务招商引资项目落地、开工、投产，打造重商、亲商、安商、暖商、富商的发展环境，确保招商引资项目落地生根、茁壮成长。

四 缩小差距,多方发力改善地域之间营商环境不平衡

区域之间的营商环境差距既有客观因素也有主观因素。客观因素是营商环境的优劣和基础条件相关,比如长沙县、醴陵县、邵东市等一些经济比较发达的县域,政府的执法能力、服务水平、财力基础较好。主观因素是一些县域对营商环境优化工作的理解还不够透彻,有时候只关注那些有明确要求的任务,对一些更加重要的、实质性的工作关注度不够,推动力度也欠缺。解决这种不平衡的问题需从两方面努力,一是对于存在差距的县域,要进一步增强对优化营商环境重要性的认识,加大工作力度,建立领导、协调、推进机制;二是要从人力、物力、财力等方面对客观上相对滞后的县域给予支持,帮助他们尽快补齐短板。

五 强化监管,打造公平规范法治环境

始终坚持"法治就是最好的营商环境"理念,充分发挥法治固根本、稳预期、利长远的基础性作用,加快推进法治政府、数字政府一体化建设,坚持以"合法、秩序"为导向,严格履行依法做出的政策承诺和签订的各类合同协议,健全完善投诉、处理、回应机制,依法整治拖欠企业账款、涉企违规收费问题,推动行政执法与刑事司法有效衔接,以政务诚信引领社会诚信。严格落实窗口服务"好差评""服务回访""模拟办事"等机制,强化便民热线办理,着力解决企业和群众生产生活中遇到的难点、堵点、痛点问题,坚决杜绝服务态度差、群众意识淡薄、中梗阻等问题,严肃查处违规审批、吃拿卡要等行为,努力打造群众和企业满意的公平规范法治环境,为推动全县经济社会高质量发展奠定坚实的基础。

第九章

湖南村级集体经济发展研究

发展壮大村级集体经济是乡村振兴的一场重头戏，也是乡村振兴的一块硬骨头。湖南作为农村人口占比超过四成的农业大省和精准扶贫的"首倡之地"，实施乡村振兴的意义更加深远，发展壮大村级集体经济的价值更加重大。对此，本课题组就湖南省村级集体经济发展，在长沙、常德、郴州、怀化4个市州开展实地调研，总结经验、摸清问题、谋实对策，为争创村级集体经济的"全国样板"提供决策参考。

第一节 湖南村级集体经济发展的主要路径

近年来，全省各地坚持自力更生与政策扶持相结合，积极推动村级集体经济发展，"空壳村"和"薄弱村"大幅减少，不少村级集体经济收入实现跨越式增长，发展模式"多点开花"。

一 产业带动之路

产业发展是做大做强农村集体经济的重要抓手。当前，农户与市场有效衔接问题仍是制约农业农村发展的主要瓶颈，发展产业对持续稳定增加农村集体经济收入、激发农村集体经济自身造血功能发挥着不可替代的作用。全省各地立足自身禀赋，盘活经营资产，推动产业链延伸，加快产业融合，带动村级集体经济主动融入产业振兴的良性业态。不少村把加快村级集体经济发展与提升现代农业发展水平相结合，种植高附加值特色农产品，形成种植、观赏、加工、销售一体化的产业链，在促进产业发展中不断增加村级集体经济收入。

二　资源利用之路

用好用活自然资源是农村集体经济发展的突破口之一。特别在经营性资产相对稀缺的约束下，依法合理开发和整合村域内的土地、山水、田园等资源，是增加农村集体经济收入最直接、有效的方式。通过发包、租赁等形式，可以提高农村集体存量资产利用率，实现农村集体资产收益的最大化。一些村通过美丽屋场建设提质农村人居环境，将生态资源转化为旅游资源，开展亲子研学、康养休闲等新型农村旅游项目，把得天独厚的资源优势转化成资源开发收入，大力发展美丽经济，拓展集体经济发展空间，把绿水青山变成"金山银山"。还有一些村利用充裕的自然资源，将土地、水面出租给企业，每年为村集体获取稳定的租金收入。

三　资本引进之路

健全资本多元化投入保障机制是壮大农村集体经济的源头活水。农村集体经济组织的底子薄，必须拓展资金的支持渠道。一些村通过资源、资产租赁或者入股优质企业的方式，引入社会资本来推动村级集体经济发展，既规避风险，又缓解自身资金有限的制约。同时，对一些资源优势大、发展潜力好的项目，支持组建经济实体，建立现代企业管理制度加以落实。特别是有序引导社会资本投入农产品加工、流通及品牌创建，鼓励社会资本采用"集体经济组织＋农民＋合作社＋龙头企业"等方式，实现合作共赢，形成政府、社会资本、农户和新型农业经营主体共同投资农业农村经济社会发展的保障机制，不仅提升了经营管理水平，还带动了群众就业，激发了农村集体经济的动力和活力。

四　组织创新之路

农村集体经济组织不是简单的企业式经济组织，是集体资产管理主体，是具有中国特色的特殊经济组织。农村集体经济组织坚持市场导向，重视经营管理多角色的结合，着力发挥村支两委、集体经济组织带头人的引领作用。许多村注重能人引领、组织带动，积极引导本地能人、外出企业家返乡创业，有效激发基层党组织战斗堡垒和党员干部先锋模范作用。一些村以联营模式与村内经济能人、党员共同发起成立农业专业合作社，发展特色农业。并且，这些村还以新型农民职业培训为载体，加快培养管理骨干、生产能手和技术尖兵，积极发展新党员，实现党建引领集体经济发展、助力乡村振兴的新模式。

五 投资分红之路

由于村级集体经济具有一定公共特性，村级集体经济对投资收益的持续性和稳定性要求更高。整合多方力量，实现利益共享与风险共担的投资分红模式是实现资源变资产、资金变股金、农民变股东的有效途径。通过要素联结、入股参股等方式共享其他市场主体和其他地区的增值收益，不仅避免了可能形成的沉没固定资产，实现了集体经济组织和其他市场主体共同承担经营风险，而且能够满足集体资产保值增值的目标要求。一些村以参股经营的方式，将村级集体经济收入转为经营资本，获取股金、利息，实现集体经济的增值。

六 服务创收之路

利用地缘、组织优势为农民或其他市场主体提供服务并获取收入，是集体经济功能的重要补充，不仅有利于提高村级集体经济收入，而且有利于增强农民的获得感。一些村围绕农业生产、居民生活、产业经营等要素，由村级集体经济组织牵头领办劳务公司等服务实体，将闲散劳动力有效组织起来，为农业生产经营和城乡居民生活提供有偿服务，走出一条依靠服务创收的路子。一些村成立了土地专业合作社，将上千亩土地经营权预流转到村集体合作社，将村集体修建的基础设施作为集体资产并计提一定比例管理费支持集体经济发展。一些村积极探索农村物业管理服务，提供绿化管护、卫生保洁等项目，获得集体收入。

第二节 湖南村级集体经济发展的现实逻辑

农村集体经济实践探索形成的多种发展模式并非偶然，而是存在鲜明的现实逻辑。本节从产业、机制、资金、分配四个方面对现实逻辑进行剖析，有助于深入理解村级集体经济发展的必然性和可行性。

一　突出农旅兴产业

选择适合当地发展的产业是农村集体经济做大做强的前提。立足自身禀赋条件，因地制宜选取具有比较优势的产业，并突出产业链的横向拓展和纵向延伸，是产业带动村级集体经济发展的关键。一是做优现代农业产业。依托区位优势和资源优势，持续推进农业发展的规模和质量。加强与科研团队的深度合作，加快现代农业产业园建设，推动农产品品牌打造。二是做深新兴农业产业。在完善传统产业的同时，尝试引进新型品种，打造产业振兴的新增长极，探索形成种植、观光、加工、销售一体化的产业链，农业产业化水平不断提升。三是做大农旅融合发展。整合旅游资源，结合"一村一品"布点建设美丽宜居村庄，积极推动文化旅游和现代农业融合发展，推行订单农业、农耕体验、果蔬采摘等新业态，为村集体经济壮大和村民致富提供了源源不竭的动力源泉。

二　规范管理优机制

优化村级集体资产的制度架构、扫清村集体经济发展的体制机制障碍，是村级集体经济畅通运行的基础。一是集中清理规范村级经济合同。全面清理规范集体农地、林地、果园、水面等资产资源的承包合同。对签订程序不到位、条款不合法的承包合同，结合实情，依法进行解除。对已经到期的承包合同，按现行标准，严格按照"四议两公开"工作法进行民主决策，并报上级政府批准后，采取公开竞价方式进行重新发包。对虽未到期但承包方不按规定缴纳承包费的承包合同，依法解除，收回承包经营权，追缴拖欠的承包费用。对长期侵占、无偿使用村集体资产的，依法收回。二是集中清理村集体资金、资产、资源。对村级集体的资金、资产、资源全面清查，摸清底数。清查结束后逐一建立台账，向群众公示，并报有关部门备案。加强"村财乡管"工作，严格财务管理，村级组织不得为外单位和个人提供任何经济担保处置，防止发生新的不良债务。三是加大集体资产综合利用。组织村（社区）专业人士成立土地合作社，由土地合作社负责流转土地，界定集体经济组织成员，建立土地"三权"分置机制。通过全面清查集体土地等资源、资产，按照"盘活要素、开发资源、增加收益"的原则，通过依法出租、承包、股份合作等形式，实现集体存量资产增值。

三 多方合力引资金

发展农村集体经济最直接、现实的问题是资金从何而来。资金来源问题解决不了或解决不好，村级集体经济就难以发展壮大。积极拓展多重资金渠道，是推动村级集体经济发展的重要保障。一是用好自有资金。随着村集体产权制度改革的深入，一些村通过盘活闲置资产资源和村级自筹实现了村级集体经济的资金内部积累。尽管体量存在差异，但充分利用好这部分村级集体经济资金，对推动村级集体经济发展具有基础作用。二是整合财政资金。在坚持农业农村优先发展的背景下，各级财政拨款形成的资金池成为村级集体经济发展的重要保障。特别是依托"十四五"巩固拓展脱贫攻坚成果同乡村振兴有效衔接的政策机遇，对村级集体经济发展注入了专项资金。三是撬动社会资本。一些村积极与企业展开合作，依托"合作社+农户"模式，形成连片式种植基地，鼓励更多村民将土地流转出来，加入合作社，形成规模化经营，一定程度上弥补了村集体资金不足的问题。

四 收益分配惠村民

科学合理地管理分配收益，是促进村级集体经济健康发展的关键，也是农村集体经济组织性质的根本体现。一是优先用于村级公益事业。由于村级公益事业和农民生产生活直接相关，受益面广，具有一定的公益性和公共性，因此村级集体经济收益的较大部分用于村级公益事业，对美丽宜居村庄建设等乡村振兴标志性项目给予支持，体现共同富裕的目标。二是持续用于产业扩大再生产。集体经济收益既要发展公益事业，也要推动农民群众增收致富。考虑到农业具有较长的周期性，一些村坚持每年将村集体经济收益的一部分用于农业扩大再生产，增强村级集体经济持续健康发展动能。三是保障用于低收入人群分红。巩固脱贫攻坚成果，保障不发生规模性返贫仍是未来一段时期的政策底线。为了实现这一目标，一些村将村级集体经济收入的一部分用于低收入人群帮扶，让经济发展惠及到最困难的群众，保证村级集体经济发展中不出现群众掉队的情况。

第三节　湖南村级集体经济发展的主要问题

近年来，湖南省各地把发展壮大村级集体经济作为夯实基层基础、加快农村经济社会发展的重要工作，坚持自力更生与政策扶持相结合，村级集体经济得到长足发展，基层组织为群众办实事、办好事的能力不断增强，农村基层组织的战斗力、凝聚力、号召力不断提升。但是，当前农村集体经济总体水平依然不高，难以满足乡村振兴和农业农村现代化的现实需要。

一　经营性收入比例有待更高

经营性收入占比是衡量农村集体经济发展"含金量"的重要指标。近年来，村集体经济"空壳村"和"薄弱村"大幅减少，但是经营性收入在集体经济收入中的占比依然不高。一是经营性收入存在较大提升空间。2021年长沙市某镇全部村（社区）的集体经济经营性收入都超过5万元，但是有33.3%的村（社区）经营性收入低于6万元。地处省会长沙的乡镇尚且如此，其他地区的情况难以乐观。二是间接和直接的生产经营性收益较少。调研发现，一些村的经营性收入主要来源于发包及上交收入，这也是绝大多数农村集体经济收入的主要形式。由于缺乏可盘活的资产资源，村集体难以拓展其他经营性收入。三是短期非经营性收入的规模和比例较大。调研发现，不少村的集体经济收入主要由土地增减挂收入、村集体设施拆迁补偿款、资产处置收入等非经营性收入构成，有些村的土地增减挂收入达到100万元以上，而这些收入都不是可持续性收入。

二　村级集体经济管理团队有待更专

由于农村集体组织的特殊性，村干部等人才队伍在村级集体经济发展中承担了多重角色。但随着产业发展的深入，湖南村级集体经济人才队伍建设存在明显滞后的现象。一方面，经营管理水平难以满足现实需要。市场发展日新月异，新产业、新业态、新商业模式层出不穷，对经营管理者提出了更高要求。比如，一些村提出要创新发展"开心农场"、特色农产品加工等集体经济项目，但是大部分村干部不具备相应的专业素养，造成敢想难做的尴尬局面。另一方面，返乡创业人才队伍有限。农业产业投资回报期长、风险高、利润低，同时乡村振兴人才引进机制尚待完善，在一定程度上制约了本地能人、外出企业家返乡回流，专业人才队伍的质量和成色难以彻底解决村级集体经济发展的关键问题。

三　项目落地的土地保障有待更实

相较于人才和资本，土地是更刚性约束的生产要素。种植业发展、产业项目建设高度依赖于土地保障。随着要素的深度交互，土地资源已经成为制约农村集体经济发展壮大的主要瓶颈。一方面，土地资源细碎化。一些地区山田水土分散，导致土地利用率低。有些村落还有一些可利用的集体土地，但是分布比较分散，难以形成规模化利用，土地利用水平有待提升。另一方面，村集体建设用地缺乏。在扛牢保障粮食安全的重大责任下，中央落实最严格的耕地保护制度，坚决遏制耕地"非农化"和防止耕地"非粮化"，留给非农产业发展的空间不多，而由于历史局限性，不少村落没有储备足够的村集体建设用地，一些村集体产业发展项目面临无地落实的局面。

四　农户参与集体经济的程度有待更深

村级集体经济是衔接农户与现代农业发展、实现共建共享的关键。然而，有些村级集体经济就是少数几个人在运营管理，农户尚未广泛、深度参与。一是村级集体经济的经营实体不足，农民不易参与。利用合作社、企业等形式有利于直接带动农户参与村级集体经济发展，推动农户勤劳致富。但是，有些村级集体经济就是将集体资产进行转让或出租，即使农户希望深入参与集体经济，也没有实体依托。二是农户与村级集体经济的利益联结不够紧密。目前，分红机制相对比较完善，但是农户参与集体经济运营并领取报酬的利益联结机制还有待完善，尤其是村级集体经济与脱贫户的利益联结亟须加强。三是对村级集体经济带头人的激励机制尚待健全。在市场经济环境下，壮大村级集体经济的难度较大。没干好，会有村民议论是非；干好了，村干部从中获取的经济收益也相对有限。一些村干部往往求稳，以规避集体资产流失责任和市场风险，不敢在推动村级集体经济发展方面开拓创新。

五 村级集体经济的产业基础有待更强

近年来，湖南省许多村落加快产业融合，乡村旅游和休闲观光农业得到较快发展，但是相当一部分村的主导产业依然是农业，农业发展质量不高制约了村级集体经济的发展壮大。一方面农产品生产亟须提质。目前，以农业为主导的村落以农产品种植和养殖为主，总体上受自然条件影响较大，抗风险能力较弱，农产品品牌和加工业的发展潜力尚未充分挖掘。另一方面农旅结合亟须升级。一些村落的旅游景点已经具有一定的知名度，不少游客慕名前来，但是往往就是"一日游"，过夜客和回头客不多，让游客回味和驻足的农旅服务不足。

六 村级集体经济的金融支持有待更畅

2016—2021年湖南省农民可支配收入年均增长8.8%，高于全国平均水平2.2个百分点，但基础薄弱，目前尚谈不上富裕，村级集体经济的村民融资难度较大，仅依靠财政资金难以满足发展壮大的需要，而外部融资又存在着诸多问题。一是风险防范机制不健全。农业生产受天气、病虫害等外生因素影响，面临较大不确定性。在农业保险、信用体系和信用担保机制尚不健全的情况下，商业金融机构对加大农村金融支持心有余悸。二是有效抵押物不足。农村土地和宅基地虽然具有一定的流转价值，但是价格低廉，而且农村土地和宅基地是农民安身立命的核心财产，强制处置将面临巨大困难，难以成为商业金融机构一致认可的有效抵押物。三是金融服务体系不合理。农村信用社、邮政储蓄等金融机构已经实现了农村地区的全面覆盖，更适宜深入开展农村金融。但是这些金融机构从农村获得大量存款的同时，向农村发放的贷款相对偏少。

第四节 湖南推进村级集体经济创新发展的对策建议

习近平总书记指出，"发展新型集体经济，走共同富裕道路"。要破解湖南村级集体经济发展的难点痛点，就必须在健全组织管理、完善分配协作、优化收入来源、增强要素保障、创新跨区域合作等方面闯出新路子，加快推动村级集体经济发展壮大。

一 强化引领，充分发挥党组织和能人的带头作用

加强发挥农村基层党组织功能、促进村级集体经济创新发展是实现乡村振兴的必由之路。农村基层党组织要做好对经济工作的引领，坚持以经济建设为中心，帮助选派产业能人，加快推动村级集体经济发展壮大。一是加强村党支部的组织领导。村党支部要向村级集体经济组织宣传贯彻落实党中央及地方党委和政府制定的各种战略部署与决定，领导、协调村委会和集体经济组织，按照职责分工原则开展工作，选拔合适的年轻能人进入村级集体经济组织领导班子。二是推动集体产业从"各自为阵"向"联合作战"转变。充分发挥农村基层党组织的政治功能和组织优势，站在全局视角，把党员、群众组织起来，有效统筹各类资源、资产、资金，构建服务链，做强产业链。三是发挥能人引领的巨大作用。结合基层党组织建设，注重从驻村干部、农村致富能手、乡土人才、返乡退伍军人、大学生村官中，发现和培养一批"能人"进入村级集体经济组织。

二 完善管理，健全农村集体经济组织的治理机制

推动治理机制优化升级是深化村级集体经济创新发展的组织保障。一是形成多样化村级集体经济组织发展模式。立足紧密的利益联结机制，把人才、资金、土地有机结合起来，建立土地股份合作制、成员股份合作制等"集体经济＋其他"的混合所有制方式，构建满足不同情况的村级集体经济组织。二是搭建团队式管理组织结构。秉承"管理就是服务"理念，对村级集体经济组织建立团队式管理服务体系，为家庭农场、农民专业合作社、股份经济合作社等农业经营主体提供各种服务活动，促使其更好地融入现代农业产业链。三是建立健全日常考核机制。将村级集体经济发展列入党建考核、乡镇目标管理考核、乡镇党委书记抓党建述职评议考核的重要内容。将村级集体经济发展成效，作为选拔优秀村党组织书记享受乡镇副科级待遇的硬性指标和选拔优秀干部进入乡镇领导班子的重要依据。将村干部年终绩效考核与村级集体经济发展情况

挂钩。

三 共建共享，健全村级集体经济活动的收益分配

村级集体经济是农民利益联结、长远共同富裕的重要物质基础，既要充分调动村干部和带头人的积极性，也要注重加强农户与村级集体经济的利益联结。一是明确村集体经营收益归村集体所有。收益分配由村级集体经济组织大会议定，严格按照章程进行管理。村级集体经济经营性纯收入留存一部分作为发展金，用于扩大再生产、偿还债务；可列支一部分作为公积金，用于村内公共基础设施建设、村容村貌整治、环境卫生整治等；可提取一部分作为公益金，用于表彰先进、文化、福利事业和生活上的互助互济。二是探索设立村级集体经济发展奖励。每年可提取村级集体经济收益的少部分，在征得村民同意的前提下，奖励给村级集体经济带头人及领导班子，为助推村级集体经济发展增添新动能，激发新活力。三是推动农户深入参与村级集体经济活动。通过"村集体经济＋公司＋农户"等模式，采取合作、联营、入股等方式推动村民，尤其是脱贫户深入参与项目开发建设、生产经营，让村民持续分享村级集体经济发展壮大的成果。

四 互助互益，深化农村集体经济组织与合作社协作

村级集体经济组织与农民专业合作社具有互助、益贫等共同价值基础，在巩固拓展脱贫攻坚成果同乡村振兴有效衔接中具有很强的功能互补性。一是增强两者资金协作。对于农村集体经济组织与合作社共同开发的项目，农村集体经济组织的资金重点承担基础设施建设、固定资产投资，农民专业合作社的资金则主要用于流动资金，既能在较大程度上保障集体资产的安全性和可核查性，又能较大程度改善农民专业合作社的生产经营条件，增强市场竞争力。二是深化两者组织协调。农村集体经济组织可向合作社派出监事会成员或财会人员，推动农民专业合作社规范化运行，加强与普通社员、入社脱贫户的利益联系，增强村民、脱贫户对农民专业合作社的信任。三是探索两者股份合作。稳步探索农村集体经济组织将获取的财政资金入股到农民专业合作社的实施办法，既能解决农村集体经济组织市场风险承担能力偏弱、专业水平不高等问题，

又能解决农民专业合作社自身经济实力弱、获取财政资金支持难等问题。

五 因地制宜，科学谋划农村集体经济的发展路径

坚持市场导向，探索适合当地村级集体经济发展壮大的路径。一是依据自身禀赋夯实产业基础。立足各村资源禀赋、区位条件和产业基础，科学谋划各村特色农产品，形成产业融合全镇或者全县"一盘棋"的格局。各村集体经济以特色农产品为重点，充分发挥村集体的整合功能，为村民生产经营融入产业链、供应链和价值链创造条件，实现特色农产品生产、加工、销售的一体化，促进特色农产品品牌化发展。加强现代农业与休闲旅游结合，提高旅客度假服务能力和品质，形成观光与种养体验、住宿餐饮相结合的"一条龙"服务。把休闲农业与美丽乡村结合起来，打造"旅游景区+特色村"模式，推进农业现代化与田园景观旅游化。二是盘活用活村级集体资源资产。合理开发自然资源，盘活利用闲置宅基地、农房和校舍，让土地、山林、水面集中连片流转，发展休闲度假、民俗体验、电子商务等新产业新业态，合理投资小水电和光伏电站。三是着力做好服务配套。根据当地产业发展需要，探索利用集体土地资源建设职工宿舍、厂房、商店等设施，提高物业档次，以出租经营的方式增加村级集体经济收入。牵头创建有偿的、完整的产业服务链条，主要包括仓储物流、农业技术推广、劳务承包、生产生活和基础设施维修管理等服务。四是促进生态资源转化为经济价值。在进一步拓展农村绿色发展空间的同时，运用集体经济组织与市场主体合作的经营模式，培育发展以良好生态环境为基础的生态农业、养生养老、家庭农场等生态经济，打造高品质生活场景、新经济消费场景。

六 精准施策，补齐农村集体经济发展壮大的人才短板

市场环境纷繁复杂，技术变革日新月异，要瞄准当前乡村振兴最急需紧缺的人才，加强农村集体经济发展壮大的人才支撑。一是实施素质提升工程。组织现代农业、信息技术、旅游开发、经营管理等领域的专家，定期深入农村开展集体经济运营培训，广泛动员年轻人才参加培训。利用互联网、手机客户端等平台载体，积极开展线上技能培训。二是开展带头人专业培训。有计划有目的地组织村级集体经济带头人到农村集

体经济发展突出的地方考察学习。通过举办各种科技培训班等形式，提高合作社法人和带头人经营管理水平和科技素质。三是扎实开展返乡创业工作。积极引导和鼓励具有经营管理经验或者专业技术的家乡英才返乡帮助发展村级集体经济，并且把一些政治素质高、发展眼光强、有志返乡创业的在外务工经商人员请回来，借助他们的先进发展理念和经营才能，努力实现富民强村。四是精准引进专业团队。瞄准农产品加工、农旅融合等现实需求，以政府牵线搭桥和直接购买市场化服务等方式，吸引各类专业技术和经营管理人才对村级集体经济项目进行谋划运作。五是搭建农村集体经济专业人才服务平台。依托各地就业创业服务平台，开设农村集体经济专业人才招聘专栏，加强专业人才的供需对接。

七 双管齐下，着力缓解农村集体经济发展的土地制约

土地是集体经济产业化、资产化发展的基础。要以尊重历史和兼顾现实为原则，提升各村土地利用效率，缓解农村建设用地不足的问题。一方面，加强农村闲置土地综合整治。进一步加大农村闲置集体建设用地、闲置宅基地、村庄空闲地、厂矿废弃地等综合治理力度，把闲置的、低效的农村集体资产资源挖出来、拎上来、统起来，与项目建设和农村产业发展有效衔接。通过"增减挂钩""调整置换"等方式，将农村荒片收归集体进行复耕，用于置换建设用地指标。另一方面，把握农村集体经营性建设用地入市改革契机。对接市场主体用地需求，稳妥推进农村集体经营性建设用地以优先股的方式参与产业项目。探索支持利用集体建设用地按照规划建设租赁住房，形成村级集体经济的新资产。

八 多措并举，切实弥补农村集体经济的金融服务短板

金融是农村集体经济发展壮大不可或缺的要素，影响着农村集体经济的发展质量。一是加快农村信用体系建设。积极发挥地方政府、人民银行县级支行在农村信用体系建设中的关键作用，切实开展农户信用评级，直接面对农户进行具体操作，建立并完善农户信用档案。二是健全金融机构支持农村集体经济发展的奖励和优惠。完善金融机构参与农村金融的奖励制度，制定一套科学合理的税收优惠政策，降低金融机构参与农村金融的成本负担，引导大量的金融资金进入农村信贷市场。三是

优化农村集体经济的金融供给体系。适当提高农村商业银行、邮政储蓄和农村信用社支持农村集体经济发展的信贷比例，引导农业政策性金融机构加大对农业规模经营、高标准农田建设、经营性建设用地入市和乡村产业发展等方面的支持力度。

九 互补互利，积极探索农村集体经济跨区域合作

打破地域界限和要素流动障碍，做到全域优化布局、全域整合资源、全域整体收益。一方面探索"飞地抱团"的农村集体经济发展模式。以"县域统筹、跨村发展、股份经营、保底分红"为原则，采用"土地＋资金""强村＋弱村"模式，通过增减挂钩节余指标交易，解决强村的土地制约问题，通过土地指标入股，解决弱村的资金和产业发展不足问题。另一方面搭建农村集体公共资源交易平台。依托各市公共资源交易中心，按照"统一交易系统、统一交易规则、统一交易流程"的"三统一"原则，进行全流程线上操作和办理，解决当前农村集体资产资源管理中存在的交易不规范、流转不顺畅、利用率较低等问题。

第 十 章

县域经济特色产业强县典型案例

湖南省县域经济经过多年的精心培育，形成了一批"一县一特色"的特色产业强县，不少产业已经位列全国前列。考虑到县域经济特色产业强县（市、区）发展的典型性，本章选取常德的津市市和汉寿县、岳阳市的临湘市、株洲市的醴陵市、湘潭市的湘乡市、益阳市的安化县和邵阳市的新宁县进行案例分析。

第一节 津市市县域经济高质量发展情况

一 县域及其园区基本情况

津市地处湘北，依澧水而生，傍津设市而名，历史上是一座知名的码头商埠城市和重要的轻工业城市。现辖4个镇、5个街道和1个省级高新区，总面积558平方千米，人口28万人。先后获评国家卫生城市、全国平安县市、全国营商环境质量十佳县市、省级文明城市等称号。2021年综治民调排名全省第一，连续18年评为全省平安县市。津市是一座工业之城。津市因工业而兴，20世纪70年代就形成了较为齐全的轻工业门类。现有规上工业企业150家，其中高新技术企业39家，形成了以生物医药为主导、精细化工为特色的"一主一特"产业体系。是中联重科的车桥产业生产基地，全国最大的酶制剂生产和出口基地、全国最大的甾体原料药和医药中间体出口基地。津市是一座创新之城，是全国新时代文明实践中心试点县市、全国乡村治理体系建设试点县市、全国水系连通与农村水系综合整治试点县市。获评全国科技进步先进县市、湖南省科技成果转移转化示范县、湖南省可持续发展实验区、湖南省知识产权强县。津市是一座水运之城。津市港是澧水流域枢纽港,省内六大良港之一,拥有澧水流域唯一的县级公共保税仓和海关工作站。正与深圳盐田港集团合作,加快打造全国内河港口运营标杆。津市是一座文化之城。是孟姜女传说发源地、车胤故里,"孟姜女哭长城""车胤囊萤照读"故事分别为国家、省级非物质文化遗产。国保单位虎爪山旧石器遗址是迄今为止发现的湖南最早人类活动遗迹。国保单位红二军团指挥部旧址是湘鄂川黔革命根据地的发源地之一。境内毛里湖是湖南省最大的溪水湖、全国22个重点国家湿地公园之一。津市是一座城乡融合之城。先后实施和完成了规划、供水、环卫、公共服务等多个一体化建设,城镇化率达67.2%。是全国村庄清洁行动先进县市,湖南省首批生态文明建设示范县市。2021年度促进乡村产业振兴、改善农村人居环境等乡村振兴重点工作获评国务院真抓实干督查激励。

津市高新区于2005年启动建设,园区规划面积18.96平方千米,建成面积近9平方千米,现有规上企业148家。先后获批为省级生物医药新型工业化产业示范基地、国家火炬津市生物酶制剂及应用特色产业基地、国家级科技企业孵化器、湖南省(津市)生物医药特色产业园、湖南省首批化工园区、常德市生物医药与健康食品产业园。2021年完成规模工业产值354.1亿元,同比增长8.1%。

二 主要措施和重要举措

1. 精准施策,久久为功抓产业。紧紧围绕生物医药、精细化工和装备制造等主特产业,不断延链补链强链,推动加快构建创新型产业集群和产业生态,推动产业优势变发展胜势。2022年1—9月,津市园区规模工业企业完成产值245.89亿元,同比增长9%;完成固定资产投资51.53亿元,同比增长59.78%。一是做强生物医药产业。依托全省唯一的省级生物医药特色产业园,紧盯酶制剂、甾体药物、医疗器械、植物提取四大板块,抢占生物医药产业发展新高地。以溢多利系为龙头,加速酶制剂迭代升级,着力打造全国最大的酶制剂生产出口基地。打通成品药生产关键环节,引进大型药企,打造全国最大的甾体药物生产基地。抢抓注册人制度试点机遇,进军医疗器械领域,正打造全国最大的区域医疗器械生产基地。孵化引进植物提取高新企业,打造高端植物提取制造中心，建设技术工艺最新的植物提取替代抗生素基地。未来五年，生物医药企业规模有望扩大到50家，产值突破200亿元。二是做大精细化工产业。紧盯国内国际双循环发展大趋势，抢抓沿海产业转移政策机遇，超前谋划，确定精细化工为特色产业，抢先布局化工中间体、高分子材料等领域，入驻"专精特新"的化工类龙头企业9家、签约7家、排队比选20家，成为全省首批十个省级化工园区之一。2022年9月顺利通过省级复核，成为全省仅有的4家C级化工园区之一。聘请中国石油和化学工业规划院，依据国土空间规划及国家"双碳""双控"要求，编制中长期产业发展规划和总体发展规划、化工行业安全规划。与中国化学工程集团合作共建，正努力打造名副其实的安全绿色化工专业园区。三是做优装备制造产业。充分发挥国内三吨级车桥产销规模最大、品种最多的专业化生产基地，汽车车桥总成产销量位居国内车桥行业前列的优势，推进商用桥和工程桥分立发展，形成"两桥"并进格局。着力推进工程机械及配套件产业发展，打造车桥全产业链。目前，中联重科投资10亿元的工程车桥智能制造项目和投资1.3亿元的商用桥扩产项目已开工建设，正向着打造世界一流、国内领先的自动化、智能化的车桥生产基地迈进。

2. 科技赋能，持之以恒促创新。始终着眼未来，狠抓技术迭代升级，持续推动产业提质转型。一是坚持加大投入。财政科技支出增速保持在10%以上，2022年1—6月财政科技支出达到4151万元，同比增长15.02%，排名常德第1。鼓励引导园区企业加强科技研发，年兑现各类创新奖补资金达到2000万元。全社会研发投入占GDP比重达3.69%，其中高新区企业贡献率在75%以上。发明专利保有量达到221件，园区企业占比达到83%；万人专利拥有量达10.48件，园区规上企业平均达到1.4件。高新技术产业增加值占GDP比重保持在20%以上。二是搭建科创平台。充分发挥湖南科技成果转移转化示范县优势，围绕主导产业发展需求，全力搭建各类科技平台，努力将新技术新成果转化为现实生产力和发展力。建成省级新型研发机构1个、省级以上研发平台20个，打造省级科技企业孵化器、省级星创天地、省级众创空间各1家。成功举办"中国酶制剂工业发展高端学术论坛""智汇洞庭·科创常德"津市专场等活动，承办2022年湖南省创新创业大赛颠覆性技术创新大赛。三是建强孵化平台。把孵化器当助推器，推动项目从"小树苗"成长为"参天树"。与湖南海路生物科技合作，建立微生态健康产业园，建成集"注册认证、委托生产、营销推广、科技创新"为一体的医疗器械 CDMO 基地，已注册企业 113 家，医疗器械一二类产品注册增速连续两年排名全国第 1，预计三年内可形成 20 亿元以上产业规模。同时，成立常德市市监局驻湖南微生态健康产业园服务站，为医疗器械产品注册开辟绿色通道，与广州壹链网等医疗器械采购平台合作，打通线上线下销售渠道。四是加强技术攻关。强化企业主体地位，拥有高新技术企业 31 家。支持鼓励企业加强技术攻关，助力企业突破"卡脖子"难题。甾体化合物高效生物合成菌种创建及产业化关键技术、退役磷酸铁锂电池分选与正极材料高值化利用关键技术等 5 项技术国际一流，植物甾醇法生产醋酸氢化可的松新工艺、倍他米松中间体或其类似物制备方法、孕激素关键中间体高效环保制备技术、甾体激素药物中间体高效环保制备技术、合成生物学技术和全地面起重机车桥技术等 10 多项技术国内领先。五是推动成果转化。全力牵线搭桥，加强与浙江大学、中南大学、大连理工大学等 35 所高校的战略合作，与江南大学、华东理工大学等建立联合实验室、协同创新中心，形成了产学研合作联盟，实施产学研合作 57 项、落地优质项目 13 个。引航生物、醇健制药先后荣获中国创新创业大赛优秀奖，2 项科技研发项目纳入省"5 个 100"重大科技创新项目库。

3. 要素保障，坚持不懈降成本。生产生活成本是园区最核心的承载力，是企业落不落户、投不投资、发展好不好的关键。一是着力降低交通物流成本，加强港口建设。坚持以港兴园、以园促港，与国内顶尖港口运营专业团队深圳盐田港集团战略合作，共同将津市港打造成为全国内河运营标杆。自 2019 年 6 月开港以来，累计完成吞吐量 14996 标箱、760 万吨。2022 年 1—9 月，完成吞吐量 4685 标箱、170.75 万吨，位居常德第 1。目前投资 0.65 亿元的津市港二期现已完成水域工程，陆域部分通过立项，即将启动建设，预计 2023 年港口年吞吐量将突破 1000 万吨。同时，全力推进"水铁公"多式联运，同步启动三期规划和海关监管场所申报，加快临港物流园项目和疏港铁路规划建设，争取松虎航道尽早疏浚，津市港将成为全省对接长江经济带的第二桥头堡、湘西北地区最便捷的交通物流枢纽。二是着力降低生产成本，加强功能配套。聚焦产业特色最鲜明、要素成本最低廉的园区定位，突出抓好"十大配套"，正围绕产业细分领域、产业人才政策、产业工人培养、冷凝水处理、污水处理、固废处理、化工园区雨水处理、蒸汽价格、电网建设、交通物流 10 个方面精准发力，加快构建完备产业生态。按照拎包入驻标准，建成标准化厂房 21 万平方米。完成蒸汽管网、双回路供电系统、宁能热电联产等基础设施建设，实现水电气直供。提升工业污水处理厂、固废处理中心等功能水平，根本性解决企业环保成本高难题。创新创业园正式运营，为员工实训、人力资源管理、创新创业提供便捷服务。与中通公司合作，三公斤以下快递成本将至每单 2 元，常德最低。三是着力降低融资成本，加强金融扶持。建立政府、企业、金融机构高效沟通渠道，与常德 10 多家金融机构深度合作，率先实施知识产权质押试点、政银担贷等金融创新，2022 年 1—9 月工业贷款净投放 9.6 亿元，同比增长 29%，金融机构存贷比 70.03%，位居常德第 3。与中金资本、越秀金控、东方富海等国内头部机构合作，参股设立产业基金 8 支，总规模 46.54 亿元，投资产业项目 53 个，投资总额 16 亿元，成功引进引航生物、慕恩生物等一批优质资源，所投项目当前综合估值增长至 2.8 倍。

4. 项目为王，全力以赴增后劲。项目是园区发展的前提基础，也是县域经济的最强后盾。一是狠抓项目引进。创新招商发展，坚持领导带头，精准实施以商招商、基金招商、科技招商，2022 年 1—9 月，新引进 5000 万元以上项目 28 个，协议引资 83.38 亿元，较 2021 年加快 16 个百分点；其中，亿元以上项目 26 个，同比增长 130%。新注册"德（湘）商回归"企业 8 个，完成全年目标任务的 400%。"德（湘）商回归"项目实际到位资金额 28.8 亿元，超全年目标任务的 188%。二是狠抓项目推进。项目进度是影响发展速度的关键，只有项目落地快、进度快、见效快，才能确保经济稳得住、不失速。坚持一个项目、一套班子、一套方案、一张竣工时间表、一抓到底，实行日调度、周点评、月观摩、季总结、年考核，以"抢晴天、战雨天、点起灯泡当白天""机器设备不哑口，施工现场不断人，24 小时安全作业"的要求，倒逼领导定期巡现场、干部天天下工地、形象日日有变化。新开工利尔生物、德虹制药等重点项目 24 个，新投产渔经生物、汇海农牧等重点项目 14 个。目前，总投资 109.63 亿元、总占地 2850.5 亩的 26 个园区重点项目正加快推进，总体投资进度超计划要求16.2个百分点。三是狠抓项目服务。推行项目流程管理制度,将项目落地工作分解为23道流程,逐一明确办结时限、具体责任人和资料清单,确保项目开工前总用时控制在100个工作日以内。加强"双面清单"管理,正面清单推广项目建设的好经验好做法,负面清单通报项目建设的困难问题,限期整改销号。坚持服务项目零距离,全程绿灯、最短时间解决项目核准、规划用地、施工报批等问题,做到解决项目建设问题随叫随到、必办快办。

三 主要经验启示

1. 敢于拉圈建群。县域发展和园区发展,埋头发展、独自发展也许走得快一些,但抱团发展、携手发展才能走得更轻松、走得更远。为此,要大胆走出去交朋友,不断"拉圈建群",扩大朋友圈。我们坚持实施"五大"对接,依托中联重科对接长株潭,依托津市港对接长江经济带;依托盐田港、溢多利、越秀金控对接粤港澳大湾区,依托宁能热电、经世新材料、江南大学对接长三角,依托中关村智造大街、环丁联盟对接京津冀,不断深化区域合作、产业协作,把视野放到开放最前沿,让发展融入最发达地区。得益于此,近年来,先后与盐田港、溢多利、中联建立战略合作伙伴关系,启动实施了多个10亿元以上的重大产业项目。

2. 敢于对接优质资源。优质资源是稀缺资源,也是"走出去"的"延伸桥""请进来"的"红娘月老"。津市树牢争当第一、超越第一、与第一合作的原则,积极主动对接优质资源、扩大优质资源。目前,优质资源个数已经由3年前40个扩大到近200个。同时,坚持通过优质资源引技引才、深挖项目。如在科技创新上,在全省率先成立由11名院士、22位专家组成的县域院士专家咨询委员会,近两年先后有彭孝军院士、柴立元院士、陈晓红院士等50位院士专家来津考察调研,累计评审把关重大项目44个,促成项目落地13个,跟踪在谈项目10个,引培博士、硕士、高管等高端人才65人。如在招商引资上,坚持"问行业内最好的企业是谁、问行业内最好的资源在哪里、问领域内最好的科研机构是谁、问领域内最好的专家团队在哪里"的"新四问",对接上了全国食品科学与工程排名第一的江南大学及陈坚院士,找到了化工领域全国最知名最专业的设计建设运营商中国化学工程集团,引进了全国单体港口吞吐量排名第一的深圳盐田港集团、亚洲最大的生物酶制剂生产出口企业药溢多利集团，借力依靠溢多利集团又引进了广域化学、宁能热电，依托常德财鑫引进了越秀金控、中金资本等，借助中联车桥实现了与中联重科的进一步战略合作等。

3. 敢于打造最优环境。营商环境是县域发展的软实力，更是县域发展的硬招牌、金名片。津市始终把优化营商环境作为"生命线工程"来抓，从上到下形成了"厚待投资者、尊重企业家、服务纳税人"的强大共识。推进放管服改革和"一件事一次办"改革，依申请事项审批材料、审批环节、审批时限压减60%以上。坚持全面取消涉企执法单位非税任务，从源动力上彻底解决乱作为问题；对经济部门二级机构开展优化经济环境测评，着力解决"大门好进、小鬼难缠"的问题；在涉企执法上推行"一查二劝三改四罚五公开"工作机制，将工作重心从处罚前移到指导和劝导。坚持推动"送温暖、解难题、优服务"行动常态化、长效化，由30名处级领导、116家部门、136名干部对口帮扶270家企业，率先在全省开展"湖南营商码"试点，为企业"云保驾"，仅2022年就帮助企业解决实际问题235个。坚决落实惠企政策，按照"应享尽享、免申即享"原则，全面落实国务院稳经济33条、省"1+8"系列措施及常德市100条措施等政策，2022年1—9月为企业兑现落实组合式税费优惠3.3亿元。良好的环境，也激发了市场的活跃度，今年1—9月净增市场主体4270户，同比增长185.65%；其中企业1020户，同比增长168.32%。2020年获评全国营商环境质量十佳县市，2020年、2021年营商环境工作连续两年获评湖南省政府真抓实干督查激励。2022年4月和6月，优化营商环境工作经验先后被国家发改委《财经界杂志》、湖南省委《新湘评论》刊登推介。

第二节　临湘市县域经济高质量发展情况

一　市域基本情况

临湘市位于湘鄂交界处，长江中下游南岸，素称"湘北门户"。市域总面积1760平方千米，辖10镇4街道，总人口54万人。临湘境内"一江东流、两省交界、六线贯通"，拥有38.5千米长江岸线，是长江经济带上的重要口岸；地处湘鄂两省交界处，与湖北五县（市）毗邻；京广铁路、京广高铁、浩吉铁路、京港澳高速、杭瑞高速、L07国道六条"国字号"交通大动脉穿境而过，是全省重要交通节点县市。临湘市被誉为"中国浮标之乡""竹器之乡""茶叶之乡""鱼米之乡""有色金属之乡"。浮标特色小镇被列为湖南省第一批产镇融合示范镇、第三批湖湘风情文化旅游小镇，获评中国最具特色休闲垂钓产业园区、国家体育产业示范基地、全国休闲渔业示范基地、全国优选体育产业项目、省级工业旅游示范点。

二 特色产业主要成绩与举措

近年来，临湘市认真贯彻落实国家、省、岳阳市产城融合、特色园区发展的决策部署，坚持政府指导、市场化运作思路，坚定不移推进产业、产城、产文融合，生产、生活、生态兼备的产业发展模式，全力打造中国浮标特色小镇，着力推进全产业链完整发展和融合发展，构建行业优质企业梯度培育体系，打造大中小企业融通发展生态圈。目前，全市共有钓具（浮标）生产、商贸流通企业1400多家，电商主体500余家，年生产浮标1.5亿支，系列台钓、海钓、智能、碳纤浮标达3000多种，钓具（浮标）产业链总产值超35亿元，台钓浮标产品占有全国市场80%的份额，远销东南亚、欧美等20多个国家和地区，产业"顶流"名副其实。

（一）以融合为立足点，全面促进浮标产业集群

围绕"中国钓具第一市""中国游钓旅游第一城"和"中南部钓具装备集散地"的发展目标，临湘市在城区南郊规划5.6平方千米，建设浮标特色小镇，分生产区、商贸区、游钓区三区规划建设，投入9.67亿元建设园区基础配套设施，园区生产企业投入11亿元建设厂房、购买设备，大力拉伸钓具产业链，带动第一、第二、第三产业融合发展。一是生产区集群化。建设钓具休闲运动产业园，搭建特色产业发展平台。在三湾生产区布局1000亩钓具产业园，建成15万平方米浮标生产标准化厂房，以及7万平方米钓具电商物流园和12万平方米产业园公租房等生活配套设施，建立浮标检测、产品展示和生产实训中心，实行企业集群、生产集中、工艺集约，湖南鑫锐钓具有限公司（原万峰钓具）和湖南鱼

得娱钓具有限公司拟在园区扩建生产场地及产品仓储，引导浮标"龙头企业入园，家庭作坊进镇"，开启了产业规模化、发展专业化的新篇章。二是贸易区特色化。在浮标特色小镇建设中注重凸显"产城融合"游钓设施和商贸平台建设，引进社会资本建设钓具（浮标）专业商贸街区，利用白云湖游乐功能，在长安古街区规划用地450亩，建设16万平方米集会展、电商、钓具博物馆和鱼类科普馆一体的不落幕会展中心和浮标研发、检测、论坛、游乐服务平台。将政策、资金、技术等要素资源向浮标小镇汇集，连续三年整合资金1亿元用于浮标特色小镇基础设施建设。从国家开发银行融资2.98亿元支持浮标小镇基础设施和公共平台建设，引入"PPP模式"社会资本参与开发运营，初步形成了全国钓具集散中心，带动研发检测、电商物流、游钓休闲、健身康养、宾馆餐饮及运输物流等配套服务业全面发展。三是游钓区专业化。投资2亿元建成国际垂钓中心和小猫钓鱼乐园。其中，垂钓中心占地面积6.79万平方米，完全按照国家竞技钓池标准建设，共建有8个赛池，可同时容纳800多位钓友挥杆竞技，并建有功能设备齐全的1500平方米中心集散广场和1200平方米的功能房及餐厅。小猫钓鱼乐园主要负责休闲娱乐版块，可年接待游客超10万人次，满足人们休闲、游玩、野钓、餐饮等需求。积极运用中钓协、中国文教体育用品协会等协会平台，引进全国实力企业投资垂钓游乐项目。

（二）以创新为支撑点，全面推动浮标产业升级

临湘市浮标企业从最初的手工小作坊、发展到小企业机械化生产、再到自动化生产，产品由木制浮标发展到纳米、碳纤、智能浮标，企业的科技创新能力越来越强、产品的科技含量越来越高。一是大力支持企业自主创新。充分发挥政策的激励作用，引导企业开发新技术、应用新材料、制造新产品，打造了纳米高分子材料和碳纤维材料浮标、电子夜光浮标、智能浮标、重力感应变色浮标等系列高科技产品。同时，为了降低人工成本，支持企业成功研发了全套全自动加工设备。截至目前，规模以上浮标生产企业均拥有自主研发团队，技术队伍覆盖设计、生产、质检多方面，全市浮标品牌达342个，获得国家专利300多个，26个国际、国内著名品牌勇立潮头，小凤仙渔具中心等8家企业进入国家市场监督管理总局认证的行业"领跑者"名单。二是大力引进企业带动创新。

依托浮标产业园，大力引进行业龙头企业，从单一的浮标产业向钓竿、钓线、钓饵、钓箱、仿真鱼饵等钓具全产业及钓具机械、模具、喷漆和原材料、包装、装备等制造业发展，龙头企业湖南池海公司研发的浸漆机、成型机属国内首创，开发制作高档工艺浮标技术填补了国内技术空白，达到国际先进水平，狼图腾公司生产的碳纤维浮标产品属行业首创。三是大力规范市场保护创新。不断加强钓具（浮标）名优产品和知识产权保护，启动"临湘浮标"地标保护工作，出台《"临湘浮标"地理标志证明商标使用管理办法》，市场监管、公安等部门每年联合开展浮标行业专项打假行动，近两年来，查办浮标造假、侵权等案件6起，受理浮标投诉千余件，100%予以满意解决。市人民法院对浮标行业侵权案件实行"优先立案、快审快结"，2022年以来，办理专利侵权纠纷行政裁决案件6起，促进了钓具（浮标）产业健康有序发展。

（三）以文化为着力点，全面提升浮标产业内涵

做好浮标文化、三国文化、水乡文化的结合文章，打造具有地域特色、产业特色的游钓文化，唱响"游钓临湘"品牌。一是弘扬浮标文化品牌。唱响浮标文化主旋律，挖掘临湘千年古镇群和浮标地域文化，传唱湘君文化和三国黄盖水乡故事。《临湘浮标》专题片、歌伴舞《浮标尖尖》、画册《中国浮标之乡》《临湘浮标民间文学集成》等20多项文化精品集中展示独特的水乡文化和渔猎文化。浮标文化博物馆已经挂牌，总面积4600平方米，布展"临湘浮标"的起源、文化、生产工艺和精品陈列，平均每年接待各类参观、调研10万余人次。将非遗"软资源"转化为"硬实力"，让本土优秀传统文化焕发时代活力，助推我市经济高质量发展，我市申报的"临湘浮标"制作技艺已被列入第五批省级非物质文化遗产代表性项目名录。二是打造游钓文化品牌。抢抓创建"全域旅游示范区"机遇，主打"漫步江湖、游钓临湘"品牌，充分利用"一江两湖三河四库"优质资源，坚持"钓具生产"与"垂钓休闲"齐步走。打造涓田湖、白云湖、黄盖湖、团湾水库4个大型游钓基地，依托"河湖连通"工程，开发聂市接驾楼、定湖七星庄等20多个老年康养、乡村游钓基地，推动"全景临湘、全域旅游"升级提质，由"浮标之乡""钓具之乡"向"健康之乡"发展。尤其是环球小姐中国湖南赛区总决赛和中日贸易洽谈会成功举办，实现了临湘和世界的靓丽对接。三是培育节

会文化品牌。每年举办中国浮标文化节，开展浮标文化周活动，以节会友，以节促销，以节招商。组织浮标展销会，布展钓具（浮标），逐步形成展览、展销、展会一体化和区域化特色。打造赛事品牌，广聚游钓人气，每年争取1—2场国家级赛事落户临湘，近年来，共举办世界级、国家级赛事100多场，带动了餐饮、文化、旅游等产业繁荣发展。其中，全国垂钓俱乐部挑战赛吸引全国各地1.2万人次参赛，CCTV5、湖南卫视多次直播赛事盛况，临湘知名度和美誉度得到空前提高。举办中国浮标节会活动和长安河万人垂钓吉尼斯纪录赛，吸引10万人来临湘游钓，打造临湘独特的赛事品牌，荣膺"中国休闲渔业旅游魅力城市"荣誉称号。

（四）以开放为主攻点，全面拓展浮标产业市场

积极融入国内国际双循环，大力实施浮标产业全球化战略，提高临湘浮标在国际市场上的影响力。一是延伸生产网点。积极响应国家"一带一路"战略，继浮标产品强势进入日本、韩国及东南亚国家市场后，部分企业相继在越南等"一带一路"国家投资办厂，推动浮标企业布局国际化生产网络。二是壮大对外贸易。成立外贸服务中心，为浮标、茶业等重点外贸企业提供市场开拓、通关、物流、融资、退税等外贸全过程，切实推动外贸"破零倍增"，引导企业业绩回流，我市浮标产业每年创汇1000万美元以上。三是拓展电商销售。引导钓具（浮标）电商企业线上转型，开设电商直播平台、钓具网红带货，在钓具（浮标）电商物流园引进钓具（浮标）电商直播企业，建立直播电商中心和抖音直播平台，钓具（浮标）电商营业额直线上升，钓具行业线上销售超过了线下销售，线上销售额占70%以上，全年发货量在3000万单以上。特别是积极推进电商"走出去"，引导浮标企业通过天猫淘宝海外等跨境进出口B2C平台，打开浮标企业出海通道，临湘浮标正在扬帆出海、走向世界。目前，电商销售过亿元的企业有5家，其中小凤仙销售额超过3亿元。

三 主要经验与启示

临湘市始终把"临湘浮标"作为富民强市第一产业和产镇融合的第一名片来打造，经过三十多年的市场培育，形成了临湘的富民强市特色产业，推动了县域经济高质量发展。

1. 规划引领是推动高质量发展的基础。坚持把钓具（浮标）产业发

展作为贯彻新发展理念、构建新发展格局的着力点和切入口，紧跟国家、省关于绿色发展、对外开放、消费升级的规划和政策，高起点规划、高站位谋划、高标准推进产业发展。在"十三五""十四五"规划中连续设置了钓具（浮标）产业专项，把产业纳入了全市七大产业链，编制了产业链《两池两库两图两报告》和产业发展规划，确保产业发展的连续性和可持续性。成立以市长任组长的浮标特色产业小镇建设领导小组，每年投入1000万元支持企业开展生产经营活动，加快产业延链强链补链。

2. 政策激励是推动高质量发展的动力。坚持企业按需"点单"政府照单"上菜"原则，打造了覆盖企业生产经营全要素的政策套餐。主要做到了"十个一"：设立了一笔引导资金，从2015年开始，每年投入产业引导资金200万元以上，支持钓具（浮标）产业发展。制定了一组优惠政策，对入园企业减免税费、租金、水电，累计减免资金近千万元。建设了一个金融帮扶平台，临湘市2020年起设立了风险补偿基金，为钓具（浮标）企业提供融资支持。出台了一套创新激励机制，对获得省级及以上主管部门认定的研发中心、研发生产具有自主知识产权并投入生产的产品，给予现金奖励、税收奖励1000万元以上。畅通了一条用工保障渠道，人社部门和园区联合组织各类招聘活动，满足企业用工需求。建立了一项参展补贴制度，对国外参展、设立境外网点、实现出口实绩、举办节会、参加展销会、参加创新创业和行业赛事的企业，分层级给予专项补贴，鼓励企业外出参展推广，近年来我市先后投入参展补贴、出口奖励500万元以上，"民间艺人"钓具企业斩获第五届"中国创翼"创业创新大赛省、岳阳市第一。打造了一项赛事运行机制，由临湘市国有公司提供赛事资金，高标准打造国际国内赛事。配套了一支专业服务团队，设置了专门的副科级事业单位浮标产业发展中心，安排了5名专业人员，专职服务产业发展。成立以生产企业为主的浮标协会，以电商企业为主的钓具电商协会，以垂钓赛事活动为主的钓鱼运动协会。提供了一套企业服务方案，为钓具企业开通了绿色通道，在行政审批、融资、招工等方面特事特办、急事急办。完善了一项执法检查机制，严格实行部门单位执法监管备案制，凡是进入钓具（浮标）企业开展检查执法的单位，必须向市优化办备案、向浮标产业发展中心通报，对企业轻微违法行为"首违不罚"。

3. 企业培育是推动高质量发展的核心。按照"政府引导、企业主导、龙头带动、集群发展"的产业化思路，集成建设园区，集群发展产业，集约产业经营，对小微家庭作坊企业实行兼并重组，整聚融合，抱团发展，提升产业整体发展水平，实现全市浮标生产由零散企业向规模企业发展，由富民产业变为强市产业，真正成为市域经济的特色支柱产业。截至目前，钓具（浮标）产业园已有入园企业43家，其中本土企业31家，培育规模以上企业26家。市浮标产业办积极引导行业协会助力企业、纾困解难，支持企业获得小额贷款、风险补偿基金等低息贷款300余笔、6.4亿元，有效解决了浮标企业融资难、融资贵的问题；扎实开展百名干部联千企行动，帮助园区内企业解决外地员工子女入学、用工难的等问题60多个，助力企业心无旁骛生产经营发展。

4. 标准构建是推动高质量发展的关键。把标准作为促进质量提升、技术进步、市场规范、效益提升的关键一招，积极参与制定和执行全国浮标行业标准，提高临湘浮标的话语权。同时，统一制定浮标生产地方联盟标准，细化和规范浮标生产加工技术流程和技术指标，建立高标准浮标产品检测检验中心，推进"临湘浮标"质量检测省检中心资质申报工作，健全产品质量追溯制度，构建质量标准体系，指导和监督企业按标准生产，统一核定标准产品的成本价格和市场价格，不断提高"临湘浮标"生产水平和市场信誉。中国轻工业联合会制定的钓具（浮标）行业标准。全国10家浮标企业提供技术文本，临湘占了8家，临湘标准成为国家浮标行业制造标准主导，筑牢了激发产业发展新活力、培育经济增长新动力和塑造市场竞争新优势的战略基石。

第三节　醴陵市县域经济高质量发展情况

一　市域基本情况

醴陵位于湖南省东部，1985年撤县设市，现辖19个镇、5个街道、1个省级经济开发区，总面积2157平方千米，总人口106万人，享有"千年古邑、花炮瓷都、湘赣门户、山水洲城、经济百强"的美誉。

千年古邑。醴陵之名早于秦始，东汉置县，两千余载未易其名。南朝文学家江淹曾封醴陵侯，朱熹、王守仁、左宗棠曾在渌江书院传经布道。近代人文鼎盛、将星璀璨,被誉为"民国将军县"。在这块红色的土地上先后走出了李立三、左权、耿飚、宋时轮、蔡申熙、程潜、陈明仁等一大批仁人志士和295位国共两党将军。

花炮瓷都。醴陵是著名的花炮瓷都,陶瓷、花炮两大产业绵延千年。醴陵陶瓷有4000多个品种、1500多个国家专利,电瓷占世界市场的30%左右,日用瓷占世界市场的14%左右。醴陵花炮有14大类4000余品种,每年创造财富200余亿元。

湘赣门户。醴陵地处"一带一部"的交汇点,位于"湖南东大门"最前沿,是湘赣边区域合作示范区24个县(市)之一,区位条件优越,交通便利,是全省唯一同时拥有海关、商检、铁路口岸和内陆港口的县市。

山水洲城。醴陵境内有115处大小景点,星罗棋布、错落有致。李立三故居、耿传公祠、左家老屋等红色景点,状元芳洲、官庄平湖等自然风光,渌江书院、渌江古桥等人文古迹,陶瓷小镇、沩山古窑等产业标志,共同绘就了一幅集红色旅游、生态旅游、工业旅游于一体的全域旅游山水画。是省级文明城市、省级平安市、国家园林城市、国家卫生城市、全国文明城市提名城市。

经济百强。2021年,醴陵完成地区生产总值825.2亿元,经济综合发展和基本竞争力实现"双进位",分别名列全国百强第37位、第59位,跻身全国治理能力百强第25位、营商环境百强第30位、工业百强第73位、创新百强第61位。2020年,醴陵在湖南县域经济高质量发展先进县排名中排名第6。

二 陶瓷产业基本情况及主要成绩

醴陵是世界釉下五彩瓷原产地、中国"国瓷""红官窑"所在地,被评为"中国陶瓷历史文化名城""中国陶瓷之都"。醴陵陶瓷是"湘瓷"的标志,是中国传统文化符号之一,在全国乃至全球陶瓷领域地位显著、价值突出。

历史价值。醴陵是中国三大瓷都之一,近代以来,独创的釉下五彩瓷获巴拿马万国博览会金奖。中华人民共和国成立后,生产的"毛瓷"和艺术瓷先后进入人民大会堂、中南海、联合国大厦,并多次作为国礼赠送外国政要。

工业价值。醴陵现有陶瓷上下游企业1593家，从业人员近20万人，其中规模以上企业339家，上市公司1家。产品有日用瓷、工业瓷、艺术瓷三大类4000多个品种，集群产值超740亿元，预计2023年可突破千亿元大关；其中陶瓷工业总产值约490亿元，增长18.1%；规模以上陶瓷工业总产值383.6亿元，增长20.6%。电瓷产量占全省总产量的98%、全国的51%、世界的30%；日用瓷远销150多个国家和地区，出口量位居全国第1；陶瓷类酒瓶产量占全国总产量的60%。

品牌价值。醴陵拥有"醴陵陶瓷""醴陵釉下五彩瓷""醴陵红瓷"3个国家地理标志证明商标，"醴陵瓷器"1个国家地理标志产品，"华联""红官窑""陶润"等10个中国驰名商标，以及"富强""高峰""泉湘"等18个马德里国际注册商标。醴陵是全国第一个出口电瓷质量安全示范区、第二个日用瓷出口质量安全示范区。醴陵釉下五彩技艺是国家非物质文化遗产。拥有湖南工业大学醴陵陶瓷学院1所陶瓷本科院校和醴陵陶瓷技师学院、醴陵陶瓷烟花职业技术学校2所专科院校，以及26名陶瓷国大师、159名省大师。

文旅价值。醴陵五彩陶瓷小镇获全国推介；沩山古窑是全国重点文物保护单位，是我国目前保留规模最大、遗迹分布最集中、遗存类型最系统的历史名窑；沩山村是中国历史文化名村、中国传统古村落和非物质文化遗产釉下五彩发源地；群力瓷厂旧址是国家重点文物保护单位。中国陶瓷谷（原醴陵瓷谷）占地面积650亩，拥有全国体量最大的陶瓷器皿形状的异形建筑群和全省唯一的专题陶瓷博物馆，形成集醴陵陶瓷博物馆、陶瓷国际会展中心、瓷器口文化街、陶子湖釉下五彩城、1915醴陵国际陶瓷文化特色街区为一体的文旅新地标，打造了以新世纪艺术馆、尚方窑、陶润会等陶瓷企业为代表的工业旅游示范点。

战略价值。2016年，醴陵先进陶瓷产业链被列入全省20个工业新兴优势产业链之一，现有陶瓷高新技术企业101家，拥有6家国家级、30家省级专精特新"小巨人"企业，全国单项冠军产品1个，创新中心26个，行业专利1500余项，功能陶瓷、陶瓷新材料等广泛应用于能源、电子、航空航天、汽车等领域。

三 主要经验与做法

大力推进陶瓷产业转型升级，出台了一系列打基础、利长远、兴产业的实招、妙招，陶瓷产业发展实力显著增强，成功入选全国特色产业培育十大案例。

突出聚焦，做大做强产业集群。一是聚焦规划引领。围绕建立千亿陶瓷产业集群目标，出台《陶瓷千亿产业发展规划》《陶瓷产业智能制造行动计划（2025）》等产业发展规划，制定全省首部釉下五彩瓷器地方标准，引导产业发展。二是聚焦机制变革。探索链长制、产业协会、企业联合党委"三方发力、同频共振"的工作机制，以链式发展推进陶瓷产业传承创新，形成集研发、生产、展示、销售、包装、物流于一体的完整产业链，同时设立产业发展基金，着力推动产业转型升级。三是聚焦园区建设。紧盯国际领先、国内一流的产业发展目标，加快创建以陶瓷为主特色的"五好园区"。2021年，在全省"五好"园区创建综合评价中，位列全省143家园区中的第15名，在长株潭地区排名第1，被评为先进园区，同时被列为国家级经开区重点培育园区。园区共有陶瓷产业规上工业企业226家，占集群73.4%；实现营业收入483.8亿元，占集群80%。

突出裂变，加快培育产业动能。一是推进企业裂变。深入开展"市场主体培育年活动"，出台优化产业发展、全员招商、争资引项等政策，培育更多市场主体，不断做强大企业、培育"小巨人"。深入挖掘陶瓷产业增长潜力和细分市场空间，鼓励对中小企业进行收购、联合和兼并，打造一批独门绝技，孵化一批新兴主体，让更多"老树发新芽"。二是推进行业裂变。加速陶瓷产业内部细化分工，实现主辅分离，支持企业进军电子信息、新能源、生物医药、环保、航天航空等领域，引导泥釉、模具、机械、装饰材料等企业组建企业联盟，实现陶瓷产业配套专业化、标准化、规模化发展。坚持以大带小、以主引配，不断延链强链补链。现已累计扶持发展陶瓷产业链上下游企业1593家，其中规模以上企业339家，含规模工业275家、限上商业55家、限上服务业9家。三是推进产品裂变。整合产业资源，不断推动技术和产品迭代创新，催生一批新产品新业态。全市拥有陶瓷新材料企业37家，氧化锆、氧化铝、碳化硅等陶瓷新材料产品应用到医疗器械、航空航天等领域；华鑫电瓷空心瓷绝缘子等产品逐步问世，生产技术或工艺国际领先，单项产品市场占有率位居全球前列。同时，精心推出陶瓷制作展示和体验的陶瓷工业研学旅游产品，研发设计旅行茶具、加湿器、钥匙扣等陶瓷文创商品，陆续推出陶瓷民宿、五彩瓷宴、五彩瓷茶等瓷旅新产品。

突出创新，全面提升产业能级。一是打造创新研发平台。省陶瓷研究所成建制划归醴陵，获评全省首批新型研发机构；强化与"大院大所大企"的合作，支持陶瓷企业与清华大学、中南大学等高校组建产学研联盟，打造新型研发载体，强化核心技术攻关和创新成果转化，持续保持企业竞争活力。近三年来，牵头制定行业标准4个、填补国内关键技术空白3项，陶瓷行业话语权不断增强。强化创新人才培养。投资12亿元建成全省唯一的陶瓷本科学院——湖南工业大学醴陵陶瓷学院，加快发展创意艺术、新材料、智能制造、电商贸易等特色陶瓷专业，大力培养陶瓷创新人才，形成了技能型、应用型、创新型多层次产业人才的"输血中心"，成功入选全国"校企协同就业创业创新示范基地"。同时，坚持办好陶瓷烟花职业技术学校、陶瓷技师学院两所专科院校，逐步构建中职、高职、本科、研究生多层次人才培养体系。探索创新经营模式。通过厂家直销、直播带货、线上销售、品牌推介等多种渠道，积极拓展国内市场，特别是华联瓷业充分借助旗下华联亿嘉电商平台，利用直播带货，与分销平台优势对接，强强联合，销售业绩火爆，成为国内陶瓷网购交易量第一的网络运营平台。引导企业主动融入"一带一路"，以成功入选国家文化出口基地为契机，不断探索国际文化交流的合作路径，加大优势产品出口力度，努力把具有中国特色特别是醴陵元素的优秀陶瓷文化产品推向全世界。

突出升级，持续增强产业支撑。一是推动产业配套升级。出台"四个十条"政策，采取"季度兑现"新模式，在企业服务、融资贷款、技术创新、市场开拓、品牌建设、项目投资等方面，"真金白银"支持产业发展。推动发展模式升级。深化跨界融合，大力发展"陶瓷+"新业态新模式，先后与安化、古丈等地"牵手"，塑造"陶瓷+茶"等示范典型。投资9.8亿元，建成占地20万平方米的陶瓷国际会展中心，借势发展陶瓷会展经济。二是推动产业技术升级。大力推进传统陶瓷企业智能制造，召开了智能制造的推进会，组织企业到上海、德国等地学习示范工厂。近年来，醴陵100余家陶瓷企业累计投入资金近4亿元进行了自动化、智能化升级改造，政府累计投入奖补资金4000万元支持陶瓷企业进行智能化升级改造，先后引进安装1000余台陶瓷智能生产设备，加速"机器换人"步伐，陶瓷企业自动化、智能化替代率超过70%，工业互联网平台普及率提高到69%，在全国陶瓷主产区位居前列。不断淘汰落后产能，大力推广清洁能源和余热利用节能专利技术，推进陶瓷产业的清洁生产以及废旧物的重新利用，陶瓷产业能源结构大为改善，行业成本下降四成左右。三是推动营商环境升级。坚持"政府做好围墙外的事、企业做好围墙内的事""不让企业家一分钟""旗帜鲜明扶优扶强"工作理念，认真开展"百名干部联百企"行动，为企纾困增效，让企业轻装上阵，全力打造市场化、法治化、国际化营商环境。

突出品牌，不断扩大产业影响。一是着力提升企业品牌。引导企业强化品牌意识，实施品牌战略，突出"产、城、人、文"城市符号，先后举办了中国陶瓷产业发展高峰论坛、中国陶瓷工业智能化与装备技术研讨会等一系列峰会，涌现出华联、华鑫、陶润、新世纪、湖电、阳东、泰鑫等优秀企业，发展软实力不断提升。二是着力提升文旅品牌。用好醴陵丰富的历史、人文及产业资源，加快推进一二三产业融合发展，讲好千年古城的"小城故事"，打造更能"让人来、让人游、让人留"的文旅品牌。2015年以来，醴陵已成功举办五届国际陶瓷产业博览会。三是着力提升产品品牌。深入推进"标准—质量—品牌"三位一体建设，利用广交会等平台，全力推广"醴陵窑LOGO""中国醴陵·瓷彩天下"等区域品牌和标识，华联亿嘉、红官窑、陶润等产品品牌不断做强，有效提升了醴陵陶瓷产品附加值。

第四节　湘乡市县域经济高质量发展情况

一　市域基本情况

湘乡是楚南重镇、湘军故里，古称"龙城"，位居湘中偏东，东临韶山市和湘潭县，南接双峰县，西与娄底市毗邻，北接宁乡市，是长株潭向西辐射的战略节点，总面积1967平方千米，人口93万人。湘乡是

"一五""二五"时期国家重点投资建设的老工业基地，是省经济强县、首批省直管经济体制改革试点县。湘乡是湖湘文化重要基地和红色摇篮，三国蜀相蒋琬、晚清重臣曾国藩、红军将领黄公略、开国大将陈赓、谭政、中国佛教最杰出高僧虚云大和尚都诞生于此。湘乡是湖南省文明城市、省卫生城市、省园林城市、省全域旅游示范县（市）。2020年，在湖南县域经济高质量发展先进县中排名第16。

二　主要成绩与重要举措

（一）经济发展方面

综合实力显著增强。湘乡市始终坚持主攻项目、做强园区，持续深耕实体、加快产业转型，奋力开创县域经济高质量发展新局面，经济综合实力稳居全省前10强。2016—2021年，地区生产总值从365.65亿元增长到545.6亿元，年均增长7.9%，为全省8个地区生产总值突破500亿元的县市区之一；人均GDP由45465元增加到75318元，年均增长8.8%；财政总收入由19.64亿元增加到26.89亿元，年均增长6.3%。

产业特色不断凸显。获批全国工业资源综合利用基地，产业转型升级和融合发展进一步加速。冶金、食品、皮革、建材等传统产业得到改造升级，电工电气、电子信息、医疗器械等高新技术产业迅速形成规模。现代农业稳步发展，粮食种植面积和产量稳定在100万亩以上、50万吨以上，建设高标准农田23.7万亩。第三产业不断发展壮大。以商贸、餐饮、运输等为主的传统服务业繁荣活跃，现代物流、电子商务、健康养老等新兴服务业快速兴起。成功创建省全域旅游示范区和成为第三批省精品旅游线路重点县（市），形成了以水府旅游区、茅浒水乡、东台山国家森林公园为代表的生态休闲旅游线路，以东山书院、黄公略故居、陈赓故居、李卓然故居为代表的红色旅游线路。第三产业已成为拉动全市经济增长的重要动力。

发展环境持续优化。创新实施优化营商环境"一号工程""二十条"举措，支持实体经济高质量发展；出台《湘乡市严格规范涉企行政执法优化营商环境"十条禁令"》，继续在服务上做"加法"，审批上做"减法"。持续完善功能配套，不断提升平台承载力，湘乡经开区综合排名晋升全省产业园区第6位，获评全省高质量发展园区。水府示范区建设全面加速。大力整治生态环境，完善基础设施，加强旅游产品营销，"天下水府·人间瑶池"旅游品牌影响力进一步扩大。

（二）改革创新方面

创新创业活力迸发。大力推进新技术、新业态发展。全市高新技术产业增加值达 166.3 亿元，占 GDP 的比重达 25.3%，年研发经费投入达 17.8 亿元。全面推进"多证合一""一照一码""双随机一公开"等商事制度改革，有效激发了市场活力，各类市场主体近 4 万户。大力实施"入规、登高、上市、智造"培育行动，全市规模工业企业达 301 家、高新技术企业达 77 家；埃普特母公司深圳惠泰医疗在上交所科创板挂牌上市；埃普特、深思电工获评国家"小巨人"企业。韶峰南方 2020 年税收突破 1 亿元。"电力湘军"入选全国 40 个典型劳务品牌。

各项改革取得突破。"放管服"改革扎实推进，90% 以上的审批事项授权到政务窗口，204 件事项实现一件事一次办，为各类客商来湘乡投资提供"三个一"全程代办，公共服务一门式覆盖所有村（社区）。成功争取到全国债券置换试点县，牢牢守住了不发生系统性风险的底线。

对外开放成果丰硕。着力招大引强，深入开展"请老乡、建家乡"活动，已有中国建材、湖南电器科学研究院、碧桂园、北京住总等一批央企省企和 500 强企业到湘乡市投资兴业，累计引进 3 类 500 强企业 11 家、亿元以上产业项目 65 个，到位内资 352 亿元、外资 4.59 亿美元。对外贸易规模不断壮大，进出口总额从 0.83 亿美元增加到 2.07 亿美元，有自营进出口权企业 56 家。积极响应国家"一带一路"倡议，助力有实力的建筑、电力、建材等企业走出去，开展对外承包工程和劳务合作。

（三）民生福祉方面

城乡融合深入推进。城市框架全面打开，城区面积拓展到 30 平方千米，城镇化率由 41.8% 提高到 49.58%。新汽车站投入运营，大将路、人民路、起凤路、涟滨南路、涟滨北路等城市主干道全面通车，G320 绕城线、龙城大道等城市外环加快建设。东山新城行政、文化中心的功能和老城区商务中心的作用凸显，经开区产业新城加速崛起。坚持以创建全国文明城市为引领，扎实推进城市更新和精细管理。提质改造老旧小区 69 个、提质背街小巷 11 条、改造棚户区 4218 户，新增城市绿地近 32 万平方米、停车位 2300 余个。云门广场、褚公祠等成为城市新名片。益娄高速、红仓大道、龙城大道、水府大道等一批城乡主干道通车，农村公路实现"组组通"，成功创建省"四好农村路"示范县（市）。297个村全部实现生活垃圾综合治理，拆除农村破败空心房681处，完成农村改厕4万户，改造农网186个村，打造美丽乡村示范乡镇5个、示范村69个、美丽屋场300余个。乡风文明水平不断提升，建成全国文明村镇2个、全国乡村治理示范村1个、全国民主法治示范村2个。

人居环境显著改善。牢固树立绿水青山就是金山银山的理念，把生态文明建设提到前所未有的高度，持续加大生态环境治理力度。全面完成中央环保督查反馈问题整改。"蓝天、碧水、净土"保卫战成效明显，平均年城市空气质量优良天数保持在300天以上。河长制工作和水府庙治理改革经验全国推介，涟水河城区段、石狮江西干流入选全省美丽河湖，集中式饮用水水源地和涟水监测断面水质全部达到或优于Ⅱ类。水府庙库区4.3万口网箱、369个拦库全部退出，还民一湖清水。规划保留外的17家矿山全部关闭退出。全市森林覆盖率47.8%，创建国家森林乡村5个，国家森林城市创建正加速推进。

民生福祉全面增进。牢固树立以人民为中心的发展思想，着力解决群众"急难愁盼"问题，五年来累计投入48.2亿元，办好各级重点民生实事245项，人民群众安全感幸福感满意度大幅提升。坚持脱贫攻坚与全面小康、乡村振兴有效衔接、同步推进，全市建档立卡贫困人口14443户41764人全部高质量脱贫、27个省定贫困村全部摘帽，易地扶贫搬迁连续五年获评全省一类单位。2016年、2019年、2020年三次获全省脱贫攻坚先进县（市）。稳步推进教育强市建设，新建起凤学校、芙蓉学校，启动建设东台中学、经开区学校，新增学位15500个。义务教育大班额全部清零，成功创建国家义务教育发展基本均衡县。大力改善城乡医疗卫生条件，市人民医院晋升"三级综合医院"，人民医院棋梓分院投入使用，乡镇卫生院、村卫生室标准化和全科医生实现全覆盖。社会保障不断加强，就业形势保持稳定，基本养老保险、基本医疗保险、最低生活保障等应保尽保。东山水利枢纽、垃圾焚烧发电、慈缘山殡葬服务中心、动物无害化处理中心等重大民生项目投入使用，城区餐厨垃圾收集处理、乡镇污水处理厂全覆盖。新扩改建22个农贸市场并投入使用。县乡村三级退役军人服务体系实现全覆盖。

三　主要经验与启示

（一）以改革创新为动能，全面激发发展活力

坚持以改革为最强动力，持续实施优化营商环境"一号工程"，抓实"一件事一次办""证照分离""园区事园区办""闭环审批"等改革，打造"一号工程"企业服务数字智慧平台，进军全省营商环境第一方阵。推进农村土地承包地"三权"分置、农村产权制度、金融服务、社会治理、供销社等改革任务和制度创新，激发发展活力。探索开放合作新模式，设立中非电力劳务分会并作为中非经贸博览会常设组织，助力"电力湘军""建筑湘军"开拓"一带一路"沿线市场。

（二）以高质量发展为目标，加速产业转型升级

持续开展项目招引攻坚、优势产业链培育、市场主体倍增、园区提质等六大行动，构建以农业为基础、制造业为支撑、服务业为主导，一二三产业融合发展的现代产业体系。举全市之力建设经开区，围绕"五好"园区创建标准，找好定位、抓好项目、建好平台、树好形象、带好队伍，主攻湖南中部电力科技产业园、电子信息产业园、电镀产业园、医疗器械产业园"三电一医"建设，高标准筹划建设绿色化工片区，打造质量更高、效益更好、结构更优的千亿级园区，创建国家级经开区。在企业"入规、登高、上市、智造"上下功夫，全力支持湘君电子、瑞康通等5家企业上市，努力将埃普特、振添光学等企业培育细分领域单项冠军。狠抓产业链招商，着力引进头部企业、羚羊企业、独角兽企业等战略性投资项目。抢抓数字经济发展机遇，做大做强"58"前行科创等信息平台，大力发展无人机等高新技术产业。

（三）以城市更新为手段，推进全域文明创建

推进以人为核心的新型城镇化，着力实施城市更新、交通对接、文明创建三大工程。实施城市更新五年行动计划，全面完成老旧小区、背街小巷提质改造。全力推进城乡供水一体化、公共医疗服务中心、文体中心、5G设施等一批重点项目，加快实施涟水大桥、龙城大桥、醴娄高速、湘乡至韶山和湘乡至九华城际快车道、韶乌红色旅游干线等一批重大交通项目，在城区形成"五纵五横一环"城市交通骨架网和"闭环"。以"一河两岸"及水府滨水景观带为基础，打造夜间文化和旅游消费集聚区。

（四）以乡村振兴为抓手，加快农业农村现代化

落实粮食安全党政同责要求，确保粮食种植面积稳定在 100 万亩以上、产量稳定在 50 万吨以上，稳住农业基本盘。把握中央加大"三农"政策支持力度的重大机遇，做好巩固拓展脱贫攻坚成果同乡村振兴有效衔接。打造生猪养殖全产业链，大力发展高效生态农业和特色农业，加快培育湘乡水府茶、壶天石羊、水府火焙鱼、潭市茶油、月山炒货等品牌。以东郊、泉塘、白田 3 个现代农业示范园为龙头，打造特色产业集聚区。坚持农业景观化，切实抓好厕所革命、垃圾分类、村容村貌等重点任务，打造一批美丽宜居乡村。着力补齐农村基础设施和公共服务短板，努力构建农业高质高效、乡村宜居宜业、农民富裕富足发展格局。

（五）以绿水青山为底色，抓实生态文明建设

坚定不移走绿色发展之路，持续打好污染防治攻坚战"夏季攻势"，坚决抓好中央、省生态环保督查及长江经济带生态环境警示问题整改。严格按照"碳达峰、碳中和"部署要求，以减污降碳为总抓手，坚决遏制高能耗、高排放项目盲目发展。积极开展节约型机关和绿色家庭、绿色学校、绿色社区等创建行动，鼓励绿色消费和绿色出行，建设"无废城市""海绵城市"。深入开展绿色金融示范市建设工作，用绿色金融撬动县域经济发展。

（六）以人民满意为标准，提升社会治理效能

深入践行以人民为中心的发展思想，在推动高质量发展中实现共同富裕。坚持尽力而为、量力而行，办好民生实事，切实解决"学位、床位、车位、厕位、梯位"等人民群众"急难愁盼"问题。推进高效能社会治理，争创老人友好型城市、儿童友好型城市，针对"一老一小"、看病、取药、就餐等群众"家门口"服务需求，以基层党建为引领，建设15 分钟"社区生活服务圈""网格化城市管理圈""志愿者服务奉献圈"，有序推进"一馆一园五中心"建设。完善立体化应急管理体系和治安防控体系，健全矛盾纠纷排查化解机制，严格安全生产目标考核和责任追究，推动企业安全生产主体责任落实，坚决杜绝较大及以上安全生产事故，争创省安全发展工作示范县（市）。

第五节　汉寿县县域经济高质量发展情况

一　县域基本情况

汉寿位于湖南省西北部，地处洞庭湖滨、沅澧两水尾闾，东濒沅江、南县，南界资阳、桃江，西接鼎城，北抵西湖农场，与安乡隔河相望，总面积 2021 平方千米，常住人口 80.5 万人；拥有国家 4A 级景区清水湖旅游度假区、3A 级景区"西洞庭湖国家城市湿地公园"和鹿溪省级森林公园等优质旅游资源，是全国生态旅游百强县和全省旅游强县。汉寿县拥有"汉寿甲鱼""汉寿玉臂藕"两个"国家地理标志保护产品"，更有"中国甲鱼之乡""中国黑杨之乡""中国苎麻之乡""中国淡水珍珠之乡"等多块国家级金字招牌，是国家认定的重点粮、棉、油、鱼生产大县和"生猪调出大县""优质农产品出口基地县"，也是出口创汇基地县、承接产业转移重点县和城乡一体化示范县。2020 年，在湖南县域经济高质量发展先进县中排名第 18、快进县中排名第 13。

二　主要成绩与重要举措

（一）坚定不移抓产业

粮食生产实现"一稳两增"，建立了县乡村"三级书记抓""三级联包促""三级签约保"的责任机制。央视《新闻联播》报道了汉寿工厂化自动育秧经验。工业经济实现主导主创，加大产业结构调整和内部结构优化，从政策、资金、用地等方面进行扶持和引导，培植发展了粮油加工、棉麻加工、药材加工、畜禽加工，以及农机装备等优势产业集群。商贸流通实现出口创汇，大力实施品牌经济战略，积极扶持企业自主创新，积极开辟产品外销渠道，在全国各大中城市设立了 1000 多个营销网点，积极拓展国外市场和边境贸易，上半年完成进出口总额过一亿美元。

（二）矢志不渝抓特色

特色蔬菜方面，蔬菜播种面积 22.9 万亩、产量 80 万吨，综合产值 9.2 亿元。县委、县政府成立了蔬菜产业发展领导小组，出台了《2022 年汉寿县蔬菜产业发展指导意见》《汉寿县促进蔬菜产业发展扶持办法》。在长沙高铁南站、长沙黄花国际机场、常德桃花源机场利用 LED 屏、灯箱宣传"汉寿蔬菜",在主要干道两边布置"汉寿蔬菜"雕塑模型。特色甲鱼方面,县委、县政府成立了甲鱼发展领导小组,出台了《2022年汉寿县促进甲鱼产业发展指导意见》《汉寿县促进甲鱼产业发展扶持办法》,汉寿甲鱼logo商标正在注册紧密进行,推荐汉寿甲鱼为"做香做优一桌湖南饭"特色,申报"汉寿甲鱼"为湖南省十大农产品品牌、"一县一特"优秀农产品。特色园区方面,按照全产业链发展的思路,聚力培育工程机械、生物医药产业链,纵深发展碧桂园供应链;发展农机配套产业,做大做实湖南工程机械配套产业园,加快中联配套产业园三期建设;围绕康普、康尔佳、康怡等生物医药企业,加快康普医药产业园、医美产业园、江西生物医药产业园、新材料产业园建设,助扶康普药业上市。

(三)坚持不懈抓发展

加大培育力度,全力打造以清水湖野生动物园为龙头的文旅产业,实现了野生动物园开园营运伐,瞄准长株潭、环洞庭湖、常德市区等消费主体,凸显野生动物园、西洞庭湿地、汉寿甲鱼、汉寿蔬菜等特色元素,加大省内外宣传推介力度,提升品牌传播力、引导力、影响力。加大开发力度。强化砂石资源开发利用,规范全县7个砂石矿开采经营,引入国企组建砂石深加工企业、洗砂规范性公司、采砂船维修基地,引入社会资本筹建新兴采挖、运输船生活营地,推进砂石预制件生产、商混、采挖船维修、采砂油料供应等产业链发展,为财税增收提供强有力的支撑。加大开放力度。积极对接湖南自贸试验区,利用浩通外贸服务平台,支持外贸企业参加中非博览会、亚欧博览会等境外展览展会,重点抓好华乐食品、岩下荣祺、三建水产食品等企业融入国际市场竞争,不断扩大产品销售渠道,支持外贸企业做大做强。

三 主要经验与启示

汉寿全面实施县委"强工稳农,活旅靓城"战略,深入推动"双区牵引,六轮驱动"取得显著成效,经济社会发展势头强劲,各项工作亮点纷呈。

稳住了经济基本盘。汉寿县主要经济指标除个别指标外,都稳居全市第一方阵,增幅基本上都超过了全市平均水平,达到甚至超过了预期。

城区市容越来越靓。汉寿县聚焦"三建三拆"全面发力,让群众开门见绿、推窗见景、出门进园的美好愿景逐步实现。完成了临时蔬菜交易市场建设，终结了花木兰市场多年临时摊贩占道经营的历史。完成了消防广场建设、龙珠湖公园的改造。持续开展城区综合秩序整治，工作成效得到了市主要领导的肯定，有57个区县来汉寿学习。

环保、民生越来越改善。国控坡头断面水质达到Ⅱ类，国控蒋家嘴断面水质达到Ⅲ类，白鹤洲、南洋嘴、安乐湖、胭脂湖省控断面水质均达到或好于Ⅲ类标准。完成了尾水治理工程，扎实有效做好了禁捕工作，保障了退捕渔民利益。科学规划城区路网，全力推进了德汉大道延伸线、龙阳南路、文胜路等路网建设。老旧小区改造推进有力，启动改造项目17个、170栋、2812户。

产业经济越来越强。聚焦清水湖文旅产业，突出野生动物世界发展，在长沙、荆州、岳阳、常德等地举办文旅产业重点项目新闻发布会，积极推介汉寿文旅资源，全面提升了知名度。举办了新春消费季、美食节等促销活动，促成了野生动物世界与城区大型酒店、房产开发商与家电企业的合作，有力推动了消费市场的持续回暖。强化市场主体培育，市场主体和企业增量排名均为全市第一。出台了《促进蔬菜甲鱼产业发展的指导意见和扶持办法》，充分推广"汉寿甲鱼""汉寿蔬菜"品牌。着力督导粮食生产，完成省下达的任务。砂石开采实现纯收益2.65亿元，上缴税收1.39亿元，大大充实了财源盘子。

项目建设越来越快。高速复线迁坟攻坚战，征地拆迁进度在常德、益阳5个区县中排名第一。有力推动了野生动物园二期项目建设，破解了新一中超概算问题，加快了新一中项目建设进度。全力以赴打好争资争项主动仗，任务完成率超过500%。省市重大项目建设，工作有速度、有质量、有成效。新引进投资亿元以上项目20个，总投资101.05亿元，新注册湘商回归企业4个，引进"三类500强"企业陕煤集团，形成了"一月一签约、一月一开工"的良好态势。

社会环境越来越好。牢牢守住了常德"南大门"，疫情防控工作被全市典型推介。开展自建房整治，工作成效得到省市领导高度肯定，全市自建房整治工作现场推进会在汉寿召开。全面落实国务院安委会"十五条硬措施"要求，深入推进重点领域安全监管和安全生产行政执法，确保了全县安全生产形势持续向好，社会大局稳定。县纪委监委等单位齐心出手，妥善处置了中亿百联非法集资案，社会大局稳定。

干部队伍越来越优。多渠道加强干部监督，积极开展"干部公众形象测评"活动，实行精准"画像"，工作做法被省委组织部、红星云推介。强化标本兼治，一体推进"三不"机制，举办了家庭助廉主题活动。评选"身边的榜样""汉寿好人"，在中央、省、市主流媒体传播了汉寿好声音、展示了汉寿好形象，全市拓展新时代文明实践中心建设工作现场会在汉寿召开。

第六节　安化县县域经济高质量发展情况

一　县域基本情况

安化地处湘中偏北、雪峰山脉北段、资水中游，是国家重点生态功能区、全省乡村振兴重点帮扶县、山区林业大县、库区移民大县、革命老区县。全县总面积4950平方千米，为全省第三大县，辖23个乡镇，总人口103万人。安化县历史久远，人文厚重，为古梅山之域，清代两江总督陶澍、云贵总督罗绕典、著名书法家黄自元等均生长于此，唐九红、龚智超、龚睿娜、黄穗、陈琳、田卿、谌利军等羽毛球、举重世界冠军（奥运冠军）从这里走向世界。县内现完好保存有蚩尤故里、文庙、武庙和陶澍陵园等诸多人文古迹。安化县生态完好，森林覆盖率达76.17%，境内有六步溪国家级自然保护区、柘溪国家森林公园、湖南雪峰湖国家湿地公园、湖南雪峰湖国家地质公园、云台山国家石漠公园。安化县资源丰富，被誉为"中国厚朴之乡""中国竹子之乡""湖南有色金属之乡""湖南水能资源大县""中国黑茶之乡"，是中俄蒙万里茶道起点。2020年，安化黑茶文化系统成功入选农业农村部第五批中国重要农业文化遗产。2021年，安化黑茶获得海关总署进出口商品编码，"安化黑茶"成为全国首批、全省唯一中欧互认地理标志保护产品。全县拥有中国驰名商标3件、国家地理标志保护产品1个、地理标志证明商标6件、湖南名牌14个、省著名商标18件、马德里国际商标35件。

二　特色产业主要成绩与举措

坚定构建以茶旅文体康融合发展为主导的绿色产业体系，围绕"千亿"目标打造县域产业集群，推进茶旅文体康高度融合，强力推动安化县域经济高质量发展。2021年，全县茶园面积达36万亩、茶叶加工量8.5万吨、综合产值230亿元、茶叶加工企业达210家。成功举办湖南红色文化旅游节并发布安化红色文化精品旅游线路，全年接待游客810万人次，实现旅游综合收入78亿元以上。中药材种植面积达29.4万亩，出产中药材9.4万吨，实现综合产值29亿元。

坚持以"茶"为基础，唱好乡村振兴的"主打戏"。坚定不移将黑茶打造为富民强县支柱产业。通过扩基地、提品质、强品牌、拓市场，不断推进安化茶产业高质量发展。强化科技赋能。成功创建黑茶国家现代农业产业园，聘请中国工程院院士陈宗懋、刘仲华等7位茶业顶级专家担任顾问，刘仲华院士唯一工作站落户安化，与5家科研院所、高等院校合作引进专业人才140多名，累计投入研发经费超2.93亿元，解决就业1.2万人，完成全县50%以上茶园茶叶销售。建成全国首个县域经济离岸孵化器——安化黑茶离岸孵化中心和全国首个茶类抖音直播基地，安化黑茶"四大平台"线上销售额达16.2亿元。强化质效提升。全面建立"从茶园到茶杯"的信息平台和溯源体系，大力推进工艺创新和业态创新，构建多样化茶产品体系。做强茶类衍生产品，推进茶瓷、茶药、茶酒、茶体等产业深度融合。坚持"公共品牌+企业品牌"联动宣推，"三安"经验在全国发布。高规格举办五届黑茶文化节和安化黑茶产业发展大会。强化产业富民。打造产业脱贫的"安化模式"，实现黑茶产业与精准扶贫无缝对接，全县15万多贫困人口中近10万人因茶脱贫。多方筹资近100亿元，全力推进黑茶小镇建设，促进产城融合，打造乡村振兴示范区，以城带乡推动全面乡村振兴。黑茶产业发展成为区域内品牌打造最响、带动能力最强、从业人员最多、发展来势最好的乡村振兴主导产业，演绎了"一片叶子成就一个产业、富裕一方百姓"的传奇。

坚持以"旅"为媒介，念好乡村振兴的"山水经"。安化山水秀丽，具有得天独厚的旅游优势，获评"湖南省旅游强县""湖南省全域旅游创建示范区""中国最美小城"。推进全域旅游。发展"茶旅""文旅""体旅"等全域旅游新模式，"24小时健康茶生活"成为安化旅游主基调，形成了资江两岸"生态茶廊"，茶马古道沿线"生态茶带"，雪峰湖沿库"生态茶湖"，以及芙蓉山、云台山等一批观光"生态茶山"，40余家茶企设置旅游观光专用通道，打造了茶马古道、茶乡花海等一批茶旅融合项目，逐渐形成"以茶促旅、以旅带茶、茶旅互动"的一体化发展局面。打造精品线路。培育打造红色资源、绿色旅游、古色文化互融互补的精品旅游线路，发展研学、康养度假、特色民宿等旅游新业态，建成青年毛泽东游学社会调查史实陈列馆、"红色安化纪念馆"等一批红色教育基地，安化旅游成功纳入大湘西文化生态旅游精品线路，成功创建国家4A级景区2个，国家3A级景区3个，省星级乡村旅游区（点）20处。举办精彩节会。高质量举办湖南省春季文化旅游节和省红色文化旅游节，组织系列展销活动频繁亮相北上广深，实现以节促建、以节招商、以节会友、以节扬名的目标。

坚持以"文"为内涵，树好乡村振兴的"新风尚"。立足千年茶文化和特色梅山文化，完善基层公共文化服务供给，加快移风易俗，推进以文铸魂。深挖文化资源。组织开展文物单位评审，对全县革命文物进行深入、彻底、全面普查，摸清底数，建设修复一批红色文化经典工程、建成一批红色文物点、成功申报一批国家级非物质文化遗产项目和国家级重点文物保护单位，"万里茶道"列入《世界文化遗产名单》，安化黑茶被列入国家重要农业文化遗产，"绿茶制作技艺"安化松针茶制作技艺成功申报省级非物质文化遗产，"梅山剪纸"入选第五批国家级非物质文化遗产名录。深耕文化产业。大力推进梅山文化"七个一"工程，打造梅山文化系列丛书、"梅山茶韵"特色小戏、"梅王宴"、梅山文化展示中心、梅山民俗文化博物馆等文化载体；开发以梅山文脉、梅山剪纸、张五郎塑像、傩戏面具手机壳等为主打品牌的艺术文创产品；编排《天下茶道》《黑茶印象》等茶戏、茶歌，拍摄电影、短视频，举办节会活动。红色文化、茶文化、梅山文化得到大力宣扬，以优秀的文化感染人。深推文化惠民。大力开展文明创建，推进乡风文明"十小"工程建设和"一创多评"，营造文明新风尚。打造"百姓春晚""欢乐潇湘神韵安化"月月乐群众文艺活动等文化活动品牌，群众文化生活日益丰富。持续开展送文化下乡活动，营造良好的乡村文化氛围，以文化振兴助推全面乡村振兴。

坚持以"体"为活力，蓄好乡村振兴的"强动能"。发展全民健身运动，加快建设体育强县。培育体育人才。围绕打造"冠军之乡"，借助安化在"羽毛球"上的优势,坚持超前意识和国际视野,以"羽毛球冠军摇篮"为侧重点,30多年来为省内外输送50多名优秀运动员,其中23人进入国家队和国家青年队。举办"一路向前,羽你同行"国际大型活动、"安化黑茶杯"羽毛球大赛,不断擦亮羽毛球安化靓丽名片。强化榜样引领。在安化抖音直播基地开设羽毛球世界冠军龚睿娜直播间,为举重冠军谌利军举办奥运冠军表彰奖励大会,邀请唐九红、龚睿娜、黄穗、田卿、谌利军5位安化籍世界冠军参加第五届安化黑茶文化节,冠军效应为全县经济社会发展提供强大正能量。发展赛事经济。建成梅山赛车运动主题公园,成为全省首家"汽车自驾运动营地"。投入运营以来成功举办"锦驰赛车杯"越野联谊赛、场地越野争霸赛等9场大型赛事,多次承接车手培训课程、试乘试驾活动、单位定制团建等活动,吸引来自全国各地选手和游客等18万余人次。依托赛事经济带动当地群众就业致富,解决长期用工30余人,年度临时用工300余人,农产品销售1200多万元,拉动当地酒店、餐饮等服务业快速发展。

坚持以"康"为延伸,打好乡村振兴的"生态牌"。安化中药材资源丰富,素有"湘中药库"之称。始终坚持打造"全域旅游示范县,休闲康养目的地"的战略定位,发挥资源优势,大力实施健康安化行动,振兴中医药产业。加强品牌建设。突出龙头企业、建好产业基地、树立产业品牌,抓好文旅康养综合体项目建设,大力发展中医药健康产业,全力培育"安五味·养五藏"品牌,成功举办第六届"湘九味"中药材论坛暨"安化黄精"品牌发布会,"安化黄精"获国家农产品地理标志登记、中国地理标志证明商标2块国字号招牌,"安化厚朴"获中国地理标志证明商标。延伸产业链条。科学开发药食、药膳、药茶等产品,构建起"安化黑茶+中医药+康养""梅山文化+中医药+康养""生态旅游+中医药+康养"的多元化健康医养产业网络。大力实施中医药健康产业扶贫项目33个,直接帮带1.8万贫困人口脱贫,带动12.8万农户从事中药材产业。实施安化黄精产业扶持项目40个,带动1.2万人就业增收。坚守环境底线。坚决打好"蓝天碧水净土"保卫战,2021年全县空气质量优良率和地表水、饮用水源水质达标率均为100%,湖南雪峰湖国家湿地公园批准建立,雪峰湖国际休闲度假区项目招商正在进行,以休闲、康养、旅游为主导的大健康产业呼之欲出。

坚持以"融合"聚力量，打造产业发展"新优势"。一是坚持以线上与线下相结合的方式拓宽销售渠道。线下加快实施"六进"工程，实现全国所有县级行政区域安化黑茶线下门店全覆盖。线上实施"全网计划"，依托安化黑茶离岸孵化中心和安化黑茶抖音电商直播基地，全面推进"百千计划"和"生态圈"计划，不断拓宽产销渠道。二是坚持以源头管理和质量监测相结合的方式维护品牌形象。强化"安化黑茶"证明商标及国家地标的管理、保护。充分利用湖南黑茶质量检测与产业技术服务平台，加强产品检测能力建设。着力构建农产品溯源体系，支持龙头企业开展智慧茶园建设，以安化黑茶国家现代农业产业园展示馆为平台，利用区块链技术对茶产品生产全程数字化记录，实现生产流程可监管、产品质量可追溯。三是坚持以节会展会创品牌、促销售。坚持以"请进来"和"走出去"相结合的方式强化品牌宣推。高规格举办第五届湖南·安化黑茶文化节，进一步扩大安化黑茶影响力。组织茶企抱团参加国际国内重要节会、展会，推动安化黑茶走出国门。

三　主要经验与启示

安化黑茶产业异军突起，逐步成长为区域内规模最大、品牌最响、综合效益最高、带动能力最强的支柱产业，激活安化县域经济高质量发展，经验与启示有：

一是以争创一流的雄心，推进行业地位不断巩固。成功创建安化黑茶国家现代农业产业园，完成"一馆两中心"和"六大平台"建设，安化黑茶工业互联网上线运行。安化黑茶获得国家地理标志保护产品和中国驰名商标称号，列入第二批国家非物质文化遗产保护名录，获评中国十大茶叶区域公用品牌。第三届中国国际茶叶博览会发布了以湖南安化、浙江安吉、福建安溪为代表的"三安经验"。

二是以精益求精的匠心，推进科技创新日新月异。聘请陈宗懋、刘仲华"茶界双院士"和王庆等5位权威专家担任安化黑茶产业发展首席顾问，刘仲华院士领衔的《安化黑茶提质增效关键技术创新与产业化应用》荣获国家科学技术进步二等奖，其唯一的院士工作站落户安化。制定出台支持企业人才队伍建设20条措施，大力引进高层次人才，设置安化黑茶学校，积极培养本土人才。依托中茶所、杭茶院、湖南农大、省茶科所等开展产学研合作,构建完善的科技创新支撑体系,加快科研成果的研发、转化和运用。茶日化用品、黑茶饮料、黑茶奶茶、金花散茶、桑香茯砖、智能泡饮机等创新产品不断涌现,产业链条不断延伸。

三是以交流互鉴的诚心,推进品牌宣传精彩纷呈。坚持政府搭台、企业唱戏,成功承办第三届、第四届湖南·安化黑茶文化节,达到以节扬名、以节会友、以节招商、以节鼓劲、以节促建的目的,充分展示了安化深厚的文化底蕴、丰富的物产资源以及强劲的发展态势。坚持"公共品牌+企业品牌"联动宣推的模式,先后策划了挑担茶叶上北京、安化黑茶少林泰山行、"潇湘五彩瓷茶风云"湖南省瓷茶融合发展大会、湖南春季乡村文化旅游节、贵州茅台和罗马尼亚红酒对话安化黑茶等系列主题活动,每年组织茶企抱团参加国内外大型展销活动,频繁亮相北上广深,提升了安化黑茶的开放度和知名度。

四是以一以贯之的决心,推进市场营销多点发力。实施"六进"工程,全面布局线下安化黑茶标准店。实施"全网计划",运用互联网新技术搭建"云"卖场,在长沙成立全国首个安化黑茶离岸孵化中心,在淘宝、京东等平台开设线上旗舰店。着力打造互联网经济典范,与字节跳动联合成立全国首个茶类"抖音"电商直播基地,"网红县长"陈灿平、世界冠军龚睿那、黄穗等一批知名主播进驻,"互联网+"新型营销模式不断涌现并日趋成熟。

五是以久久为功的恒心,推进融合发展成效凸显。安化坚持"茶为基础,旅为融合,文为内涵,体为活力,康为延伸"的茶旅文体康融合发展新模式,24小时健康茶生活已成为常态,人们晨起用茶牙膏、吃茶早点;白天走茶马古道、游茶乡花海、品韵味黑茶;晚上赏黑茶印象实景演出,住茶园民宿,泡茶温泉;睡前,敷茶面膜,健康茶生活正融入老百姓生活的点点滴滴。茶乡花海、黑茶特色小镇、梅山文化园、云上茶旅生态园、百花寨艺术高地等一批茶旅融合重点项目已建成或加快推进,一大批茶厂成为国家级旅游景区和省级旅游示范点,成为游客打卡之地。

第七节　新宁县县域经济高质量发展情况

一　县域基本情况

新宁县地处湖南省西南部，东连东安，西接城步，南邻广西全州、资源，北枕武冈、邵阳。总面积 2812 平方千米，户籍总人口 64.04 万人。旅游和脐橙是新宁两张亮丽名片。新宁历史人文底蕴深厚，是舜帝南巡之地、天下湘军之源，境内崀山、舜皇山皆由舜帝得名，其中舜皇山是全国唯一以古代帝皇名字命名的名山。民族风情异彩纷呈，八峒瑶山"跳古坛"列为省级非物质文化遗产，"岩鹰拳"列入国家级非物质文化遗产，一渡水镇西村坊被列入全省首批经典文化村。新宁旅游资源得天独厚，是湘西南旅游胜地，有国家 A 级旅游景区 8 家，崀山是国家攀岩训练基地、国家地质公园、国家级重点风景名胜区、世界自然遗产、国家 5A 级景区、"湖南十大文旅地标"，舜皇山是省级森林公园和国家自然保护区。新宁先后纳入全国旅游标准化示范县（全省唯一）、国家全域旅游示范区创建单位，跻身中国县域旅游竞争力百强县、全国生态旅游百强县、湖南省文化旅游特色县域经济重点县，石田村入选全国乡村旅游重点村，崀山镇获评湖南省特色文旅小镇。

二　主要成绩与重要举措

近年来，新宁县贯彻落实习近平新时代中国特色社会主义思想，依托旅游和生态优势资源，以打造世界优秀旅游目的地为统揽，"旅游+"为抓手，精心谋划，强力推进产业融合，着力提升品牌效益，推动经济持续稳中向好发展。

（一）主要成绩

2019 年，旅游达到历史以来"峰值"，全县旅游接待人次达 862.07 万，旅游总收入达 80.07 亿元。2021 年全县旅游接待人次达 499.29 万，旅游总收入达 39.8 亿元。"百里脐橙连崀山"理念得到有效落实，全县脐橙种植达 50 万亩、年产量达 70 万吨、产值达 50 亿元，单县面积居全国第一，成为名副其实的"脐橙第一县"。

（二）重大举措

一是注重谋划部署，强力推进"旅游+"第一战略。始终坚持贯彻落实习近平总书记"加快构建以国内大循环为主体、国内国际双循环相互促进的新发展格局""疫情要防住、经济要稳住、发展要安全"等重大决策部署和考察湖南时重要讲话重要指示批示精神，保持"旅游立县"战略定力，锚定"旅游+"第一战略强力推进。科学谋划，精准定位。登高望远，遵循科学理念、找准自身定位。放眼全国明方向。把中央、国务院"推进旅游为民，发挥旅游带动作用；发展大众旅游、智慧旅游、绿色旅游，推动红色旅游、乡村旅游提质升级，更好满足人民旅游需求。坚持以文塑旅、以旅彰文，推动文化和旅游在更广范围、更深层次、更高水平上融合发展"等重要决策部署作为全县旅游产业发展的根本遵循。以"旅游+"串联崀山世界自然遗产、5A级景区和崀山脐橙等特色资源优势，打造县域经济"两条腿走路"发展新格局。深入贯彻"百里脐橙连崀山"发展理念，对照省"十四五"文化和旅游发展规划"建设湘桂崀山文化旅游联动区和崀山世界级生态与文化旅游目的地"的要求，制定全县文旅发展"十四五"规划。立足全县定战略。大力实施"旅游立县、生态引领、产业富民、文化兴盛"发展战略，提出"打造世界优秀旅游目的地"目标，把实施"旅游+"作为推动全县高质量发展的重要决策，明确统筹推进全县创建国家全域旅游示范区等作为重点任务。高位推动，攻坚克难。坚定不移贯彻落实省市决策部署，团结带领广大干部想为、敢为、勤为、善为。省级层面高位推动。省委省政府对新宁文旅发展十分关心、寄予厚望，提出了"百里脐橙连崀山"发展理念，并写入省政府工作报告，为新宁"旅游+"发展指明了前进方向。市级层面高标驱动。市委市政府主要领导对新宁旅游发展多次提出精准指示，市各级各部门对新宁的支持力度不断加大，并将全市首届旅游发展大会放在新宁举办，给予"旅游+"强大的推动力。县级层面高质推进。将"旅游+"作为书记工程全县"一盘棋"统筹推进。把旅游工作列为县委常委会会议、政府常务会会议常驻议题，构建起县委县政府周调度、旅游产业领导小组月研讨的定期会商机制，及时分析形势、商讨情况、解决问题。狠抓落实，力保实效。突出履责任、强保障、严考核，树立大抓"旅游+"意识。压实工作责任。围绕"旅游+"实施出台文件、方案，建立健全责任清单制度，明确牵头单位、责任单位，明确责任岗位和人员，制定路线图、任务书，实行对账盘点、到点验收。落实要素保障。建立健全要素保障机制，协调推动项目、资金、人才等各类要素资源向落实旅游集聚。自创建国家全域旅游示范区以来，全县累计安排财政资金2.1亿元，直接投资7.8亿元，撬动社会资本125亿元。从严监督考核。完善"旅游+"指标体系、评价体系和责任追究体系，建立健全考核奖惩制度，引导广大干部把工作重心放到落实新理念、推动新发展上。

二是注重产业融合，努力形成"旅游+"发展格局。积极推动"旅游+""+旅游"，实现旅游产品由观光型向体验型转变，旅游业态由单一型向复合型转变，旅游生态由崀山一枝独秀向与周边区域联动转变，推动产业融合发展。聚焦基础设施建设，夯实"旅游+"产业发展基础。坚持以提质旅游硬件设施为重点，夯实产业发展基础。健全城市综合功能塑造城市形象。对标旅游城市要求，以全国文明县城、省级森林城市、省级卫生县城"三城同创"为抓手，不断优化城市公共基础设施。全面完成县城主干道改造，先后完成农贸市场、智能停车场等设施建设，发展各类接待住宿402家、地接旅行社13家、规模旅游购物场所6家。完善旅游配套设施提升旅游品质。以巩固提升国家旅游标准化示范县建设成果为抓手，大力推进文旅项目建设。2020年来，实施舜皇里文化旅游产业园等5000万以上投资重点文旅项目6个，总投资38.3亿元。以做好邵阳市首届旅发大会为目标，计划三年实施45个旅游产业项目。以打造标准化、智慧化、人性化的游览环境为导向，实现官网720全景漫游、门禁系统人脸识别等。破解旅游交通"瓶颈"助推旅游发展。以内联外畅为目标，大力推进交通网络建设，建设农村公路2097千米，建成金狮公路、洞新高速及崀山连接线，全力争取并建设白新、永新、新新三条高速，四条高速不断引导省内外游客向新宁汇聚，新宁即将进入"零距离上高速"时代。聚焦特色资源开发，推进"旅游+"产业融合发展。打好"旅游+"产业融合发展组合拳，实现生态赋能、文化赋魂、特色崛起。培育特色业态推进农旅融合发展。持续深化"百里脐橙连崀山"理念，以特色业态和产品打造特色区、特色线、特色点，以点连线、以线促面，用"好风景"带来"好钱景"，实现旅游发展助推乡村振兴。建设崀山文旅小镇、黄龙脐橙小镇等一批特色小镇，打造以金石镇、黄龙镇为中心的脐橙产业核心区、崀山景区农旅一体化示范区、脐橙主题休闲观光长廊。新建 3 条集产业观光、休闲度假、采摘体验、研学科普于一体的脐橙产业精品旅游线路。创成省级乡村旅游点 10 家，建成脐橙旅游观光园 21 个、休闲农业企业 26 家、国家级星级农庄 1 家、省级星级休闲农庄 11 家。挖掘特色文化推进文旅融合发展。实施"文化兴盛"战略，打好"书院文化、楚勇文化、民族文化、农耕文化、饮食文化""五张牌"，推进传统文化与旅游资源有机融合。狠抓国家非物质文化遗产"岩鹰拳"传承保护、省级文物保护单位和长征文化公园（湖南段）建设，加强重点历史建筑和街区保护利用，打造西村坊古民居等一批重点文化基础设施和文化新地标，推动金城书院等传统书院文化场所复兴。践行生态理念推进生旅融合发展。大力践行"绿水青山就是金山银山"理念，实施"生态引领"战略。以打造天蓝地静、绿水青山、景明人和的生态旅游名片为目标，持续开展自然保护区"绿盾"行动，打造舜皇山十万亩野生茶基地，连续举办 3 届湖南省生态旅游节暨舜皇山野茶节、5 届"潇湘 100 崀山越野赛"，建成崀山山水飞行体验基地，打造世界知名越野赛场地新地标。聚焦业态服务升级，撬动"旅游＋"产业创新发展。坚持解放思想，加大产业创新力度，推动"旅游＋"高质量发展。聚焦多元业态创新品。有效植入特色民宿、休闲体验、地质观光、研学科考、文化演艺等多种元素，建设崀山文化旅游产业园、满师傅生态文化产业园、太阳谷生态园等一批复合型旅游产品，培育崀山瑶寨非遗展演、舜皇里夜游、太阳谷及近田民宿等一批沉浸式旅游新业态，持续推进休闲游、研学游、亲子游等旅游新模式蓬勃发展。聚焦丰富体验出新招。逐步构建以康养、运动、浪漫为主题的旅游目的地，推出湘西南地区唯一大型文旅演出《爱在崀山》、全国首台瑶族实景剧《八峒恋歌》和崀山水舞秀、夫夷老街、湘西南文化艺术博览中心吸引四方游客，打造水岛秀、美食街区、温泉民宿等网红打卡点。聚焦区域协作谋新局。着力构建大崀山旅游联动区，打造"两区一走廊"，发挥湖南西部通道枢纽县域作用，主动融入西部陆海新通道。着力把新宁打造成"张崀桂"世界遗产国际旅游线路的中心节点城市，拓展延伸"张崀桂"世界自然遗产走廊。着力建设大崀山文旅融合示范区，以崀山为节点，串联城步、武冈等周边县市旅游资源，打造"生态丹霞"大湘西生态文化旅游精品线路。

三是注重品牌创建，全力凸显"旅游＋"叠加效应。持续提升独具地域特色的"崀山旅游""崀山脐橙"两大品牌内涵和底蕴，充分发挥传统和新媒体宣传矩阵作用，扩大品牌辐射带动效应，不断凸显"旅游＋"叠加效应。加强宣传营销，着力凸显品牌效应。聚焦"崀山旅游""崀山脐橙"两大地域名片，全方位提高崀山旅游和崀山脐橙的知名度和影响力，新宁县先后纳入全国旅游标准化示范县、国家全域旅游示范区创建单位，跻身全国县域旅游竞争力百强县、生态旅游百强县；脐橙种植达50万亩、年产量达70万吨、产值达50亿元，单县面积位居全国第1，崀山脐橙相继被评为中国果业最受欢迎的柑橘区域公用品牌10强、中国中部知名农产品品牌、湖南省"一县一特"农产品优秀品牌等荣誉称号，产品畅销30余个国内市场和40余个境外市场。加大与央视及省市媒体合作力度，加强硬广宣传和落地营销，连续举办七届"崀山脐橙文化旅游节"，积极开展农博会、洽谈会、推介会，加强跟阿里、京东等大平台的合作，形成"户外有形、电视有影、报刊有文、广播有声、网络有言"的立体推广宣传模式。坚持服务民生，着力凸显社会效应。加速推动资源优势转化为产业优势，稳定并提升村集体经济，有效解决农村产业发展不集聚，竞争力弱的问题。积极建立"公司＋农户"利益联结机制，大力培植旅游企业和脐橙种植龙头企业、种植大户和科技示范户，引导本土旅游企业、旅游专家和农业种植企业、种植大户、示范户与贫困户结对帮扶，让全县人数80%人口通过发展旅游和脐橙增收致富。"百里脐橙连崀山"产业扶贫经验编入《湖南省产业扶贫典型100例》、全国《产业扶贫典型案例》。崀山文化旅游产业园等项目的开发和建设，为周边居民提供200余个就业岗位，增加群众收入近1000万元。打造人才"雁阵"，着力凸显人才集聚效应。打造人才"集聚洼地"。整合各行人才资源，充分调配各方旅游资源，拉近新宁籍在外专家学者与家乡的距离，建起旅游"统一战线"，开展优秀导游和"新宁工匠"等评选活动，加速带动新宁本土旅游人才的发展和培育，建立健全全县文化旅游人才信息库。培养出1000余名旅游专业人才，带动6.7万余人专门从事旅游行业。千方百计引才、留才，出台《新宁县崀山人才行动计划》等政策文件，引进或动态式引入、交流文化旅游方面的专家，对引进的高级专业人才给予住房及生活补贴。加强与湖南农业大学、长沙理工大学、省农科院等高校院所对接合作力度，积极邀请省"三区"人才专家、旅游行业专家等实地指导。奏好人才"奋斗乐章"。持续举办崀山脐橙文化旅游节等特色旅游活动，弘扬崀山"申世遗"精神，凝聚起新宁干部群众为旅游、为经济发展解放思想、凝心聚力的思想共识，激励广大党员干部传承艰苦奋斗、百折不挠、舍小家为大家的拼搏精神，更激励起年轻干部"干出一种新气象，干成一番新事业，干出一片新天地"的精气神。

三　主要经验和启示

（一）主要经验

一是要坚持因地制宜。充分挖掘利用自身资源条件，将资源优势转变为经济优势、发展优势，走出一条独具特色的发展之路。

二是要坚持高位推动。做到高位推动、战略谋划、"全盘"统筹，充分调动各方面积极性和主动性，形成促进发展的强大推力。

三是要坚持融合发展。大力推进"旅游+""+旅游"，宜融则融、能融尽融，"文、生、旅"融合互促产生叠加效应，形成更多文旅新业态，不断提升文旅综合效益。

四是要坚持打造品牌。品牌就是名片，有好品牌才会有不断拓展的营销空间和发展空间。新宁县借力"崀山旅游""崀山脐橙"两块"金字招牌"，推动文旅产业成为全市龙头。

（二）相关启示

新宁"旅游+"之所以能取得显著成效，主要得益于以下几点。

一是坚持了正确政治方向不偏离。自觉增强"四个意识"，坚定"四个自信"，做到"两个维护"，在思想上政治上行动上始终同以习近平同志为核心的党中央保持高度一致。这是最重要的政治纪律和政治规矩，任何时候都不能有丝毫偏离。

二是坚持了"旅游立县"战略不动摇。始终把"旅游立县"作为新宁高质量发展的核心战略，持续发力，久久为功，走出一条质量更高、效益更好、优势释放更充分的产业融合发展路子。这是我们实现高质量发展必须坚持的发展战略，任何时候都不能动摇。

三是坚持了实干担当精神不懈怠。贯彻落实习近平总书记考察湖南的重工讲话精神，永葆"闯"的精神、"创"的劲头、"干"的作风，真正做到了真抓实干、埋头苦干、精抓细干。全县党员干部始终坚持"干"字当头、"实"字为要，以"功成不必在我、成功必定有我"的境界，一件一件地抓，抓一件成一件，展现了比拼干、合力干的良好精气神，用实际行动交出了想事干事成事而不出事的优异答卷。这是我们有效推动工作的重要保障，任何时候都不能懈怠。

四是坚持了增进民生福祉不忘本。始终坚持人民至上，坚守为民情怀，把问需于民、问计于民、问效于民贯穿作决策、干工作全过程，切实做到发展为了人民、发展依靠人民、发展成果由人民共享。这是我们认识、分析和解决问题的出发点，任何时候都不能忘记。

第十一章

县域经济生态经济示范县典型案例

湖南在推进县域经济高质量发展进程中，特别注重生态保护，着力践行绿水青山就是金山银山的发展理念，涌现出一大批生态经济强县，考虑到生态经济示范县（市、区）发展的典型性，本章选取了怀化市的芷江县、邵阳市绥宁县、永州市的江永县、郴州市的永兴县进行案例分析。

第一节 芷江县县域经济高质量发展情况

一 县域基本情况

芷江侗族自治县位于湖南省西部、怀化市中西部，东部与鹤城区、中方县相靠，南部和洪江市、会同县、贵州省天柱县相携，西部同新晃侗族自治县、贵州省铜仁市接壤，北部与麻阳苗族自治县毗邻，素有"滇黔门户、全楚咽喉"之称。全县总面积2099平方千米，人口37.46万人，辖9镇9乡，侗、汉、苗、土家等25个民族在此和谐生息，其中侗族占全县总人口的58.9%，是全国五个侗族自治县之一、湖南省民族团结进步示范县。1945年8月21日中国人民抗日战争胜利受降仪式在此举行，芷江因此蜚声中外，2021年获准成为中国继南京之后第二座国际和平城市，是全国海峡两岸交流基地、中国华侨国际文化交流基地。县境内有怀化市唯一的机场——芷江机场，沪昆高铁在此设站，沪昆高速、长芷高速、芷铜高速交错联结，形成铁路、公路、航空"三位一体"的立体交通网络。有中国人民抗日战争胜利受降旧址、湖南抗日战争纪念馆、飞虎队纪念馆、红军长征在芷江陈列馆、天后宫、沅州石雕等一大批历史人文自然景观，是中国著名文化旅游县、中国最佳休闲旅游县、一生要去的66个"中国文化旅游大县"、省级历史文化名城。森林覆盖率达70.28%，是全国少数民族地区首个国家级生态示范县、全国绿化模范县、全国造林绿化百佳县、"全国水生态文明城市""全国水利风景区"、湖南省生态文明建设示范县、全省农村人居环境综合整治先进县、湖南省古树名木主题公园建设示范县、湖南省第一批森林康养基地。2021年实现GDP 113.24亿元，同比增长8.8%；地方财政收入6.1亿元，增长5.8%；地方税收收入4.5亿元，增长16.7%，芷江在大湘西地区县域经济高质量发展纵向指数综合排名第19位，在湖南县域经济高质量发展纵向指数中效益指数排名第2位，获得国家级荣誉14项，省级荣誉36项，农村人居环境整治、食品安全、信访、"放管服"和"一件事一次办"改革4项工作获省政府真抓实干督查激励。

二　主要成绩和重要举措

（一）聚焦环境整治，持续夯实生态基础

坚定不移走"保护环境、持续发展"之路，严格遵循"共抓大保护、不搞大开发"要求，坚决打好蓝天、碧水、净土"三大保卫战"和人居环境攻坚战，守好"绿水青山"，厚植绿色底蕴，人民群众的幸福感、获得感、安全感显著增强。

一是全面开展蓝天保卫战，共守蓝天白云。深入推进空气质量达标城市创建工作，2021年空气优良率达97.3%，县小渔溪村大气自动站被确定为国家级区域站，县产业开发区设立大气环境质量监测微站点；开展城区建筑工地6个"百分百"、矿山开采等行业扬尘整治，推进重点行业VOCS综合治理，全面淘汰燃煤小锅炉和黄标车，完成加油站油气回收改造23座，城区实行全面禁燃；33个行业排污许可核发整改率和登记完成率100%，91个行业登记完成率100%。

二是大力实施碧水保卫战，共护一江碧水。全面落实河长制，设置县、乡、村三级河长377名、河道警长230名，对县域内河流、水库全覆盖监管；完成"千吨万人""千人以上"集中式饮用水水源保护区划定，取缔保护区内违法企业4家；在怀化市率先启动河道砂石资源全面禁采，扎实推进天然水域十年禁捕工作，全面完成涉渔"三无"船舶集中处置和退捕渔民安置。2021年县城饮用水源、出入境断面水质稳定在Ⅱ类标准，水质达标率均为100%，工业废水和废气排放达标率、县城生活污水处理达标率均达100%，水质排名全省第12位。

三是有序推进净土保卫战，共享锦绣青山。着力加强对生态红线、三道坑省级自然保护区的日常监管，把㵲水7000余亩林地列入饮用水水源涵养林核心区域，将沿河两岸林木纳入生态公益林管理；积极实施退耕还林、"三边绿化"等生态工程，每年投入1000万元以上，造林面积超过2万亩；严厉打击破坏林木行为，2017年以来共办理林业行政案件100余起；重点整治非煤矿山、尾矿库及其采选、冶炼企业环境污染，全面完成中央和省级环保督察反馈问题整改。

四是扎实打好人居环境攻坚战，共创美丽家园。扎实推进农场人居环境整治提升五年行动，累计投入资金3亿元，全力推进城乡环境治理，深入开展村庄清洁行动，实现90%以上行政村生活垃圾集中处置，县城生活垃圾无害化处理率、危险废物处置率达100%，超额完成农村卫生户厕改造任务，创建省级卫生乡镇2个、省级美丽乡村建设示范村5个，荣获湖南省农村人居环境综合整治先进县。近5年来无重大生态环境污染事件发生，生态环境状况指数高达82.25，荣获第二次全国污染源普查先进集体。

（二）发展绿色经济，高效实现生态价值

坚定不移走"生态立县、产业强县"之路，充分挖掘生态资源禀赋，切实把生态资源优势转化为发展优势、经济优势，因地制宜壮大"美丽经济"，努力推动经济社会高质量发展，探索出了一条增绿与增收的双赢之路。

一是生态农业持续发展。将绿色发展、生态农业纳入县"十四五"农业农村经济发展规划，大力推广高效生态农业模式，加快推进现代农业产业化，建立优质稻、优质冰糖橙、优质生猪等特色优势产业基地8个、粤港澳大湾区菜篮子基地5个，创建国家级专业合作社2个、省级示范合作社10个，获评"中国好粮油"行动示范县；全力推动农产品精深加工，重点培育柑橘、芷江鸭、芷江甜茶等10亿元级特色产业，其中芷江甜茶进入临床研究，有望发展成为百亿级产业；着力打造"侗香芷江"区域公共品牌，大力培育"两品一标"农产品，累计获得绿色食品认证

40 个、有机食品认证 5 个，"芷江鸭""芷江甜茶"被列入全国名特优新农产品名录，芷江白蜡获批农产品地理标志产品，芷江甜茶获批"新食品原料"。2021 年，以生态农业为主导的第一产业增加值 24.54 亿元，增长率 9.9%。

二是绿色工业量质齐升。牢固树立绿色低碳发展理念，着力抓好项目招引，突出"招大重新"理念，大力引进"500 强"企业、龙头企业、专精特新"小巨人"企业，在用能、用水、污染物排放等方面严格审核，从源头上控制高能耗、高排放及产能过剩项目入驻。今年来共签约项目 14 个，总投资金额 71.15 亿元；着力建设"五好"园区，坚持以电子信息产业为主导产业、农产品精细加工为特色产业的"一主一特"发展思路，严格落实生态保护红线、"三线一单"要求，加快建设生态园区。累计入驻工业企业 57 家，其中省高新技术企业 13 家、专精特新"小巨人"企业 4 家，获评湖南省双创示范基地、省级电子信息公共服务平台。2022 年 1—9 月，园区生产总值 17 亿元，亩均生产总值 105 万元/亩，亩均税收 6.5 万元/亩。着力优化能源结构，加大新能源开发利用，推动新旧能源加速转换，建成乡村光伏发电站 80 个惠及 85 个村，西晃山风电场建成并网发电，成功引进湘投国际天然气发电项目。

三是现代服务业稳中有进。强力推进生态文化旅游发展，依托独特的生态文化、和平文化、民族文化等资源禀赋，全力推进国家 5A 级景区和国家全域旅游示范区创建工作，大力推进和平艺术中心、和平湖开发项目建设，和平湖获评国家水利风景区，成功创建国家 4A 级景区 1 个、3A 级景区 2 个，中国人民抗日战争胜利受降旧址创国家 5A 景区通过省级评定。大力推进乡村旅游助力乡村振兴，成功举办黄畲侗寨过侗年、大树坳葡萄节等生态旅游活动，创建湖南省星级乡村旅游点 6 个，芷江获评省级全域旅游示范区，正式被纳入湘鄂渝黔革命老区范围。2022 年 1—9 月共接待游客 181.25 万人次，实现旅游收入 16.48 亿元；着力培育扶持市场主体，认真落实保市场主体政策措施，2022 年新增市场主体 3372 户，其中企业 880 户，完成率 108.8%，新增"四上"企业 6 家，得到国务院大督查组充分肯定，并上报经验材料；稳步推进房地产业发展，制定出台《房地产市场健康发展十条措施》，启动城东片区综合开发，2022 年 1—6 月房地产投资增长 12.9%，商品房销售面积增长 11.3%；

全力支持金融行业发展，按照"一年新增一家金融机构"思路，近年成功引进湘江村镇银行、长沙银行、华融湘江银行，目前全县银行业金融机构达10家，存贷款余额分别为167.45亿元、110.1亿元。

（三）探索特色创新，不断增添生态活力

坚定不移走"创新驱动，融合发展"之路，依托生态环境优美、自然禀赋优良的特点，突出芷江特色，积极探索生态产品价值实现路径创新，建立健全具有芷江特色的生态产品价值实现新路径，有力推动经济高质量发展。

一是探索林业绿色高质量发展新路径。依托森林覆盖率高达70.28%资源优势，积极推进"国家储备林"项目建设和"林业碳汇"开发工作。通过人工林集约栽培及现有林改培、抚育、补植补造等，营造工业原料林等多功能森林、供给珍贵树种等中高端木材、提供立木储备等多种储备功能。与中国农业发展银行达成协议，规划建设国家储备林24万亩基地，第一期建设6.15万亩，项目贷款授信4.5亿元，建立林下种植黄精、苗圃基地，建设芷江白蜡基地、甜茶基地，同步发展林下经济；围绕"双碳"目标，扎实推动林业碳汇开发，构建起生态产品实现价值机制，实现林业经济效益、生态效益和社会效益相统一。

二是探索绿色金融服务新路径。充分发挥生态优势，积极谋划绿色金融创新，在全国首次完成"生态资产贷"业务，将生态优势转化为经济优势，为生态产品价值实现机制注入"金融"力量。借助中国科学生态环境研究中心等"外脑"作用，以无形森林生态资产为依托，从"量、质、价"三个维度开展确权交易，核定生态资产价值；开展政银协同服务，研究制定《关于金融助力产品价值实现的指导意见》，搭建绿色金融服务大数据平台，建立生态信用档案、正负面清单和信用评价机制、生态信用行为与金融信贷挂钩的联动惩戒机制，对农户、企业和合作社开展信用评级，依据评级结果成功为三道坑林区投资公司直接发放贷款1000万元。大力推广"乡村振兴共享贷"产品，筛选产业基础好、发展潜力大、发展意愿强的农村集体经济组织，为其产业发展提供高额度、低利率的信贷资金，共完成199个行政村授信，授信总金额达9.37亿元，成功为碧涌镇清江村、三道坑镇千公牛村和公坪镇公坪社区发放"乡村振兴共享贷"860万元。

三是探索农旅融合发展新路径。坚持生态产业化、产业生态化理念，依托独特的区位优势、生态优势和自然资源禀赋，把"农业+旅游"作为乡村振兴的重要发展引擎，通过激活资金、土地、人力等资源，多管齐下，走出了一条"以农促旅、以旅兴农"的农旅融合发展之路。将柑橘产业同乡村旅游相结合，古冲村构建"产供销、园景游"产业格局，开展"品乡风文明，赏橘园美景"活动，今年来共接待游客团队100余个3000余人。牛牯坪村依托梯田美景，建设芷江"玉腰米"种植基地，举办"助力乡村振兴、我到千丘田种粮食"插秧、中国农民丰收节暨侗香芷江玉腰米基地开镰仪式等活动，实现农民增收、品牌增值、游客增长"三增"目标。唯楚酒庄通过举办"中国·芷江刺葡萄节"，放大节庆效益，提升文旅融合发展质量，聚力打造"生态+产业+文旅"融合发展刺葡萄产业小镇，建设农业特色产业与乡村旅游互促融合的"农旅融合创新示范区"，成功创建国家3A级景区。

（四）强化组织保障，切实提升生态质效

坚定不移走"全面保障，安全发展"之路，坚持把生态文明建设作为重大政治任务摆上重要议事日程，立足实际，稳步推进生态文明体制改革，着力构建全域的生态环境保护和治理体系。

一是建强体制机制。全方位构建"林长制"工作推进体系。在全省率先建立县、乡、村、组四级林长体系，建立"一长三员"网格化管护机制，以纳入全省林长制巡护系统试点为契机，不断完善森林资源"一张图"动态监测体系，形成"抓林长、林长抓"的良好工作格局，成功创建国家森林乡村3个、省级森林乡村176个。全流域构建"河长制"河湖管理体系。在全省率先构建"官方河湖长+河湖检察长+河湖警长+民间河湖长+企业河湖长+护河员+志愿者共同管护"河湖管理体系，实行"互联网+水资源"综合管理，实现水资源动态、定量、精细化管理；创新"河长制+研学政"模式，不断推进水环境治理的科研和成果转化，实现水环境治理多赢、和谐和可持续发展。全县域构建"田长制"耕地保护体系。在全省率先建成县、乡镇、村、组四级耕地保护"田长制"，落实最严格的耕地保护制度，坚决遏制耕地非农化、防止非粮化，切实扛牢粮食安全和粮食生产政治责任。

二是优化营商环境。牢固树立"营商环境就是生产力、就是生命线、就是城市名片"的理念,坚持以环境大优化推动高质量发展,在全国首创轻微违法行为不予处罚的改革,累计对1222个首次轻微违法行为免于处罚,开展政务服务"大提速"活动,办理时限较法定时限提速率达到94.56%,开展营商环境民主测评、优化营商环境专项巡察、营造一流营商环境"旋风行动"和"快牛奖""慢牛奖"评比,进行"损害营商环境"专项整治,2021年"放管服"和"一件事一次办"改革工作获省政府真抓实干督查激励。

三是严守工作底线。以"时时放心不下"的责任感,统筹发展和安全,统筹疫情防控和经济社会发展,深刻吸取各地各类安全生产事故教训,始终绷紧安全生产这根弦,突出抓好防旱抗旱、信访维稳、安全生产、疫情防控等重点工作,守牢守好安全发展底线。始终坚持严的主基调不动摇,坚持将"不敢腐、不能腐、不想腐"一体推进,坚定不移推进党风廉政建设和反腐败斗争,持续加大重点领域腐败治理力度,用心用情整治群众身边腐败和不正之风,大力开展"三整顿两提升"干部作风建设专项活动,营造风清气正的政治生态和干事创业的良好环境。

三 主要经验和启示

县域活则全盘活,县域强则全盘强。芷江坚持以习近平生态文明思想为指导,统筹推进"五位一体"总体布局,牢固树立"绿水青山就是金山银山"理念,根据省委"8+3+3"考核体系,聚焦生态涵养功能区定位,以创建国家生态文明建设示范县为总抓手,把生态优先、绿色发展融入县域经济发展全过程,走出了一条符合自身实际的高质量发展新路子。

一是坚持"思想统领"和"规划引领"并重,不断夯实县域高质量发展的基础。芷江始终坚持以习近平新时代中国特色社会主义思想和习近平生态文明思想为统领,聚焦生态涵养功能区定位,牢固树立和践行"绿水青山就是金山银山"理念,在编制《十四五芷江侗族自治县发展规划》过程中,对生态文明建设篇章进行了详细阐述,瞄准创建"国家生态文明建设示范县"和"国家森林城市"目标任务,又编制了十四五生态文明建设详细规划,进一步阐述了生态制度、生态环境、生态空间、生态经济、生态生活、生态文化等领域具体任务。同时,坚决扛牢生态环境保护重大政治责任，切实肩负推进长江大保护的重大历史使命，扎实有力推进污染防治攻坚战，突出抓好重金属污染、尾矿库污染、农业面源污染整治，狠抓中央和省级环保督查反馈问题整改，统筹推进生活垃圾、污水、黑臭水体等治理，水、大气、土壤以及环境状况指数等主要生态指标不断提升，县域高质量发展的生态基础得到有效夯实。

二是坚持"基础发展"和"提质发展"并抓，不断增强县域高质量发展的动力。芷江充分挖掘生态资源禀赋，切实把生态资源优势转化为发展优势、经济优势，持之以恒推动"基础发展"和"提质发展"，其中，"基础发展"主要以项目、产业、园区、招商、平台为重点，在项目建设上，牢固树立"以项目论英雄"的鲜明导向，构筑全县重点项目"金字塔"（"塔尖"为进入国家库专项债的重点项目，"塔腰"为全年重点项目，"塔底"为"十四五"谋划的重点项目），重点突出生态产品项目，形成"谋划一批、实施一批、储备一批、补充一批"的良性循环；在产业发展上，因地制宜壮大"美丽经济"，大力扶持柑橘、芷江鸭、芷江甜茶等10亿元级特色产业，着力培育生态农业基地。大力推进国家全域旅游示范区和国家5A级景区创建，深度做好"旅游+"文章，着力打造生态旅游品牌；在园区建设上，以创建"五好"园区为统揽，坚持"一主一特"发展思路，深入推进调区扩区和园区基础设施建设，加快建设生态工业园区；在招商引资上，压实全员招商责任制，突出"招大重新"理念，大力引进"专精特新"企业；在平台建设上，加快评级转型，抓好城市更新和新能源项目的申报和包装，为产业项目建设提供有力支撑。"提质发展"主要以城镇化、乡村振兴、社会治理、共同富裕为重点，在城镇化建设方面，深入推进城市更新行动，积极融入鹤中一体化发展，加快建设怀化城市副中心；在乡村振兴方面，聚焦规划、产业、民生、环境、人才、党建"六大重点"，深入实施乡村建设行动，着力创建省级乡村振兴示范县；在社会治理方面，以建设"政治功能强、支部班子强、党员队伍强、作用发挥强"的"四强"党支部为目标，实施党支部"五化"建设提质工程，建强党的基层组织体系，夯实基层治理基础。在共同富裕方面，聚焦群众"急难愁盼"，以"岗位、学位、床位、车位、厕位、梯位"为切入口，全力办好重点民生实事，不断提升人民群众获得感幸福感安全感。

三是坚持"生态产品"和"价值实现"并举，不断拓宽县域高质量发展的路径。芷江坚持理论联系实际，把环境约束转化为绿色机遇，坚定走绿色发展道路。一是做好生态产品项目包装和申报。认真研究《湖南省协同推进沅江流域生态优先绿色发展工作方案（2022—2025年）》，抢抓怀化市争取国家生态产品价值实现机制试点城市机遇，围绕林、田、水、湖、河等生态资源，加快包装和储备一批符合收益率要求和社会需要的生态价值实现项目。林：积极对接国储林二期项目贷款事项，加快国储林项目建设，推动林权抵押，发展林下经济模式与林业碳汇开发交易；田：建设高标准农田，推进现代种业提升工程，发展特色农产品种植示范基地，推动形成覆盖一二三产的完整产业链；水：加快推进国家重点支持的蟒塘溪水资源配置工程输水线路建设，推进杨溪流域水系连通及水美乡村建设，打造水系沿岸文化旅游、观光农业，构筑多产业融合的发展体系；湖：加快推进和平湖夜游项目，依托芷江"和平名城"文化名片，打造"湘西第一夜景"；河：推进潕水河全流域治理，统筹推进流域生态环境保护修复，建立健全流域生态产品价值实现机制。二是推动项目建设实现价值换算。做好项目落地后 GEP 的核算，并换算为 GDP 数据，推动城乡居民人均可支配收入、财税收入等指标持续增长，实现县域经济高质量发展，在全省县域经济高质量发展考核评价中争先进位。总结三道坑林区"生态贷"模式成功经验，推动与金融机构在生态产品开发方面的合作，建立"一站式"绿色金融服务平台，构建普惠金融、绿色债券、生态基金、生态保险组成的绿色金融服务体系；加强中央预算内投资、专项债券资金生态价值实现项目申报，为生态价值实现提供更多资金支持。

四是坚持"健全机制"和"强化考核"并推，不断强化县域高质量发展的保障。芷江立足实际，建立健全"党政同责、一岗双责、齐抓共管、失职追责"的生态环境保护责任体系，切实增强做好生态保护工作的使命感、责任感和紧迫感，以严格、全面的督促检查、考核评价、奖励惩戒制度推动工作落实，确保党中央关于生态文明建设各项决策部署落地见效。同时，充分发挥绩效考核"指挥棒"作用，根据省委"8+3+3"考核体系，研究制定出台《芷江侗族自治县绩效考核奖惩实施细则》，认真落实绩效管理考核工作"一把手"负责制，压紧压实各级各部门特别是"一把手"责任，对绩效考核指标实行一月一调度、一月一通报，把考核结果作为确定领导班子、领导干部年度考核等次和干部选拔任用的重要依据，不断激励广大党员干部担当作为，进一步提升积极性、主动性、创造性，持续推动经济高质量发展。

第二节 绥宁县县域经济高质量发展情况

一 县域基本情况

绥宁县位于湘西南边陲，东部由北向南分别与洞口县、武冈市、城步苗族自治县毗邻；西部由北向南分别同洪江市、会同县、靖州苗族侗族自治县、通道侗族自治县交界。全县总面积2917平方千米，人口39万人，辖8镇9乡215个村20个居委会。绥宁是少数民族人口大县，境内居住苗、侗、瑶、壮等24个少数民族，有8个少数民族乡，少数民族人口占全县总人口的63%，被国家民委命名为"全国民族团结进步创建示范县"。绥宁是中国民间艺术之乡、中华散曲之乡，绥宁苗族四八姑娘节列入第二批国家级非物质文化遗产名录，寨市古镇成功申报为国家级历史文化名镇，关峡大园古村成功申报为省级历史文化名村。绥宁县是典型的山区县和全国重点林区县，森林覆盖率达76.49%，被联合国誉为"没有污染的神奇绿洲"，境内森林覆盖率、活立木蓄积量、林木年生长量等林业指标名列全省前茅，是全国重点林区县和传统林业大县，被国家林业和草原局授予"中国竹子之乡"、省林业厅授予"三湘林业第一县"。绥宁境内有黄桑国家级自然保护区、花园阁国家湿地公园、黄桑省级风景名胜区和黄桑省级地质公园四处自然保护地，2013年获评国家生态示范区，2016年成功列入国家重点生态功能区，先后荣获"全国绿色小康县""绿色中国生态成就奖""省级文明城市""省级卫生城市""省级森林城市"等称号。2021年11月，获"省级生态文明建设示范县"称号，8个乡镇创建为省、市生态文明建设示范乡镇，59个村创建为市级生态文明建设示范村。绥宁县是革命老区县，获得"全省双拥模范县"十连冠、"全国双拥模范县"七连冠。

二 主要成绩和重要举措

（一）聚焦产业发展，夯实生态经济成色

坚持把"山清水秀生态美"作为发展的最大财富，深入践行习近平总书记"两山"理论，充分挖掘优良生态中蕴含的"产业附加值"，积极构建以"生态+"为主导的现代化产业体系，探索变"美丽资源"为"美丽经济"的新路径。

"生态+旅游"经济圈基本成型。以全域旅游为抓手，深入实施旅游"+美丽乡村""+文化产业"等"旅游+"工程，打造文旅结合、商旅结合、农旅结合的"三个旅游经济圈"。黄桑生态旅游区荣升国家4A级旅游景区，巫水画廊景区获批国家3A级景区，堡子岭国有林场成为"全国森林康养基地试点建设单位"，入选湖南省大湘西精品线路重点县。先后成功创建国家级历史文化名镇1个（寨市古镇）、省级历史文化名镇1个（李熙桥镇）、国家级历史文化名村2个（上堡侗寨、大园古苗寨）、省级历史文化名村2个（田心村、陈家村），上堡等13个村入选中国传统村落名录；苗族插绣、剪纸、上堡故事被列入省级非物质文化遗产；四月八姑娘节被列入"国家级非物质文化遗产保护名录"，已成为绥宁旅游的靓丽名片。

"生态+农业"新业态基本形成。坚持质量兴农、绿色兴农，把农业生态化与品牌化、网络化、适度规模化相结合，着力打响特色品牌。紧紧围绕"百千万"工程抓特色农业，突出"一镇（乡）一业""一村一品"格局，大力推进杂交水稻制种、油茶、中药材、葡萄、猕猴桃、中华肾果、有机蔬菜和生态养殖等特色产业发展，突出建好"三茶两花"（庙湾茶、绞股蓝茶、青钱柳茶和玫瑰花、金银花）。先后引进隆平、科裕隆、亚华等十余家制种企业，制种面积、产量、产值长期保持全国前列。油茶林发展到21.7万亩，纳入全国油茶重点县。"三品一标"认证产品达到8个。特色农产品规模加工企业发展至20家。绥宁被批准为国家级杂交水稻种子生产基地，全国油茶产业发展基地示范县；"绥宁绞股蓝"获国家农产品地理标志，"绥宁青钱柳茶"获国家地理标志产品保护。

"生态+制造"产业链已见雏形。把绿色GDP作为核心价值取向，

放大优越生态环境对战略资本的天然吸附效应，以竹木产业作为全县主导产业，培育主体产品，壮大龙头企业，打造特色园区，推动"竹子之乡"向"竹业之乡"转变。2021年，竹加工规模企业发展至24家，开发了竹木复合板、竹地板、竹管道、体育滑板、绝缘纸、一次性竹餐具、竹炭等一批具有市场竞争力的产品，创建国家级名牌5个、省级名牌14个；竹滑板全国市场占有率达40%、竹筷产量占全省总产量的30%，竹木加工产值达17亿元。袁家团工业园获评国家木竹产业示范园，关峡湘商产业园成为全省"135"创新创业重点园区，园区集聚效应进一步凸显。

（二）聚焦环境整治，厚植生态底色

生态是绥宁的特色和根基。近年来，绥宁县全面贯彻习近平生态文明思想，践行"绿水青山就是金山银山"理念，严格遵循"共抓大保护、不搞大开发"要求，进一步巩固森林生态优势，推进绿色发展，山青、水绿、天蓝、气洁的美丽形象得到巩固和发展。

坚持绿色发展理念，生态格局不断优化。始终把生态立县作为第一战略来坚守，严格落实"三线一单"湖南省生态环境准入清单，严格执行环评制度，严把项目准入关口，优化环评审批服务，坚决淘汰落后工艺和产能，促进传统产业转型升级，构建绿色产业体系。推进生态环境保护精细化管理，严禁新上采矿项目，实现现有采矿企业逐步有序退出，从源头上限制和规范采矿行为，成功被列入国家重点生态功能区。加强生态资源培育和保护修复，完成植树造林19.66万亩，生态公益林面积达到81.3万亩，森林覆盖率稳定在76%以上。虾子溪饮用水源、巫水河花园阁断面、河口断面水质提升到Ⅱ类标准，游家湾断面水质稳定达到Ⅲ类标准，达标率为100%。打造了"神奇绿洲、最美生态"的靓丽名片。

坚持筑牢绿色屏障，生态环境显著改善。坚持最严格的环境保护和水资源管理制度，深入实施大气、水体、土壤污染防治，切实提高环境质量。一是全面开展蓝天保卫战。县城建城区10蒸吨以下燃煤（燃柴）锅炉全部淘汰；建筑工地扬尘防治管理工作基本做到6个100%；街道机扫和洒水确保路面干净整洁；大中型餐饮企业全部使用天然气等清洁能源和安装高效油烟净化装置；完成了工业集中区网格化监测微型站及监测平台建设。县城空气质量综合排名全市第2，全省前列。二是大力实施碧水保卫战。开展千吨万人水源地隐患排查；对全县42座水库退养进行监督巡查；全县各重要饮用水源地和水功能区水质状况检测达标率100%，2020年成功获评省级县域节水型社会示范县；加强县域河流管理，县、乡、村三级472名河长171名河道警长开展常态化巡河。2021年绥宁县地表水综合指数2.55，水质排名全市第1，全省前5名。地表水4个国控、省控断面水质均达到Ⅱ类标准以上。三是稳步开展净土保卫战。加强土壤环境风险管控，对县合力铁矿有限公司、县金鼎矿业有限公司、县红岩金属矿业有限公司3座尾矿库环境问题进行了整治，上报销号；投入400多万元对侗溪原垃圾填埋场环境问题进行了治理，全县土壤环境质量总体保持稳定；对全县土壤治理项目开展了土壤污染治理与修复成效评估工作，编制了评估报告并通过专家评审。

坚持实施环境整治，人居环境持续改善。开展畜禽养殖业专项整治，畜牧业全部实现生态养殖；完成了县城污水处理厂扩建工程、袁家团工业集中区污水收集管网以及湘商产业园和武阳镇生活污水处理厂的建设，园区废水和县城生活污水得到有效处理；集中开展村庄清洁行动，对乡镇镇政府所在地的村（居）实行农村生活垃圾清扫收集转运特许经营试运营，农村人居环境明显改善，日常保洁实现常态化。集中式饮用水水源地水质优良比例均达到100%，镇村饮用水卫生合格率均达到100%。2021年，城镇污水处理率达到93.92%，城镇生活垃圾无害化处理率达到100%；农村无害化卫生厕所逐步普及，并且通过农村环境综合整治，全县农村生活污水治理率超过60%的村达到65个，农村生活污水处理率达到30.23%。积极引导建设绿色住宅小区和绿色生态城区，绿色建筑得到规模化发展。

（三）聚焦强效赋能，增添生态亮色

提升生态文明意识。以创建全国生态文明示范县为有力抓手，助推生态文明意识提升。坚持健全制度机制，高位推动创建工作。强化组织领导。成立了县委、县政府主要领导担任组长，县委、县政府相关部门为成员的创建国家生态文明建设示范县工作领导小组，制定印发《绥宁县创建国家生态文明建设示范县工作实施方案》。强化规划引领。坚持以新发展理念为统领，突出"生态立县"主基调，推进各项工作。编制完成了《绥宁县国家生态文明建设示范县规划》并通过专家评审，出台了

《关于全面推进绥宁生态县建设的若干意见》《关于加强生态文明建设的决定》《关于坚决打好污染防治攻坚战全面加强生态环境保护创建全国生态文明示范县的意见》。强化宣传引导。积极开展环境保护、节能减排、绿色发展方面的宣传工作，制定了生态文明建设知识宣传方案，大力实施生态镇、村、绿色单位创建，推进绿色发展理念进机关、进学校、进企业、进社区、进农村，增强全民的节约意识、环保意识、生态意识。

打通致富交通网。不断夯实交通基础设施。完成交通固定资产投资46亿元，构建了高速公路、国省道、县乡道协同推进的综合运输体系。武靖高速实现通车，结束了县城30分钟不能上高速的历史。国省干线公路达到285千米。完成农村公路"窄改宽"627千米、自然村通水泥（沥青）路158千米。推动路长制建设，全面拉升公路养护管理水平，高质量推进"四好农村路"建设，对农村公路进行提质改造，提升公路"好路率"。提升农业基础条件，修建农田机耕道、竹林道，其中2021年修建农田机耕道200千米，新修竹林道200千米。

优化营商环境。实施产业扶持发展政策。制定出台了《关于加快推进产业发展的实施意见》《绥宁县中小企业发展专项资金管理办法》等文件。明确了绥宁县巩固杂交水稻制种、油茶、竹笋、黔邵花猪、青钱柳等优势产业，建设优质农产品供应基地。立足生态优势和文化特色，加快核心旅游景点（区）建设，融合发展一产、二产。纵深推进"放管服"改革，全面优化营商环境。以"互联网+政务服务"工作为抓手，积极推进"一件事一次办"改革和基层公共服务（一门式）全覆盖等工作，缩短群众、企业办事时限，全力打造一流的政务服务环境。

三 主要经验和启示

（一）坚持"源头保护"与"生态修复"并重，促进了生态经济发展基础

一是构筑最强生态屏障。坚持以"两山"理论为引领，优化城镇、农业、生态"三大空间"，守牢永久基本农田、城镇开发边界线和生态保护红线"三条控制线"，加大水源地保护。深入开展国土绿化行动，继续推进"五边"绿化，公路"两线"景观带建设，构筑起了高质量发展生态屏障。二是实施最大生态修复。以减污降碳协同增效为总抓手，加大

"散乱污"企业整治。严格落实"一河一策",常态化开展"巡河、清河"行动,扩大城区雨污分流覆盖面,巫水出境断面水质常年稳定达标。扎实推进土壤治理和保护,持续用力抓好农业面源污染治理,土壤污染风险得到有效管控。三是择选最优发展路径。严格落实碳排放总量和强度"双控"制度,推进传统产业智能化改造升级,以最小化的资源代价换取最大化的单位产出。大力推行绿色制造,壮大绿色环保产业,促进资源节约集约高效利用。

(二)坚持"合理增长"与"稳步提质"并重,打牢了生态经济发展坚实根基

一是聚焦绿色发展明方向。坚持以新发展理念为引领,以生态产业化、产业生态化为路径,大力实施"生态文明引领、全域旅游带动、融合农业富民、特色工业强县"发展战略,明确把现代农业"接二连三"融合发展作为首位产业、生态康养旅游作为第二主导产业,推进现代农业园区、产业开发区和旅游景区有效整合,"一县一策"推进县域生态经济高质量发展路径、举措得到了省市充分肯定。二是加快转型升级优结构。坚持竹产业发展思路不动摇,全力支持竹木生产企业增产达效。扩规提质特色现代农业,有序扩大杂交水稻制种、油茶、中药材、葡萄、猕猴桃、中华肾果、有机蔬菜和生态养殖等特色产业种植规模,推进农业产业向规模化、链条式、全体系方向迈进。立足打造黄桑生态康养旅游引领区目标,以黄桑自然保护区、巫水河景观画廊、花园阁湿地公园三大核心景区为牵引,布局医疗保健、森林康养等健康产业,走出一条独具绥宁特色的点"绿"成金、转型发展新路子。三是延链补链强链增动能。充分发挥产业开发区平台承载作用,培育壮大特色农产品加工、楠竹新材料、矿泉水、养生茶叶等新兴产业,推动产业链条向关键环节和高附加值环节延伸。顺应全球禁塑新趋势,加大以竹代塑研发力度,提升楠竹深加工水平和产品附加值,建成湖南省竹基材料加工区域性中心。

(三)坚持"党建引领"与"正风肃纪"并重,为生态经济发展提供坚强保障

一是旗帜鲜明讲政治。坚持把学习贯彻习近平新时代中国特色社会主义思想作为首要政治任务,严明政治纪律和政治规矩,真正把政治判

断力、政治领悟力、政治执行力体现到贯彻落实党的路线方针政策的实际行动上，体现到推动高质量发展的实际成效上，忠诚拥护"两个确立"、坚决做到"两个维护"。二是全面提升组织力。补齐基层党组织领导基层治理的各种短板，把各领域基层党组织建设成为坚强战斗堡垒，用活"三项机制"，做足"引才育才留才"文章，健全完善干部素质培养、知事识人、正向激励体系，努力锻造一支与高质量发展相匹配的高素质专业化干部队伍，厚植高质量发展人才支撑。三是持之以恒正风纪。坚持严的主基调，严查重点领域关键环节腐败问题，强化对"一把手"和领导班子监督，锲而不舍落实中央八项规定精神及其《实施细则》，持续纠治形式主义、官僚主义，突出"勤快严实精细廉"抓工作，着力构建一体推进不敢腐、不能腐、不想腐的体制机制，为高质量发展提供坚强纪律保障。

第三节　江永县县域经济高质量发展情况

一　县域基本情况

江永县位于湖南省西南边陲，地处都庞岭与萌渚岭之间，毗邻广西富川、恭城、灌阳瑶族自治县。全县辖5镇4乡2个国有农林场、2个自然保护区和1个国家级森林公园，总面积1540平方千米，总人口28.6万人，其中瑶族人口占总人口的63.2%，是全国瑶族人口占比最高县区之一。江永历史文化底蕴深厚。秦时立县，至今有2000多年历史。千古之谜女书、千年古村上甘棠、瑶族故地千家峒等"三千文化"享誉中外，先后荣膺"中国最美的小城、中国最具文化品位的小城"等美誉。2016年，被省政府认定为革命老区县，是省级文明县城、省级历史文化名城和国家卫生县城，上甘棠、勾蓝瑶等一批乡村评为中国历史文化名村、国家重点文物保护单位。江永生态资源富集秀美。境内四面环山，林木苍翠，水资源丰富，长江、珠江水系在这里孕育涵养，有15万亩原始次森林，10万亩燕子山高山草原，活立木蓄积571万立方米，森林覆盖率70.15%，森林覆盖率、水质量、空气质量等指标排名全省前列，素有"绿色宝库"之称，是首批全国生态建设示范县、全国绿色能源示范县、国家重点生态功能区。先后荣获全国百佳深呼吸小城、中国天然氧吧、中国慢生活体验区、全国森林康养基地试点建设县等称号。30余个乡村评为中国美丽乡村、全国生态文化村、湖南生态示范乡镇等荣誉。江永特色农业丰富多样。境内气候温和，雨量充沛，土壤硒含量是全国平均水平的2.15倍，盛产香柚、香芋、香姜、香米、香菇"江永五香"，有香型果蔬30余万亩。素有"天然温室"和"长江以南名优果蔬最佳发展地带"之称，是中国香柚之乡、中国香芋之乡及国家级出口食品农产品质量安全示范区、全省首个国家级原生态农产品保护示范区，全国蔬菜产业重点县、全国电子商务进农村综合示范县。共和国勋章获得者、中国杂交水稻之父袁隆平院士称赞"江永是一块宝地"。

二 主要成绩与重点举措

党的十八大以来，江永深入贯彻习近平生态文明思想，牢记总书记"人不负青山，青山定不负人""守护好一江碧水""共抓大保护，不搞大开发"殷殷嘱托，大力推进生态立县、生态兴县、生态强县，为县域经济高质量发展源源不断植入"绿色力量"，绿色已成为江永发展最靓丽的底色。

（一）坚持规划与建设并行，精心绘好绿色生态蓝图

1. 注重规划驱动优布局。坚持在编制全县国土空间规划、"十三五""十四五"规划中，优化生态空间。综合考虑生态+产业、生态+城镇、生态+文化、生态+乡村等元素协调融合，将生态建设贯穿经济社会发展全过程。编制《江永县生态文明建设规划》《江永县"十四五"环境保护专项规划》《江永县创建省级生态文明建设示范区实施方案》等纲领性文件，专门制定河流岸线保护与利用规划、绿色产业规划、重点饮用水源保护区等20余个专项规划。聚焦大气污染防治、水污染防治、土壤污染防治等领域制订一系列行动计划。因地制宜对全县112个村（社区）进行新一轮科学规划，突出保护绿水青山，推动生态振兴，让乡村"望得见山、看得见水、记得住乡愁"。在规划建设中，县委、县政府坚决维护生态规划的严肃性和权威性，坚持一张蓝图绘到底。

2. 注重项目推动夯基础。近三年，通过向上争取、财政投入、部门统筹等方式整合资金近20亿元，实施永明河国家湿地公园、县城污水管网改造、生态廊道等30余个重点项目建设，推动生态修复保护，夯实绿

色基础。其中，2021年以来，生态环境保护共投入资金8.5亿元，实施环境保护、河道整治、污染防治、天然林保护、水系综合整治、水土保持等项目。在乡村振兴中，实施古村落保护、改水改厕、农田水利等基础建设项目200余个，新建乡镇垃圾转运中心站5座，乡镇污水处理厂5个。加大绿色项目包装储备，包装储备绿色项目50余个。大力招商引资，引进社会资本投资绿色项目，新引企业累计投资40亿元建设绿色项目。

3. 注重示范带动美家园。坚持县委书记带头挂帅出征，所有县级领导联点联片示范，以上率下，确保生态建设"管、治、保"职责履行到位。制定示范点责任分解表，明确县级领导对联系点建设工作"一包到底"，对河长制、林长制、田长制、路长制"四长"统筹推进，建成一批幸福样板河、绿色屏障、美丽乡村、美丽公路。目前，已打造9条示范"幸福河流"，永明河评为省级"美丽河湖"。建设出30余个"古村落型、田园风光型、森林康养型、观光农业型"乡村，源口瑶族乡评为湖南省"生态文明建设"示范乡镇；10余个村荣获中国美丽休闲乡村、省级美丽乡村示范村等荣誉，18个村入选中国传统村名录。

（二）坚持生态与产业并进，精心抓好绿色动能转换

坚持结合县情实际，因地制宜发展绿色经济、循环经济、美丽经济，持续推进产业生态化和生态产业化，实现产业与生态良性互动、齐头并进。

1. 做好生态+旅游文章。依托江永处处是风景优势，打好"女书牌""生态牌""瑶族牌"，大力发展以生态为特色、文化为灵魂、旅游为载体的文生旅产业。全县打造6个国家A级景区，景区景点90余处，成功创建湖南省全域旅游示范区，永江县入列国家革命文物保护利用片区分县、湖南第三批精品旅游线路重点县，全市首个女书文化生态保护区。注重举办节会。举办中国香柚节、"女书全球行"、湖南春季乡村文化旅游节等活动，女书走进"联合国中文日""全球外交官中国文化之夜"，作为国礼赠送给联合国教科文组织总干事。注重打造路线。大力培育和扶持农业观光、乡村度假、特色民宿等旅游新业态，以春、夏、秋、冬为布局，打造出系列主题线路。实施全省首个厅共建项目，打造成全国文旅融合创新发展的示范标杆。用好用活谭盾《女书》史诗拍摄地的文化

IP，在瑶寨建设谭盾音乐主题馆，创作《自由田园交响曲》，形成"女书园——上甘棠——勾蓝瑶寨"旅游精品线路。注重模式创新。成立村级旅游发展公司，村里以绿水青山、古房屋等资源入股，村民变股民，勾蓝瑶乡村旅游模式全国推介、全县推广，全县游客攀升至500多万人次，大批村民吃上"旅游饭"，走上富裕路，过上好日子。

2. 做好生态+农业文章。充分利用"长江以南名优果蔬最佳发展地带"的得天独厚的地理气候条件，持续深耕"江永五香"品牌，推动生态农业高质量发展。先后荣获全国蔬菜产业重点县、国家级出口食品农产品质量安全示范区、国家外贸转型升级基地（水果蔬菜）等"国"字"省"字号荣誉20余项。做响品牌。先后培育20余个地方区域公用品牌，培育"蔬益园""老石头""广发""旭日升"等20余个自主品牌，地理标志农产品认证数全省前列。做大基地。积极对接粤港澳大湾区"菜篮子"，主动融入"湘江源"生产基地建设，建成万亩标准化基地4个、粤港澳"菜篮子""果篮子"供应基地28个，30万亩绿色果蔬直销粤港澳。2021年供粤港澳大湾区农产品销售额突破35亿元，粤港澳蔬菜供应量稳居全省前列。做优销售。在线上，利用淘宝、天猫、拼多多等平台和抖音、快手等媒体，组建"特色农产品销售联盟"，积极开展直播带货，让疫情下的绿色产品滞销变畅销。在线下，联合步步高、卜蜂莲花、好又多等大型连锁超市，广东江南、深圳海吉星等大型市场，广发农业"直供香港"试点企业优势，打造了线上线下融合的新型农产品供应链体系。全力做优"江永一桌菜"，江永香柚、香姜、香芋等一大批绿色农产品走向全国老百姓餐桌。

3. 做好生态+工业文章。坚持绝不以牺牲环境换取一时经济增长，一律不让影响环境的企业项目落地江永。大力发展绿色工业，从零起步打造出电子信息产业、新能源新材料产业，打造出电子信息产业园、循环经济产业园、绿色食品精深加工园，形成"一主一特一新"产业新格局。农副产品深精加工产业初具规模，培育蔬益园、义华花生等国家、省、市级农业龙头企业12家。2018年以来，引进24家电子信息企业，电子信息产业链基本成型。在新能源上，大力发展风电、光伏新能源产业，建成投产黄甲岭、龙田、燕子山等7个风电场。12个总装机容量1050兆瓦的风电项目、6个总装机容量68万千瓦的集中式光伏发电项目纳入"十四五"规划。在新材料上，引进中新再生资源、华皓新材料、佰晟环保等一批企业，形成从废弃资源收集—加工—半成品再到市场产品的再生资源综合循环利用产业链，百亿循环经济产业园强力推进。抢抓永江县被纳入市碳汇经济先行区建设试点契机，大力发展循环经济，培育发展绿色加工多个产业，工业经济绿意盎然。

（三）坚持修护与保护并重，精心做好绿色颜值提升

1. 狠抓生态修复保护。以创建全国文明县城、省级生态文明建设示范县为目标，纵深打好污染防治攻坚战，蓝天、碧水、净土保卫战，统筹山水林田湖草系统治理。深入推进国土绿化，常态化开展增绿、护绿、管绿、用绿、活绿、爱绿"六绿"行动。在产业发展中，克服阵痛，依法关停退出一批影响环境的企业项目20余个。抢抓纳入市碳汇经济先行区建设试点契机，大力发展循环经济，培育发展绿色果蔬、瑶医瑶药、森林康养等产业，推动生态环境质量持续改善，各项生态指标排名全省前列。2021年，全县空气质量优良率99.5%，PM2.5均值为21微克/立方米，空气质量综合指数2.33，全省排名第5，全市第1。实现饮用水水源地水质、国考断面水质、水功能区水质达标率3个100%，水环境质量排名全市第1，全省第7。

2. 狠抓人居环境整治。在县城，实施"绿化增量提质"行动，在全市率先开展机关单位拆墙透绿，对城区所有道路、街道进行绿化，新建50余个公园、游园，让居民休闲、健身有更多好去处。新开发10余个绿色品质小区，居民实现"推窗见绿、出门见景"。新能源公交，共享单车在县城全面覆盖。在乡村，深入实施农村人居环境整治提升五年行动。近三年，狠抓"厕所革命"，完成农村新（改）建户用厕所1.2万个，公厕30座，实现旱厕拆除率、卫生厕所普及率100%；行政村生活垃圾有效治理100%。2022年以来，创新"三自三拆四小园"，推动"美丽家园自己建"。推行村理事会自治、村民自筹、卫生费自用"三自"模式，发动村民参与村庄美化，形成"户为阵地、人人参与"格局。引导村民参与"空心房"、旱厕、圈舍"三拆"行动，自主建设小菜园、小果园、小花园、小公园"四小园"，以边角之地带动村貌大提升。已打造"四小园"3172个，村道及空坪新种树木3.1万株。

3. 狠抓重点领域治理。分年度制定深入打好污染防治攻坚战和"夏

季攻势"任务清单,成立"环境整治"指挥部,常态化抓好污水、扬尘、垃圾、废气等"十大治理",深入开展环境污染问题"拉网清零""绿剑"等专项行动,严厉查处环境违法行为。聚焦生活污染、农业面源污染、工业污染"三污"同治。聘请119名保洁员,实现河道保洁全覆盖。新建5个乡镇污水处理厂,31个农药废弃物收集点,推进33个重点村生活污水治理。关停退养非法养殖场61家,规模养殖场粪污处理设施装备配套率及粪污处理率100%。聚焦乱堆、乱占、乱采、乱建"四乱"清理。组建"清四乱"整治小组,整合生态环保、水利、住建、法院、公安等力量,联防联治,每月整治。2022年,拆除养殖点23个、违建35个、清理乱倒80余处。聚焦护水源、护净水、护岸绿、护生物、护生态"五护"行动。完善县乡村三级饮用水源保护区设施,绿化河堤50余千米,销毁禁用渔具1500余件,放流鱼苗120余万尾;开展168次水土保持检查,推进28座小水电整改。狠抓耕地保护,江永因耕地保护、土地节约集约利用成效好获2021年省政府真抓实干表扬,2022年获国务院表扬激励,全省仅两个县区。

(四)坚持保障与考核并抓,精心聚好绿色发展合力

1. 强化部署优保障。县委、县政府把绿色发展建设摆上重要议事日程,严格落实"党政同责""一岗双责"。成立县委书记任组长、县长任第一副组长的生态文明建设领导小组,对生态建设统一部署、统一安排、统一协调、统一推进,"一月一调度、一月一督查"。做到工作优先谋划、资金优先保障、人才优先配备、问题优先解决"四个优先"。制定县直单位生态环境保护责任清单,明确责任单位,各司其职,协调作战,全县各级部门、乡镇均明确党政主要负责人为第一责任人,明确分管领导专抓,成立工作班子,形成"主要领导亲自抓、分管领导具体抓、层层落实责任"工作格局。

2. 强化宣传树风尚。常态化开展生态文明建设进机关、进企业、进学校、进村社、进网络、进家庭"六进"活动,每年在世界环境日、中国水周、永州鱼人节等时间,通过成立环保宣讲团、开展文艺汇演、保护"母亲河"等系列形式多样的活动,利用江永电视台、政府网、江永发布、"村村响"广播等载体宣传绿色、节能、环保、低碳等理念,让绿色环保理论家喻户晓。近三年,每年开展活动200余场次,发放生态文明

各类宣传手册 5 万余册，宣传单 10 万余份，6000 余人次为生态建设建言献策。创建出一批"绿色机关""绿色校园""绿色村庄""绿色企业""绿色小区""绿色家庭"，以点带线，以线促面，绿色生产生活方式在江永蔚然成风。

3. 强化考核促落实。为推动中央和省市生态建设决策部署、重点任务在基层落地生根、开花结果，坚持严督严巡严考。建立健全环境保护责任体系，制定《江永县生态环境保护工作考核细则》，在全县综合考核评估中优化绿色发展评估指标，加大生态指标在高质量发展考核中的分值比例，将生态环境保护主动融入经济社会发展全过程。注重用好生态考核"指挥棒"，将生态建设工作纳入单位和个人年度考核，作为干部评先评优、提拔任用重要依据，严格兑现奖惩。近三年，对 20 余个生态建设工作推进不力的单位取消评先评优资格，对 80 余名在绿色发展中不作为、乱作为的干部予以约谈、诫勉谈话、警告处分等追责问责。提拔重用推进绿色发展实绩突出的干部 50 余名，有力推动了党员干部在绿色发展主战场奋勇争先、干事创业。

三 主要经验和启示

近年来，江永深入践行绿水青山就是金山银山理念，坚定不移沿着习近平总书记指引的方向前进，在推进生态强县中迈出新步伐、闯出新路子、取得新成效，实现经济效益、社会效益、生态效益同步提升，主要积累了以下四个方面经验与启示。

1. 必须坚持"学"字为先，强化思想引领，把学深悟透习近平生态文明思想作为第一要务。县委坚持把学习习近平生态文明思想、习近平总书记关于生态文明建设的重要论述重要指示批示精神作为政治任务。采取带头学、专题学、集中学、自主学、全员学等方式开展了全方位、常态化、多层次学习。全县党员干部全面、系统、深入地读原著、学原文、悟原理，并视之为终身任务，学习覆盖率 100%。通过学习，全县党员干部胸怀"国之大者"，忠诚拥护"两个确立"，坚决做到"两个维护"，抓绿色发展的"政治三力""七种能力""八项本领"整体提升。实践证明：唯有深学深悟、笃信笃行习近平生态文明思想，党员干部走生态优先、绿色发展道路的思想自觉、政治自觉、行动自觉才会更加坚定，本领才会更加高强。

2. 必须坚持"干"字为本，强化贯彻执行，把不折不扣落实上级决策部署作为第一要求。县委、县政府在推进生态文明建设、推动经济高质量发展中，坚持以习近平生态文明思想为指导，不折不扣贯彻落实中央和省市关于生态文明建设和生态环境保护的决策部署。对于党中央、省委、市委作出的打好三大保卫战、守护好一江碧水、建设美丽湖南、开展五大专项行动、推进绿色低碳发展等决策部署、工作目标、具体任务做到第一时间细化量化、制定责任清单、任务清单，迅速落实。对中央环保督查，省委、市委巡视巡察反馈的环境问题立行立改，及时整改销号，有力推动中央大政方针、省市决策部署在基层落地生根、开花结果。实践证明：抓生态建设必须坚定不移沿着习近平总书记指引的方向前进，必须不折不扣贯彻落实上级决策部署，必须真抓实干、埋头苦干，奋力"闯创干"，才能实现生态建设与经济发展"双赢"。

3. 必须坚持"民"字为要，强化宗旨意识，把建设绿色家园增进民生福祉作为第一路径。县委、县政府坚持人与自然和谐共生，"环境就是民生，青山就是美丽，蓝天也是幸福"，把绿色发展理念贯穿到环境建设、城乡发展、人民生活等各个方面。对于人民群众反映的污水直排、破坏河道、违规养殖、非法建筑等破坏环境，损害群众健康的环境问题敢于斗争、善于斗争，发现一起、查处一起，及时解决了一批群众反映强烈的生态环境问题，让生态环境成为人民幸福生活的增长点，得到老百姓普遍点赞。实践证明：唯有坚持以人民为中心的发展理念，把抓生态环境作为增进民生福祉的重要路径，使生态建设成果更多惠及广大群众，用绿色政绩为民造福，才能收获民心，赢得民心。

4. 必须坚持"严"字为基，强化作风建设，把党建引领推动生态经济发展作为第一保障。县委坚持加强党对生态文明建设的全面领导，结合县情出台一系列环境保护文件，压实一系列生态建设责任，开展一系列绿色创建活动，进行一系列生态环境整治，查处一系列破坏环境行为，构建出"源头严防、过程严管、后果严惩"的生态监管制度体系。各级党组织带领党员干部在绿色发展一线干事创业，推动形成党委领导、政府主导、企业主体、社会组织和公众共同参与的"大环保"格局，"绿水青山就是金山银山"理念成为全县上下共识。实践证明：推动绿色发展需要党建引领和党员带头冲锋；需要严格落实生态文明建设责任制，严格实行党政同责、一岗双责；需要严格建立全方位、多角度、立体化的绿色发展体制机制。唯有让党旗在绿水青山高高飘扬，才能走好人与自然和谐共生之路，才能在高质量发展道路上不断书写新篇章。

第四节 永兴县县域经济高质量发展情况

一 县域基本情况

永兴县地处湖南省东南部、郴州市北陲，东邻资兴市，南连苏仙区，西靠桂阳县，北接安仁县和衡阳市耒阳市，总面积1979平方千米，总人口70万人，其中常住人口54.6万人，城镇人口30.4万人，城镇化率55.6%，是永兴冰糖橙原产地、国家粮食生产标兵县、国家油茶产业发展示范基地县、全国生猪调出大县。有中国历史文化名村板梁古村、5万两白银打造的天下第一银楼、苏州园林式的安陵书院、黄克诚大将故居等人文景观，被评为全国低碳旅游示范县、中国旅游文化产业示范县、湖南省旅游产业发展十佳县，被誉为"中国银都"。先后获评全国最具投资潜力百强县、全省全面小康经济强县、全省首批全面小康达标县等多项荣誉，先后被列为国家循环经济试点单位、国家"城市矿产"示范基地、国家稀贵金属再生利用产业化基地、国家涉重金属类危险废物集中利用处置基地、国家可持续发展实验区，是湖南省首批特色县域经济重点县。2020年，在湖南县域经济高质量发展先进县中排名第15。

二 主要成绩与重要举措

（一）主要成绩

产业发展层面。一是产业转型实现突破。制定了稀贵金属综合回收利用企业准入门槛和分类管理指导意见，为稀贵金属企业转型打开了新思路，主体企业纷纷开展转型生产，兴建新的生产线。同时，大力开展柏太园区环保提升行动，各类环保交办问题全面完成整改，有力助推了产业发展。二是项目建设顺利推进。鹏琨环保固体废物资源化利用二期工程仓库新建项目、和盛环保锑冶炼建设项目等4个项目运用区域评估成果顺利推进。腾驰、金润、叶林、众德等企业项目进展顺利，稀贵金属产业稳步发展。招商引资成效显著。围绕稀贵金属综合利用和精深加工产业链强链、补链、延链开展精准招商，重点推动东江环保以4.29亿元现金方式并购雄风环保。助推永鑫环保与东方园林上市公司合作，积极盘活企业资产。中山富业收购佳盛、鑫裕正在紧锣密鼓洽谈协商。

科技创新层面。创新平台成果丰硕。腾驰环保与中南大学柴立元院士合作污酸渣胶凝材料科研平台正式落地。金润碲业与中南大学合作共建的脱砷项目试取得阶段性成果，为解决冶金行业最头痛的砷无害化处理难题提供了新模式。积极打造以南方稀贵金属交易所为依托的投融资及交易服务平台。2021年园区研发经费投入9.1亿元，实现高新技术产品产值429.3亿元，增长48.8%；实现高新技术产业增加值100亿元，增长45%（现价）。产学研合作成效显著。全县20余家骨干企业与中南大学等科研院校开展产学研合作，不断提升单项工艺的金属回收率，白银电解回收率达到99.9%，比县外企业高6个百分点以上。全县拥有国家高新技术企业21家、省级工程技术研究中心1家，近年共专利授权162件，其中国家发明专利48件，获评全国科技进步考核先进县、国家知识产权强县工程县、国家稀贵金属再生利用高新技术产业化基地、2018年中国产学研合作创新示范基地、省首批科技成果转化示范县、省高新技术特色产业基地。环境管控更有效。探索园区集中治污的新模式，全县工业固体废物综合利用率达97%、工业用水重复利用率达99%，废渣、废液、废气均实现排放标准；开展关闭企业问题专项整治，按照"四个不留"标准整治关闭企业107家，爆破拆除存在多年想拆而拆不了的烟囱127根；核查历史遗留固废6.8万余吨，督促关闭企业业主全部安全处置到位。

国家战略层面。资源效益方面，为国家储备了大量战略矿产资源。近10年来，永兴从"三废"和"城市矿产"中回收白银2万吨、黄金60吨、铟450吨、铋2.5万吨、铂族金属30吨、其他金属130余万吨，白银年产量约占全国总产量的三分之一，为国家储备了大量战略矿产资源。环境效益方面，为国家节能减排作出了重大贡献。利用再生金属是实现节能减排的有效途径，永兴每年综合回收金、银、铜、铅、锌、铋等有色金属量超16万吨，与开采原矿相比，每年减排废渣1000万吨以上、二氧化硫2.5万吨，节约标煤100万吨，节水6000万吨。经济效益方面，为国家创造了巨额财富。据资料显示，为增加有色金属矿产资源储量，我国每年仅用于勘探寻找有色金属矿床的资金就达数十亿元，而永兴稀贵金属产业在国家财政零投入的情况下，为国家和地方创造了巨额财富。近年来，永兴稀贵金属产业每年产值达600亿元以上，税收8.5亿元以上。社会效益方面，为国家发展循环经济作出了典型示范。业界专家一致认同的社会层面、区域层面、企业内部三种循环经济模式在永兴得到全面诠释，特别是通过工业园区的优势互补、协作配套和骨干企业的技术改造、提质升级，实现了对废弃物"吃干榨尽"多次循环利用。永兴是我国利用有色金属"三废"原料手段最多、效果最好、效益最高的再生资源加工利用基地。

（二）重要举措

坚持绿色发展。一是完善环保基础设施。园区企业环保投资均在4000万元以上，探索园区集中治污新模式，总投资达1.5亿元的柏林、太和工业园4座污水处理厂日处理能力达1.3万吨。在太和工业园建设了湖南省第一个废气集中处理站，投资1.8亿元建设了废渣终极处理中心，投资1.2亿元建设了高浓度废水处理中心，废渣、废液、废气均达到排放标准。工业固废综合利用率达97%、工业用水重复利用率达99%。二是加强环保治理。严格把好产业总体发展规划、园区以及入园企业三个层次的环评关，组织开展多个环保专项行动，累计取缔规模以上非法企业148家、非法稀贵金属回收小作坊200多家，爆破或拆除烟囱105根。全方位对各排污企业开展环境监测，及时了解排污动态。三是提升节能环保水平。强力推动企业工艺设备创新，支持企业与高等院校、科研院所及同行业大型企业进行技术战略合作，实现了传统技术、精深加工技术、环保工艺的提质升级，环保设施相继投入使用并取得良好效果。鼓励扶持企业积极开展技术创新，采用先进适用的清洁生产技术，从源头削减控制重金属的产生，多措并举促使污染整治工作稳步推进，环境安全风险防控实效显著，稀贵金属综合回收利用产业在提质转型、绿色发展的道路上阔步前进。

坚持集群发展。一方面，推进产业转型升级。将原来综合回收的7个项目区规划调整为太和、柏林两个园区，将132家综合回收企业整合升级成30家入园企业。着力推动稀贵金属综合利用产业转型升级，进一步将 30 家综合回收企业整合成 21 家。另一方面,推动企业入园发展。强化产业园区配套能力、公共基础设施和政策市场环境建设,加快发展生产性服务业,提升行政效能和服务水平,推动产业关联的企业合理流动、入园发展,推动形成既竞争又合作的集聚发展态势,增强对产业园区外产业的吸纳、集聚和辐射带动力,使产业园区成为本区域产业集中度最高的区块,努力扩大规模经济和范围经济效益,不断提升产业创新能力和区域产业竞争力。

坚持创新发展,强化创新驱动。支持企业走"科技创新、绿色环保、精深加工"之路,重奖被认定为国家级、省级的研发机构,积极推动校企"联姻",先后有 20 多家稀贵金属骨干企业与中南大学、国防科大等高校和科研院所建立了紧密的产学研合作关系。近年来共取得国内领先水平以上科技成果 21 项,研发生产的 925 白银、硝酸银银触头、银浆、钯材等 30 多种深加工产品远销海内外,稀贵金属前置氧化双拉制备银基接点技术、高效电解银工艺技术及应用、多金属复合渣料提纯技术获得国家发明金奖,12 项科技成果达国内领先水平。依托湖南省白银精深加工高新技术特色产业基地、湖南省知识产权示范创建县、湖南省科技成果转化示范县、国家稀贵金属再生利用高新技术产业化基地等创新平台,集聚各类创新资源,有力地推动稀贵金属综合回收利用产业向高质量发展阶段迈进。

坚持融合发展。近年来,永兴县委县政府提出"中国银都"品牌首选发展战略,旨在以"白银生产""白银商贸""白银文化""白银投融资"四大基地打造为途径,把握好国内新兴产业发展势头强劲的机遇,延伸白银产业链条,注重产业科技化、网络化共享化、国际化发展,拓展稀贵金属产业发展新天地,从根本上促进产业深度融合发展,提升产业核心竞争力。强化稀贵金属综合利用和精深加工产业链强链、补链、延链,重点推动东江环保以 4.29 亿元现金方式并购雄风环保,雄风公司迎来新起点、新征程、新跨越。助推永鑫环保与东方园林上市公司合作,积极盘活企业资产。致力品牌打造和商贸流通,促进产业深度融合发展。永兴是中国银制品批发中心,贵研、雄风、招金、阳光、正和通等企业的产品连续获评全国用户最喜爱的 20 家白银品牌,贵研公司产品已纳入上海白银交易所和黄金交易所品牌交易范围,朝阳银业三款银制工艺品成为首届中非经贸博览会国家元首礼品。永兴稀贵金属综合利用产业已经形成了遍布全国、"两头在外"的市场网络，产品销售网络主要涵盖上海、江西、广东等二十余个省市，与中国五矿、上海华通、融通金等国内知名企业建立了长期合作关系。同时，加快融入国际市场步伐，市场反应灵敏。

三 主要经验与启示

（一）推进特色产业发展必须发挥好政府的主导作用

在转型发展过程中，永兴紧紧围绕习近平生态文明思想，加强顶层设计，按照产业"集聚发展、关联发展、成链发展"的原则，调整优化园区产业发展规划，对有色金属综合利用产业按照综合利用生产项目区和精深加工工业园区进行布局，积极拓展银制品及中国银都旅游空间，推进二三产业融合发展。通过大力鼓励引导龙头企业产业转型升级，淘汰落后产能，加大对企业技术创新的扶持力度，创新治理模式，彰显银都特色，从环境治理入手，从产业升级切入，加快构建废旧物资高质高效高值循环利用体系，全力打造绿色、创新、高效、低碳的世界级稀贵金属产业集群高质量发展永兴样板。

（二）推进特色产业发展必须发挥好企业的主体作用

企业是特色产业发展的主体。全县现有稀贵金属产业企业35家，近三年共完成工业总产值1200亿元以上，贡献税收12.5亿元，其中年销售收入过亿元的有22家，年销售收入过10亿元的有9家，税收过1000万元的有9家。2021年，已有30家有色金属综合回收主体企业、10家精深加工企业入驻园区，其中国家高新技术企业21家，省级工程技术研究中心1家，全县生产黄金8吨、白银4220吨、其他有价金属18万吨，铋、碲年产量占全球50%，铂族金属年产量占全国60%以上，产值达660亿元，产业集中度达78%，形成一个在全国都有重要影响力的稀贵金属产业集群。没有这些民营企业家的自主创业，就没有永兴稀贵金属产业的发展，发挥好他们的主体作用是产业高质量发展的根本所在。

（三）推进特色产业发展必须发挥好资源的基础作用

永兴县因资源而兴盛，也面临资源枯竭和政策调整所带来的巨大压力。但永兴把稀贵金属产业作为县域经济高质量发展的坚实基础，强化系统思维、战略眼光，依托"中国银都"现有的业内地位、资金积累和人脉网络，高效发挥资源优势，按照行业标准、市场需求，引导企业"强强联合"，推动企业开展优势互补、互利互惠合作延伸产业链，提升产品附加值，吸引了各类生产要素向永兴集中，产生集聚效应，推动产业提质增效和转型升级。

（四）推进特色产业发展必须发挥好科技的引领作用

坚持以助推郴州市国家可持续发展议程创新示范区建设为抓手，充分发挥企业在科技创新中的主体作用，大力支持企业瞄准技术创新、技术替代，解决"卡脖子"核心技术问题。以现有骨干企业研究团队为基础，联合高校和科研院所共同组建有色金属产业技术研发中心，加快专项课题研究和科技成果转化，成功突破一批核心关键技术，转化了一批科技研发成果，加快应用高新技术和先进适用技术，改造传统生产技术，淘汰全部落后产能。助推银都研究院、雄风环保与中南大学共建国家级工程研究中心、腾驰环保与中南大学工业固废资源化利用科研中试基地、永兴贵研有色金属精深加工科研中试基地取得新成效。先后被列为国家循环经济试点单位、国家"城市矿产"示范基地、国家有色金属再生利用高新技术产业化基地、中国产学研合作创新示范基地、国家危险固体废物集中利用处置基地、国家大宗固体废弃物综合利用示范基地、国家可持续发展实验区。

（五）推进特色产业发展必须发挥好节能减排的尺度作用

坚持把推进节能减排作为检验产业高质量发展成效的重要标尺，不符合节能减排要求的不立项、未通过环评和节能评估的不开工、环保设施不配套的不投产；国家产业政策明令关停的、污染物超标排放的、产能严重过剩的坚决淘汰。在成功创建省级绿色园区的基础上，按照"生态园区、智慧园区"的总体要求，重点完善园区雨污管网建设并对园区污水处理厂进行技术改造，规范化建设入河排污口。实践证明，强力推进节能减排，大力发展循环经济，实现了永兴经济发展与资源节约、环境友好的双赢。

（六）推进特色产业发展必须发挥好品牌效应的辐射作用

充分利用"中国银都"的既有优势，借助中国白银年会、白银订货会、贵金属年会等行业盛会，进一步扩大"中国银都"影响力，在此基础上，进一步将永兴打造成国家大宗固体废弃物综合利用示范基地、国家有色金属战略储备基地、军民融合示范基地、航天材料研发储备基地。组织开展制造业品牌培育活动，打造了"永银""雄风""贵研""永久""长友盈"等全国用户最喜爱的白银品牌，不断拓展市场影响力。

第十二章

县域经济外向开放活力县典型案例

湖南省县域经济坚持开放发展，经过多年的精心培育，形成了一批外向型县域强县，考虑到县域经济外向开放活力县（市、区）发展的典型性，本章选取了邵阳市的邵东市、永州市的江华县和怀化市的中方县进行案例分析。

第一节 邵东市县域经济高质量发展情况

一 市域基本情况

邵东地处湘中腹地，总人口135万人，总面积1778平方千米，城区面积超过50平方千米、人口超过50万人，辖26个乡镇（街道、场）和1个省级经济开发区，素有"百工之乡""商贸之城"."民营之都"的美誉，是五四先驱匡互生、抗日名将袁国平、音乐泰斗贺绿汀等杰出人物的故乡。2019年成功撤县设市。邵东区位优势明显。娄邵铁路、怀邵衡铁路、沪昆高速公路、衡邵高速公路"两铁两高"将邵东融入长沙一小时经济圈、广州三小时经济圈。邵东知名品牌较多。现有有效注册商标达15671件，中国驰名商标2件（永吉红包、松龄堂），马德里商标92件。邵东玉竹、邵东黄花菜获国家地理标志农产品。邵东产品享誉全球。打火机、小五金、皮具箱包、印刷包装、服装鞋业等轻工业优势比较明显、独具特色，国内国际影响力大。手工具小五金年产3亿套（件），国内市场份额超过40%；打火机产业年产值140亿元，注塑打火机占全球市场份额70%；皮具箱包年产值110亿元，书包占全国市场份额70%以上；服装鞋业年产值40亿元，主要出口欧美、东南亚等地区；印刷包装年产值45亿元，红包销售份额占全球市场的80%。2020年湖南县域经济高质量发展先进县排名第5、快进县排名第4。

二 主要成绩与重要举措

近年来，邵东市积极融入全省打造"内陆地区改革开放高地"战略，深入落实"开放活市"各项举措，着力做好"抓招商、稳外贸、促消费"三项重点工作，全市开放型经济呈现了稳中有进、稳中向好、稳中趋优的良好态势，为高质量发展作出了积极贡献。进出口总额由2017年的44.9亿元增长到2021年的122.5亿元，增长272.8%；社会消费品零售总额由2017年的173亿元增长到2021年的308亿元。

（一）着力建设"三个平台"，建强对外开放载体

升级商贸物流平台。建成了以国际商贸城、星沙物流园为龙头的现代商贸物流平台，其中国际商贸城主营服装针织、鞋业箱包、百货文体、五金铝塑等10余品类10000多种商品，产品主要销往全国各地及东南亚、非洲、中东、俄罗斯等国家和地区，年销售额100亿元左右，产值排全省第2。全市拥有300余家物流公司、160余条物流线路，覆盖了全国80%的县市区，物流业务涉及缅甸、老挝2个国际边贸区，货物日吞吐量50余万件，邵东高铁站正在建设中通智慧物流园，加快推动物流企业进园区，支持物流行业组建集团公司，发展第三方物流，推进物流行业降本增效，打造邵东商贸物流升级版。建强园区承载平台。紧紧抓住湘南湘西承接产业转移示范区建设机遇，大力推进湘商产业园建设，带动五金、印刷包装、食品、中医药、打火机等多个特色园区快速发展，加快推进"四基两园"建设，建成标准化厂房260万平方米，湘商产业园先后获评"全球湘商十大最具投资价值园区""湖南省双创示范基地"。2021年经开区实现技工贸总收入1250亿元，获评全省"五好"园区创建工作先进园区。打造创新研发平台。在全省县级层面率先组建智能制造技术研究院，建成了快速加工中心、3D打印服务中心、博士后工作站等公共技术服务平台，协助160余家传统企业实现了"机器换人"，减少用工20%以上，生产效率提高30%以上，现有国家级高新技术企业119家，国家级专精特新"小巨人"企业1家、省级专精特新"小巨人"企业24家，智能制造研究院"小平台托起大产业"的邵东模式获省长批示，并在全省

推介。

（二）大力开展招商引资，提升对外开放实效

强化政策支撑，让项目引得来。切实解决企业用地、用工、融资、转型发展等方面的难题。在保障用地方面，规定每年工业用地指标不得低于总用地指标的50%；在鼓励创新发展方面，支持企业加快智能化改造。近年来共兑现企业厂房租赁、研发创新、设备升级等各类补贴资金超过3亿元。大力瞄准行业领军企业、关键企业，由党政主要领导带队，主动到北京、广东、上海等地上门招商、点对点招商，积极承接珠三角、长三角等发达地区产业转移，引进一批上下游供应商、原材料和辅助材料供应企业，延链补链强链，提升市场竞争力，营造产业集聚效应。着力打好"乡情牌"，利用"沪洽周""邵商大会"等省市级重大招商活动时机，举办邵东在外成功人士座谈会，让更多的客商参与邵东发展。5年来，累计利用外资1.3亿美元，到位内资900亿元，均排名邵阳市第1，引进"三类500强"项目4个，外资企业8个，新引进重大产业项目40个，招商引资项目共签约资金260亿元。每年实施重点项目100个以上。省营商环境评价工作自2020年启动以来，邵东连续两年位列邵阳市第1，2021年排名全省第5。完善产业链条，让项目发展好。坚持传统产业改造提升和新兴产业引进培育"两手抓"。围绕"强龙头、补链条、提能级、聚集群"产业发展思路，在传统行业着力培育一批标杆企业，带动行业转型升级，迈向中高端，五金产业已形成从专用材料供应、锻压、电镀、电泳、品牌包装、线上线下销售全产业链；中医药产业已建成仓储物流中心、科技研发中心、中成药和制剂生产企业。引进了湖南宁庆、衡科装配式建筑、亿利金属、亮国科技、邵峰减速、运升不锈钢等一批装备制造、智能建筑、电子信息等新兴行业龙头企业，规范管理、绿色发展等方面走在前列。

（三）全力稳住外贸主体，保持对外开放定力

着力推动惠企纾困。2020年，出台支持企业复工复产"十条措施"，为外贸企业续贷或新贷款9.79亿元，兑现出口补贴资金1793万元，对企业复工复产新招人员给予一次性补贴，共发放243.9万元，有力促进了外贸企业复工复产。不断壮大外贸主体。建成打火机、箱包两个外贸转型升级基地，扶持优势龙头企业，培育出口过亿美元企业1家、过千万美

元企业14家。大力拓展海外市场。组织企业积极参加重大展会，组织企业参加德国科隆展、德国汉诺威展、巴西展、南非展、老挝展、中非博览会、进口博览会、湘非经贸对接会等90多台境内外展会，参展企业达300多家次，大力开拓国际市场。开拓东盟市场。凯特伦箱包在泰国投资建设泰国湖南工业园，鹏西贸易有限公司在老挝投资华为总代理业务，湖南中大建筑有限公司在缅甸投资采矿业，湖南中宝友联矿产品有限公司在缅甸投资采矿业。开拓对非市场。在火厂坪镇建设占地30亩的对非经贸园区，第一期企业非凡智创服饰已投产，其他招商企业正加快入驻。逸谭工贸在尼日利亚投资办厂。进军高端市场。指导东亿电气、环兴打火机争创海关AEO高级认证；支持醇龙箱包、益豪手袋等企业转型升级，转产欧、美标产品；与罗马尼亚郑氏集团达成协议，打开了罗马尼亚市场。

（四）不断激发消费潜力，扩大对外开放水平

大力培育市场主体，目前共有规模以上商贸企业438家，其中"批零住餐"企业62家，有力拉动社零增长。加快升级消费市场。建成全市首家高端商业综合体——缤纷环球城，占地面积13万平方米，已进驻品牌300多家；积极推进农贸市场升级改造，新建、改扩建乡镇农贸市场55个，其中廉桥镇农贸市场占地30亩，为邵阳市最大的乡镇农贸市场，完成城区农贸市场升级改造6个；积极推进农改超，大润发超市、生态家园超市、惠邦生鲜超市等30余个生鲜超市相继建成；加强商超培育，引进天沃晟品牌商超，久品优选等3家商贸企业发展连锁化便利店22个，引导16家中型商超从个体户转型升级为现代企业。有效激发消费需求。成功举办五届五金机电博览会，累计成交235亿元。每年针对季节性消费特点，举办春秋季汽车博览会、建材行业"家博会"、特色农产品博览会、"中秋国庆"双节促销周、"邵阳味道"邵东美食季等活动，进一步激发群众的消费热情，有力促进了消费。

（五）加快推进电商发展，打造对外开放前沿

充分发挥互联网平台优势，鼓励支持实体商业企业利用互联网平台开拓线上业务，打造数字经济新优势，成功申报全省电子商务进农村综合示范县（市）。构建三级电商服务体系。打造了电商公共服务中心，为214家企业提供电子商务服务，发展了电商一条街、电商实体城，聚集了

电商经营主体 100 多家。打造了乡村电商服务和物流体系，在廉桥等 6 个人口密集、电子商务基础较好的乡镇设置了高标准的镇级电商公共服务中心。建立了 430 个具备"6 个不出村"功能的村级电商服务站。设立了三个快递包裹配送中心，配置 100 余台村级快递配送车，开通了 5 条配送专线，全市 220 余个行政村实现了快递到户。推进线上线下融合发展。引进了湘智汇、中工硅谷、美猫云创、易税工场、薪力量等互联网平台作用，为企业提供技术创新、服务外包、产品销售等服务，加快推动电商与传统行业深度合作，全市共发展电商企业 3304 家，带动就业 3 万余人，电商平台年销售额近 20 亿元，稳居邵阳市第 1 位。中工硅谷致力打造工业互联网平台，年交易额过 3 亿元，年纳税 6000 万元。美猫云创平台积极发展电商直播，本地已有 30 多家企业入驻，年销售额近 6 亿元。知名箱包企业醇龙箱包积极发展电商业务，每年通过电商销售额近 1 亿元。大力发展跨境电商。积极引进浩通公司等外贸综合服务平台，推进跨境电商业务发展，70 余家外贸企业通过阿里巴巴国际站、亚马逊、艾瓦特、外贸牛、谷歌等跨境电商平台开展业务。

三 主要经验和启示

近年来，邵东在建设更高水平开放型经济中迈出了新步伐、取得了新成效、创造了新荣光，主要经验和启示如下。

（一）政策保障是关键

邵东市委、市政府高度重视对外开放工作，成立了市委书记、市长任双组长的高规格领导小组，相继出台了《邵东促进开放型经济发展的实施意见》《关于实施创新驱动战略加快发展实体经济的意见》《关于实施规模企业培育和高新技术企业倍增计划的激励措施》《邵东人才行动计划》《邵东银行贷款"过桥资金"操作实施细则》等文件，涉及人才、创新、产业等系列政策，从政策支撑、体制机制创新、促进产业发展等方面形成"1+N"建设开放型经济强县的保障体系，实现对外开放工作政策、资源的倾斜。

（二）建好平台是基础

着重建好三个平台。一是建好园区平台。在全省率先建设湘商产业园，带动仙槎桥五金工业园、黑田铺印刷工业园、廉桥医药科技工业园、团山中小企业创业园加快建设，全市形成了"1+4"工业园区发展格局。二是建好创新平台。2017年在全省县级层面率先组建智能制造技术研究院，积极对接粤港澳大湾区产业、技术、人才等各类资源，有力推动了打火机、五金工具、中药材、箱包鞋服等传统产业转型升级，形成了小平台托起大产业的"邵东模式"。三是建好商贸物流平台。着力打造"商通天下"的市场商贸物流升级版，建成了以国际商贸城、星沙物流园为龙头的现代商贸物流平台，是湖南省中西部地区规模最大、配套最全，集现代化、标准化、智能化于一体的现代商贸物流园区。

（三）抓好招商是支撑

邵东市委、市政府把招商引资作为抓经济工作的源头和活水，进一步完善顶层设计，相继出台了《商务接待管理办法》《关于进一步规范招商引资工作的指导意见》等文件，打造了商（协）会招引平台，建立了湘籍企业家和商（协）会信息库、湘籍人才库、邵籍上市公司信息库、拟招商企业库、项目会商专家库，办好全球邵商大会邵东专场活动，构建了一个招商考核指标体系，完善了表彰激励机制，营造招商引资浓厚氛围，形成了全链条式招商引资工作机制。

（四）稳住外贸是重点

一是全力支持外贸企业发展。成立了市长任组长的高规格稳外贸工作领导小组，多次召开书记、市长办公会进行研究，出台外贸企业"白名单"政策和补贴政策，特别是在疫情防控期间出台《关于促进民营经济高质量发展的实施办法（试行）》等文件支持企业复工复产复市，实实在在地拿出真金白银支持外贸工作。二是积极培育外贸新业态。鼓励外贸生产企业开展跨境电子商务业务，引导外贸企业抢占电商市场。三是大力发展会展经济。连续举办五届五金机电博览会，正在筹办中医药、皮具箱包等各类博览会，积极组织企业参加广交会、消博会、中非经贸博览会、进出口博览会等国内国际展会。

（五）融入全球是路径

依托"一带一路"拓展国际合作新空间，发展"邵东总部+国外生产基地"经济模式，实现全球资源链和价值链的最大化。抢抓RCEP新机遇，开展RCEP政策宣讲进园区活动，提升企业应对RCEP规则的能力，主动融入邵阳东盟科技产业园和中非经贸产业园建设。主动融入西部陆海新通道，积极对接湘欧班列、中老班列、湘粤非铁海联运，依托境外商会搭建"邵品出境"平台，市内民营企业已在境外开设销售批发中心110个、零售店铺3680个，并在26个国家设立了营销中心。

第二节 江华县县域经济高质量发展情况

江华瑶族自治县位于南岭北麓，潇水源头，湘、粤、桂三省（区）结合部，是粤港澳大湾区辐射带上的最前沿、对接东盟和湘南承接产业转移的桥头堡。全县总面积3248平方千米，辖16个乡镇、1个国有林场、319个村（社区）。总人口54万人，其中瑶族人口37.5万人，是全国瑶族人口最多、湖南省唯一的瑶族自治县，被誉为"神州瑶都"。近年来，江华全面落实"三高四新"战略定位和使命任务，持续扩大对外，促进合作共赢，全力建设开放瑶都引领高质量发展。2020年湖南县域经济高质量发展快进县排名第20。

一 聚焦思想大转变，为开放发展"明路"

坚持把扩大对外开放作为推动高质量发展的必由之路，从解放思想着手，激发赶超发展斗志，树牢开放发展理念，提振科学发展信心。一是高站位"领"路。始终站在全局和战略的高度审视谋划自身发展，比照先进找差距、瞄准政策找出路、立足县情找定位，围绕建设开放瑶都的目标，依托区位、资源、人缘等优势，坚定不移实施更大范围、更宽领域、更深层次对外开放，全力打造粤港澳大湾区后花园，争当全省实施"三高四新"战略排头兵。二是高效率"带"路。突出"关键少数"，发挥"头雁效应"，积极开展"思想大解放、发展大开放"讨论，群策群力，集思广益，凝聚共识。同时采取"请进来、走出去"的方式，到沿海地区或高校学习，开阔眼界，借鉴经验；邀请专家学者到江华授课，激活思维，启迪心灵。三是高要求"赶"路。坚持以指标定责任、以清单强管理、以实绩检验成效，将招商引资与年终考核挂钩，制定《招商引资目标管理考核办法》，高位推进履责，高频调度担责，高压督导尽责。近年来，全县共获得国家级荣誉30余项、省级荣誉40余项，成功创建国家级出口食品农产品质量安全示范区、全国生态原产地产品保护示范区、全国电子商务进农村综合示范县等，2018年被评为全省开放型经济先进县区，2019年被评为全省外贸工作先进县区，2020年商务和开放型经济工作获省政府真抓实干工作激励表彰，2021年获批国家级外贸（文化用品）转型升级基地。

二 聚焦园区大升级，为开放发展"搭台"

坚持把园区作为扩大对外开放的主阵地、主战场，全力推动园区提质扩面增效，为开放发展夯实基础、创造条件。

农业方面，依托江华良好的生态环境，走特色农业发展之路。一是做靓品牌。充分挖掘江华蔬菜湘江源头、有机、绿色、优质特性，深入推进"合格证"和"身份证"管理，全力打造"永州之野"市级农业公用品牌和"湘江源"片区蔬菜公用品牌，完成粤港澳大湾区"菜篮子"蔬菜基地认证21个，"两品一标"产品认证39个。二是做大基地。大力实施高标准农田建设、有机肥替代、水肥一体化等项目，改善基地生产环境条件，提升"菜篮子"基地标准化、设施化和智能化水平。整合商务、林业、交通、水利整理等部门涉农资金，按照"渠道不变、用途不变，统一调配，集中使用"的原则，发展农民专业化合作社689家、家庭农场1408家，建成现代农业基地27个。三是做优龙头。大力推行"龙头企业＋农民专业合作社＋家庭农场＋基地＋农户"的产业化经营模式，促进农业产业化发展。深入推进"六大强农"行动，出台系列配套政策，对发展蔬菜、食用菌、加工等产业进行奖励扶持，引进培育了日日兴生物科技、鸿福农产品、东泷农业等一批规模大、辐射广、竞争力强的龙头企业。截至2021年年底，全县共有省市级农业龙头企业22家，其中省级龙头企业5家，市级龙头企业17家，有省级示范联合体1家，省级联合体1家，销售额过亿元的企业3家，龙头企业实现销售额15亿元。江华日日兴生物科技有限公司完成出口总额5.2亿美元，名列全省农产品类第一。

工业方面，以"五好"园区建设为契机，坚持把创建国家级高新区作为承接产业转移、推动产业转型升级、特色产业县建设和县域经济高质量发展的重要抓手，打造开放发展最强引擎。一是做大园区规模，提升承载力。坚持规划先行，扎实推进园区强基工程，江华高新技术产业开发区规划面积 28 平方千米，现已开发 11 平方千米，建成标准厂房 120 万平方米，入驻工业企业 177 家，落户中国五矿集团、中国风电、安徽海螺集团、温氏集团等 20 家上市公司（含新三板）。2021 年江华高新区在全省建设"五好"园区综合评价中排名第 4 位（省级园区排名第一），连续 6 年保持在全省产业园区第一方阵，连续 5 年获得全省真抓实干成效明显的省级高新园区。二是坚持创新驱动，提升竞争力。加强"院企""校企"合作，提升科创水平，园区现有高新技术企业 48 家，省级研究机构 4 个，省级创新创业服务机构平台 3 个，省级"小巨人"企业 13 家，国家级"小巨人"企业 2 家，成功创建全省首批创新型县。三是完善园区功能，提升吸引力。按照产城融合的思路，高起点谋划园区建设，不断完善园区基础设施及配套功能，园区配套了学校、医院、酒店、公租房等基础设施。

三 聚焦产业大发展，为开放发展"赋能"

坚持把招商引资作为第一菜单，持续为推动县域经济高质量发展引入源头活水，内联引资五年累计完成 225.6 亿元，年均增长率 20.95%；外贸进出口总额五年累计完成 27.6 亿美元，年均增长率达 20% 以上；现有外贸实绩企业 73 家，外资企业 14 家。一是支持企业"走出去"。充分发挥供港蔬菜出口优势，大力支持粤港澳大湾区"菜篮子"备案基地建设，加强出口企业扶持力度，加大江华苦茶、瑶山雪梨、瑶都青桃、食用菌等重点农产品品牌打造，不断提升出口产品附加值；围绕电机电器企业外贸出口提质增效，积极支持出口企业开展产品产地认证，打通快速出口物流通道。出台加快发展外贸新业态新模式的相关政策，推进跨境电商发展、支持企业海外仓建设，支持外贸企业出口转内销，促进内外贸一体化。二是聚焦项目"引进来"。全面落实新版外资准入负面清单和鼓励外商投资产业目录，支持鼓励外资企业扩大再投资。积极参与"沪洽周""港洽周"，深度对接长三角和粤港澳大湾区，加强与境外投资促进机构、商协会、驻外办事处、跨国公司在华区域总部的对接合作，拓宽招商渠道。出台《工业项目招商引资中介人奖励办法》，制定"以亩产论英雄、以财税看发展、以贡献给支持"的《招商引资优惠政策二十条》，突出招大引强。近年来全县共引进项目 128 个，其中亿元以上项目

78个。从延链、补链、强链入手,加快"一主一特"产业做强做大做优,目前共有以五矿稀土、正海磁材、九恒集团、贵德科技等为代表的新材料主导产业企业和以丰辉电机、长锦成电器、锐意马达、国梦电机等为代表的电机电器特色产业企业124家,占工业企业总数的67.39%。三是挖掘消费"内生力"。积极培育消费热点,持续扩大消费内需,充分利用湖南省第十四届茶叶博览会暨江华苦茶高峰论坛、湖南省第十届少数民族传统体育运动会等各类节日活动,开展促销、直播带货等活动,多措并举促消费提升。

四 聚焦环境大优化,为开放发展"护航"

坚持把优化营商环境当作"永不竣的工程",以"五联系五到户"主题活动为总抓手,按照"五心"标准(在江华办事顺心、创业安心、工作开心、生活舒心、消费放心)、"四到"要求(随叫随到、不叫不到、服务周到、说到做到)和"两保障"机制(法律法规保障到位、责任义务保障到位),赋予"母亲式"服务新的内涵,打造一流服务"软环境"。全力优化政务服务。深入推进"互联网+政务服务"改革,制定精准服务"一条龙"机制,从项目招引进来到建成投产,全方位、全流程、全领域做好跟踪闭环服务。优化简政放权"一次办"流程,全面推进"一件事一次办",实行线下对接"一窗通办"、线上对接"一网通办"、特殊需要"全程代办"。完善数字监管"一体化"体系,搭建智慧纪检监察平台,实行问题"清单督办制",保进度、保质量、保廉洁、保安全。落实项目建设"一揽子"措施,扎实开展"营商环境提升年""产业项目建设服务周"活动和"纾困增效""履约践诺"等专项行动,为企业排忧解难。全力创优发展环境。成功创建了"全国文明县城""全国生态文明建设示范县""全国社会治安综合治理先进县""湖南省金融安全区"等金字招牌,实现筑巢引凤。设立出口退税资金池和海关工作站,开通江华至义乌、江华至大湾区九城市的物流专线和江华蔬菜直供香港直通车,建成江华综合物流园,降低企业成本。大力推进简政放权,对省里建议下放省级园区的160项权力,做到"应放尽放",让企业足不出园办成事,让企业专心搞生产,实现了"企业投资有多快、服务就有多快、办理审批就有多快"。全力完善电商网络。以县级电商服务中心为中心，建设农村电商（物流）服务站点 220 个（其中乡镇服务站 16 个，村级服务点 204 个），覆盖率达到 70.51%，并为农村电商服务站点赋能社区电商、物流配送、代缴代买、通信宽带、金融业务、就业招聘及农产品上行等多种服务。整合现有物流资源，建设县、乡、村三级统一配送体系，进一步降低物流成本，包裹快件从县城配送站到乡镇配送站 24 小时内完成，到重点村配送站 48 小时内完成，实现提速减费。

第三节　中方县县域经济高质量发展情况

近年来，中方县全面落实"三高四新"战略定位和使命任务，深度融入怀化国际陆港建设，全力推进鹤中一体化发展，充分发挥地缘区位优势，积极实施开放强县战略，聚焦临港产业，加快发展新型建材、桥隧装备制造、农产品精深加工等产业，培养壮大商贸物流企业，推动县域外向型经济蓬勃发展，打造高质量跨越式发展新引擎。

一　县域基本情况

中方县成立于 1998 年 2 月，是全省最年轻的县，辖 12 个乡镇、130 个行政村、17 个社区居委会，国土总面积 1515 平方千米，总人口 29 万人。位于"滇黔门户""全楚咽喉"湘黔川鄂桂五省周边中心城市怀化的城郊。沪昆、怀邵衡高铁及沪昆、焦柳铁路，沪昆、包茂、娄怀、怀化绕城四条高速公路及 G209、G320 和 S250、S322 等干线公路穿越境内。中方是怀化"三城一区"发展战略的核心区、鹤中洪芷城镇群一体化核心引擎。境内有国家级自然保护区 1 个，省级自然保护区 4 个。是国家重点生态功能区、长江重要的生态屏障、全国生态示范县、全省重点林区县、全省旅游重点县、全省美丽乡村建设先进县。成功创建国家级卫生县城、省级文明县城和省级园林县城。境内拥有国家重点文物保护单位荆坪古村、舞水国家湿地公园、国家级五龙溪水利风景区、省级康龙自然保护区，有黄溪景区、下坪仙人谷和全国休闲农业与乡村旅游示范区"中国南方葡萄沟"。2020 年湖南县域经济高质量发展快进县排名第 25、先进县排名第 29。

二 主要成绩与重要举措

（一）立足区位优势，强势推动开放战略

依托怀化国际陆港建设，推动怀化国际陆港中方临港产业园落成，围绕筑牢怀化全国性交通枢纽城市来谋划"大交通、大通道"建设，实现以铁路运输为主导交通模式、以航空运输为快速交通方式、以公路和内河航道为支撑的交通保障发展格局，建成与"湘西大开发""武陵山经济协作示范区"发展要求相适应的现代化综合物流园区。实施怀化国际陆港中方临港产业园路网及市政配套设施项目中的怀芷快速干道中方连接线项目，规划建设货运物流集散中心、铁路货运专用线及站场、云计算中心、电商快递分拨中心、冷链物流园及铁路物流园（铁路口岸及"两仓"）等。围绕中方县物流园项目开展招商，积极对接北京中物联科技产业发展集团有限公司、广东神鹰集团、中冶十九局等企业。扎实开展县域内产品摸底工作，对现有企业涉外业务开展摸底，开发对外贸易合作的潜力，及时梳理提供中方对东盟出口具体货品清单、东盟优质产品、相关企业情况，为下一步推动中方县与东盟国家经贸往来夯实基础。

（二）突出调整结构，全面优化产业布局

大力实施产业及产业园区三年倍增计划、三年提升行动，完成"135"工程升级版标准化厂房建设21.9万平方米，培育省级"专精特新"小巨人企业2家，新增规模工业企业32家，培育税收过千万元的工业企业4家，形成了以中铁五新、恒裕实业、中南桥梁等企业为龙头的先进机械装备制造产业集群，以台泥、梨树园、福瑞钛等企业为龙头的新型材料产业集群，园区技工贸总收入突破百亿元大关，累计完成招商引资到位资金95亿元，成功入列湘南湘西承接产业转移示范区。国家高新技术企业由3家增加到32家，万人有效发明专利拥有量连续三年居全市首位，获评全省"首批科技成果转移转化示范县""知识产权建设强县"，在制造强省建设、开放崛起、创新驱动发展工作考核中，获省政府"真抓实干"表扬激励。发展刺葡萄、金秋梨等特色产业基地160个，农业产业化龙头企业发展到27家，农民专业合作社达684家，农业生产综合机械化率达到61%，创建农业标准化示范园14个，新增"两品一标"产品认证127个，新农柑橘、锦宏生态农业等6家企业认定为粤港澳大湾区"菜篮子"工程建设基地。形成了以天天食品、南方葡萄沟酒庄、金糯咪、康润农业、华汉茶业等企业为龙头的农副产品精深加工产业,成功打造"中味方好"等一批地域公共知名品牌,2018年获批全国农村一二三产业融合发展示范县。全县规模以上文化企业达9家,创建3A级景区4个,休闲农庄、农家乐超过百家,刺葡萄生态文化旅游节等节会持续举办,乡村旅游欣欣向荣,累计接待游客近500万人次,在省内外形成了较好的品牌效应。建成县级电商公共服务中心,引进阿里巴巴、德一民生等电商企业20余家,形成县、镇、村三级物流体系,荣获"全省电子商务进农村示范县"。

(三)着力精简高效,推动产业发展集聚

深入贯彻落实开发区管理机构改革精神,对全县各类开发管理机构进行深入调研,全面掌握人员编制、经济规模、功能定位等情况,围绕"一县一区"目标,通过园区合并、统一设置的方式,优化园区管理机构设置。结合实际,将县工业集中区管理委员会等相关职能整合,重新组建县产业开发区管理委员会。将经济规模较小,功能定位不突出的县湘商文化科技产业园管理委员会撤销,其编制人员一并划入中方产业开发区管理委员会,为县政府派出机构。通过整合撤并,全县仅设立一个园区管理机构,全面解决了园区管理机构编制资源分散、机构设置不够规范、职能交叉重叠等问题。同时,严格控制县政府工作部门向产业开发区派驻机构,撤销了县应急管理局、县财政局等部门派驻开发区机构,通过采取设置服务窗口的方式提供相关服务。严格执行开发区内设机构限额管理要求,根据开发区承担职责职能,精简综合事务部门,加强业务职能部门,健全党建工作机构,实行大部门制、扁平化管理的原则,按照"一对多"和"多对一"的方式,县产业开发区管理委员会共设置了办公室、招商及产业发展部、社会事务部、行政服务部、财务部等5个内设机构,全面优化内部管理架构。

(四)全面精心施策,不断优化营商环境

坚持把营商环境工作作为"一把手工程"顶格推进。明确县委县政府双牵头制,由县委书记、县长共同担任组长,形成了"一把手统筹、分管领导主抓、职能部门落实、办公室督办"的层级联动机制。着力实施亲商爱商"母亲式"服务行动,确保各项指标保质保量完成。持续深化"放管服"改革,"群众少跑腿"成效明显,进一步推进政务服务事项全程网办;项目审批实现提速,完成湖南省"互联网+政务服务"三化系统三次标准化的修改,涉及20多个单位,2100多项事项,完成行政许可事项即办件比例提升到32%以上,承诺时间压缩达到80%;在中方县产业开发区服务中心开展一站式服务,做到"提前介入、预先服务"。进一步精准施策,用心用情全力帮扶企业"纾困增效"。派出121名干部下沉到全县228家企业开展精准帮扶工作,做到全县"四上"企业、中小企业、园区企业全覆盖,推动工业经济持续健康发展。积极搭建银企对接平台,服务企业解决融资难、融资贵等问题,助推金融机构投放资金14.8亿元,实现了地方经济、金融普惠、企业发展互利共赢。畅通企业反映诉求渠道,高效解决企业"急难愁盼"问题。严禁损害企业项目利益行为,扎实开展营造一流营商环境"清风行动"和"违规收送红包礼金问题"等专项整治。继续积极推进"双随机、一公开"监管全覆盖、部门联合抽查常态化,着力解决多头重复执法、人情执法、选择执法的问题。

(五)坚持创新驱动,持续提升开放动力

突出抓好创新引领、创新驱动、创新发展工作,在财政投入、政策引导、体制创新、主体培育、产业驱动等方面上狠下功夫,加快构建以政府为引导、企业为主体、市场为导向、产学研相结合的创新体系,不断增强社会创新能力,推动创新驱动向纵深发展。政府累计投入科技领域的资金共计23858万元。其中2019年科技支出6453万元,占地方收入的14.11%;2020年科技支出10002万元,占地方收入的20.6%;2021年科技支出7403万元,占地方收入的13.63%。重点强化国家、省、市扶持政策配套,将创新型省份建设专项资金、科技创新奖补资金用于智慧农业科技系统创新研发及推广应用、高品质刺葡萄酒生态酿酒新技术、装配式桥梁预制模板系统研发与应用等重点产业、重大专项以及"三区"科技人才支持计划和产学研合作等方面,让有限的资金发挥出最大的效益。依托主导产业大力推动市级以上创新平台建设,构建多层次、多领域、多元化的创新平台体系。县内企业已获批省级创新平台2个(其中省级工程技术研究中心和省级企业技术中心各一家),获批市级创新平台29个。2020年全县发明专利申请577件,专利授权417件;2021年全县发明专利申请700件，专利授权363件。2021年，全县万人有效发明专利拥有量从6.54件增加到9.53件，连续三年居全市一类地区第一。

（六）践行"两山"理论，聚力推动绿色开放

深入贯彻落实习近平生态文明思想，坚持生态优先绿色发展，深入开展"蓝天""碧水""净土"专项行动，抓实环境问题整改，中央和省委环保督查交办问题办结销号率100%。河长制工作深入推进，㵲水、沅水流域全面退捕禁捕禁养，地表水断面水质全部达到省考核标准，集中式饮用水源地水质达标率100%，全县空气质量优良天数比例达96.4%。完成环境空气质量二级标准达标城市和省级生态文明示范县创建工作。持续推动污染防治。驰而不息打赢蓝天保卫战，持续抓好县城和泸阳片区扬尘污染整治，严格督促在建工地落实施工场地围挡、洗车台、出入道路硬化、物料覆盖、裸露场地覆盖、洒水抑尘6个100%要求，全面打造绿色工地；全面开展燃煤锅炉、餐厨油烟、冒黑烟企业专项整治行动，确保大气污染物稳定排放；做好农村秸秆焚烧引导工作，确保秸秆综合利用率达86%以上。驰而不息打好碧水保卫战，深入落实河长制，扎实做好沅水、㵲水流域禁渔工作；加大水生态保护力度，开展㵲水流域中方段水体专项整治；推进县工业园污水处理厂提标扩能，加大雨污管网建设，严格管控工业企业污水排放；完善采矿企业的水土保持方案，完成花桥磷矿污染治理设施的正式投运和验收。驰而不息打好净土保卫战，开展涉重金属企业、工业固体废物及堆存场所、非正规垃圾堆放点大排查，严格危险废物经营许可审查，全力推进固体废物污染治理；实施农村面源污染治理工作，严控化肥农药过量使用，确保畜禽粪污资源化利用率达84%以上；积极开展国土绿化行动，推进生态廊道建设，完成造林绿化5万亩，森林覆盖率稳定在68%以上。倡导绿色生活方式。鼓励污染防治新技术、新工艺、新装备推广应用，引导水泥、建材等重点企业绿色转型，强化文明施工和渣土管理，规范一批"散乱污"企业。加快垃圾分类处置，完善医疗废物收集转运体系，积极创建生活垃圾分类示范区。落实国家2030年前碳达峰行动要求，开展节约型机关创建，加快发展清洁能源，积极推广应用新能源和清洁能源车，推进共享单车定点停摆场等设施建设。

三 主要经验与启示

实施开放强国战略，是推动县域经济高质量的必由之路。在近五年来的实践中，他们主要获得了以下经验和启示。

（一）实施开放强县战略必须不断加强政治建设

要始终把贯彻落实习近平新时代中国特色社会主义思想作为做好一切工作的"根"与"魂"，持续深化政治理论学习，做到学深悟透、融会贯通、知行合一、学以致用，推动各级各部门和广大党员干部"四个意识"进一步树牢、"四个自信"进一步增强、"两个维护"更加坚决。纵深推进全面从严治党，保持政治生态风清气正。坚持党对意识形态工作的领导权，压紧压实意识形态工作责任，用思想理论上的清醒保障政治上的坚定，确保各项事业始终沿着正确方向前行。

（二）实施开放强县战略必须贯彻高质量发展理念

要坚持项目为王、产业为大，严格落实"六联"制度，常态化开展"五送"服务，持续营造大抓产业、狠抓产业、猛抓产业的浓厚氛围。聚焦实体经济，加快构建现代产业体系，让产业项目真正成为拉动县域经济发展的核心引擎。对照"五好园区"标准，以园区调区扩区为抓手，提升园区专业化水平，加快创建省级高新技术开发区，主动融入怀化国际陆港和东盟物流产业园建设，深化园区管理体制改革，完善和落实园区"以亩产论英雄"评价激励机制，实施园区产值"五年倍增计划"，奋力建成百亿园区。全面落实制造业增值税留抵退税政策，对接和落实全省"新增规模以上工业企业"行动，推动个转企、小升规、规改股、股上市，培育一批"专精特新"企业，积极推动重点企业上市。实行在职县领导联系招商项目制度，突出精准招商、以商招商，深入开展"迎老乡回故乡建家乡"活动，着力引进一批"三类500强"企业。完善城市配套，提升县城综合功能，大力推进县城硬件和软件系统更新升级。积极发展现代服务业、商贸物流业等城市产业，精心培育和打造夜经济重要节点、特色街区，提档升级县城核心商业圈，推动更多精品楼盘落地。加强产城融合互补发展，把"绿色、精致、开放、创新、和谐"理念贯穿城市管理全过程及各方面，积极倡导"慢生活"理念，以慢文化、慢学校、慢行、慢餐带动经济、文化与旅游繁荣兴盛。

（三）实施开放强县战略必须坚持绿色发展

深入贯彻落实习近平生态文明思想，牢固树立"绿水青山就是金山银山"发展理念，切实把生态优势转化为发展优势、经济优势。坚持先立后破、通盘考虑，积极应对"双控"，制定出台全县碳达峰行动方案和"双碳"工作实施意见，坚决遏制"两高"项目盲目发展。坚持节能优先方针，实施产业和产业园区绿色化、节能低碳改造，广泛开展绿色机关、绿色家庭、绿色社区创建行动，提倡绿色出行。推进绿色矿山、绿色工厂、绿色园区建设，落实企业治污主体责任，织牢生态环境"防护网"。大力发展新能源、林下经济和生态康养产业。

（四）实施开放强县战略必须不断优化营商环境

严格落实营造一流营商环境"若干措施"，将打造一流营商环境作为"一把手工程"来抓，久久为功、一抓到底、抓出成效。扎实开展"一件事一次办"改革，全力推进"三集中三到位"，持续深化向园区赋权赋能。保障所有市场主体公平参与竞争，加强反垄断和反不正当竞争执法，严禁部门利用行政权力妨碍市场公平竞争。加快建设法治政府，推动各类市场主体从"找领导"向"找市场"转变，"找门路"向"找政策"转变。坚决纠治"四风"，杜绝"小鬼难缠"，认真整治"庸懒散慢"，严肃查处"吃拿卡要"。推动落实政商交往"正面清单"和"负面清单"，深入实施"六联"制度和"五送"服务，持续做好民营经济人士综合评价，持续开展高质量发展企业和优秀企业家评选表彰活动，努力营造"亲商、重商、安商、扶商、护商"的浓厚氛围。

（五）实施开放强县战略必须扎实推进共同富裕

牢固树立以人民为中心的发展思想，始终坚持发展依靠人民、发展为了人民、发展成果由人民共享，正确认识和把握实现共同富裕的战略目标和实践路径，带领全县人民共同奋斗把"蛋糕"做大，更加注重把"蛋糕"切好分好，不断增强人民群众的获得感、幸福感。聚焦"六位"保障，实施好重点民生实事项目；高度关注特殊困难人群，落实好政府兜底保障和社会救助服务。要统筹抓好新型城镇化和乡村建设，统筹抓好县内区域协同发展，推动县域经济社会发展更均衡、更充分。

参考文献

高培勇等：《高质量发展的动力、机制与治理》，《经济研究》2020 年第 4 期。

国家发展改革委经济研究所课题组：《推动经济高质量发展研究》，《宏观经济研究》2019 年第 2 期。

黄庆华等：《区域经济高质量发展测度研究：重庆例证》，《重庆社会科学》2019 年第 9 期。

胡荣华、刘光平：《江苏县域经济竞争力实证分析》，《南京财经大学学报》2004 年第 2 期。

金碚：《关于"高质量发展"的经济学研究》，《中国工业经济》2018 年第 4 期。

李金昌等：《高质量发展评价指标体系探讨》，《统计研究》2019 年第 1 期。

李梦欣、任保平：《新时代中国高质量发展的综合评价及其路径选择》，《财经科学》2019 年第 5 期。

李平等：《生产性服务业能成为中国经济高质量增长新动能吗》，《中国工业经济》2017 年第 12 期。

林兆木：《我国经济高质量发展的内涵和要义》，《西部大开发》2018 年第 1、2 期合刊。

刘思明等：《国家创新驱动力测度及其经济高质量发展效应研究》，《数量经济技术经济研究》2019 年第 4 期。

马茹等：《中国区域经济高质量发展评价指标体系及测度研究》，《中国软科学》2019 年第 7 期。

母爱英、徐晶：《县域经济高质量发展评价研究——基于河北省 118 个县的实证分析》，《河北经贸大学学报（综合版）》2019 年第 2 期。

任保平、李禹墨：《新时代我国高质量发展评判体系的构建及其转型路径》，《山西师范大学学报》（哲学社会科学版）2018 年第 3 期。

史丹、李鹏：《我国经济高质量发展测度与国际比较》，《东南学术》2019 年第 5 期。

孙豪等：《中国省域经济高质量发展的测度与评价》，《浙江社会科学》2020 年第 8 期。

田秋生：《高质量发展的理论内涵和实践要求》，《山东大学学报》（哲学社会科学版）2018 年第 6 期。

王蔷等：《我国县域经济高质量发展的指标体系构建》，《软科学》2021 年第 1 期。

王伟：《中国经济高质量发展的测度与评估》，《华东经济管理》2020 年第 6 期。

王一鸣：《百年大变局、高质量发展与构建新发展格局》，《管理世界》2020 年第 12 期。

王永昌、尹江燕：《论经济高质量发展的基本内涵及趋向》，《浙江学刊》2019 年第 1 期。

魏敏、李书昊：《新时代中国经济高质量发展水平的测度研究》，《数量经济技术经济研究》2018 年第 11 期。

杨耀武、张平：《中国经济高质量发展的逻辑、测度与治理》，《经济研究》2021 年第 1 期。

余泳泽、胡山：《中国经济高质量发展的现实困境与基本路径：文献综述》，《宏观质量研究》2018 年第 4 期。

张军扩等：《高质量发展的目标要求和战略路径》，《管理世界》2019 年第 7 期。

张占斌、毕照卿：《经济高质量发展》，《经济研究》2022 年第 4 期。

中国社会科学院经济研究所《中国经济报告（2020）》总报告组：《全球经济大变局、中国潜在增长率与后疫情时期高质量发展》，《经济研究》2020 年第 8 期。

周文、李思思：《高质量发展的政治经济学阐释》，《政治经济学评论》

2019 年第 4 期。

周泽炯:《基于因子分析的县域经济竞争力研究——以安徽县域经济为例》,《经济体制改革》2010 年第 3 期。

后　　记

县域经济是国民经济的基本单位，推动县域经济高质量发展是推进乡村振兴的重要途径，是促进共同富裕的关键环节。习近平总书记一直非常关注县域经济发展，在浙江工作期间就提出，提升县域经济的整体实力，必须在"做大做强、强化特色、拓展空间、城乡联动"上下功夫①。2020年12月，习近平总书记在中央农村工作会议上指出，"要把县域作为城乡融合发展的重要切入点，推进空间布局、产业发展、基础设施等县域统筹，把城乡关系摆布好处理好，一体设计、一并推进"②。这些重要论述为推动县域经济高质量发展提供了根本遵循和科学指引。

湖南是典型的发展中省份，当前全省一半以上的地区生产总值来自县域，七成以上的常住人口生活在县域，县域经济事关湖南经济高质量发展全局。但是除了省会长沙周边的县域，全省大多数县域的经济发展水平不高、竞争力不强，资源配置和产业集聚能力弱于大中城市，县域经济高质量发展面临着困难和挑战。对此，湖南省社会科学院（湖南省人民政府发展研究中心）[下文简称湖南省社科院（中心）]将"湖南县域经济高质量发展"作为重点研究方向，持续跟踪研究，定期发布湖南县域经济高质量发展评价指数排名，定期出版研究报告。2022年是推出《湖南县域经济高质量发展报告》的第二年，研究框架在保留湖南县域经济高质量发展评价的基础上，增加了总体状况、主导产业、用地保障、

---

① 习近平：《干在实处走在前列——推进浙江新发展的思考与实践》，中共中央党校出版社2013年版，第126页。
② 习近平：《坚持把解决好"三农"问题作为全党工作重中之重举全党全社会之力推动乡村振兴》，《求是》2022年第7期。

财政金融、基础设施、人才科技、营商环境、集体经济等专题研究内容，对特色产业强县、生态经济示范县、外向开放活力县进行了案例分析，较去年的研究报告发生了显著变化。

《湖南县域经济高质量发展报告（2022）》在湖南省社科院（中心）钟君院长的悉心指导、汤建军副院长的关心支持下，由经济研究所承担研究任务，各篇章及撰写作者为：第一章［李詹，湖南省社科院（中心）助理研究员、博士；李晖，湖南省社科院（中心）经济研究所所长、研究员］；第二章［刘翔，湖南省社科院（中心）副研究员、博士；杨顺顺，湖南省社科院（中心）经济研究所副所长、研究员、博士］；第三章［杨顺顺，湖南省社科院（中心）副所长、研究员、博士；肖欣，湖南省社科院（中心）助理研究员］；第四章［许安明，湖南省社科院（中心）助理研究员］；第五章［肖欣，湖南省社科院（中心）助理研究员］；第六章［邝奕轩，湖南省社科院（中心）经济研究所副所长、研究员、博士］；第七章［杨琼，湖南省社科院（中心）副研究员、博士］；第八章［刘雯，湖南省社科院（中心）助理研究员］；第九章［李詹，湖南省社科院（中心）助理研究员、博士；黄东，湖南省社科院（中心）助理研究员、博士］；第十章［杨盛海（湖南省社科院（中心）研究员］；第十一章［史常亮，湖南省社科院（中心）助理研究员、博士；黄东，湖南省社科院（中心）助理研究员、博士］；第十二章［李詹，湖南省社科院（中心）助理研究员、博士；李晖，湖南省社科院（中心）经济研究所所长、研究员］整理。李晖、杨顺顺、李詹提出研究提纲并进行统稿，各章作者以及史常亮［湖南省社科院（中心）助理研究员、博士］参与了校对工作，李詹负责统计数据采集及处理，樊初阳等多人参与了县域数据、文件资料和案例素材搜集工作。王唯［湖南省社科院（中心）副研究馆员］为书稿撰写做了大量组织协调和资料整理工作。